Paul-Gerhard Nohl

Lateinische Kirchenmusiktexte

Jens Schirmeyer
11/2001

Paul-Gerhard Nohl

Lateinische Kirchenmusiktexte

Geschichte — Übersetzung — Kommentar

Messe · Requiem · Magnificat
Dixit Dominus · Te Deum · Stabat Mater

Bärenreiter
Kassel · Basel · London · New York · Prag

Die Deutsche Bibliothek – CIP-Einheitsaufnahme

Nohl, Paul-Gerhard:
Lateinische Kirchenmusiktexte : Geschichte – Übersetzung –
Kommentar ; Messe, Requiem, Magnificat, Dixit dominus, Te
deum, Stabat mater. – Kassel ; Basel ; London ; New York ; Prag :
Bärenreiter-Verl., 1996
ISBN 3-7618-1249-3

© Bärenreiter-Verlag Karl Vötterle GmbH & Co. KG, Kassel 1996
2. Auflage 1998
Umschlaggestaltung: Jörg Richter, Bad Emstal
Druck: Gulde-Druck GmbH Tübingen
Bindung: Nädele, Nehren
ISBN 3-7618-1249-3
ISMN M-006-31584-0

INHALT

Vide
ut quod ore cantas
corde credas
et quod corde credis
operibus comprobes

Trachte danach,
daß du von Herzen glaubst,
was du mit dem Munde singst,
und daß du mit Taten bewährst,
was du mit dem Herzen glaubst.

(Einsegnungsspruch für die Chorsänger
in der Alten Kirche Afrikas)

VORWORT

Mit zwei Erinnerungen aus meiner Jugendzeit möchte ich veranschaulichen, was mich zum Schreiben dieses Buches bewegt hat und worauf es abzielt. Wir saßen am gedeckten Mittagstisch. Meine ältere Schwester war an der Reihe, das Tischgebet zu sprechen. Wir alle blickten sie
an — und da begann sie, sichtbar unkonzentriert, das Gebet (»Komm,
Herr Jesus, sei du unser Gast«) zu *singen*, statt wie erwartet zu sprechen.
Sie kam nicht weit damit, denn wir lachten über den unfreiwilligen Solo-
gesang ausgiebig. Wie konnte das passieren?

Nun, ich denke, viele Menschen, denen religiöse Texte vertraut sind,
könnten davon berichten, daß sie bestimmte Texte oder Teile daraus fast
nur noch in einer vertonten Version erinnern bzw. präsent haben. Das
hat eine gute Seite: Die Vertonung ist eine ausgezeichnete Erinnerungs-
hilfe. Wer, wenn nicht ein eifriger Chorsänger bzw. eine ebensolche
Chorsängerin, könnte den größten Teil etwa der »Matthäus-Passion«
auswendig hersagen? Das können doch die wenigsten studierten Theologen! Und über solches rein gedächtnismäßiges Potential hinaus dürften
die betreffenden Texte via Musik überhaupt sehr tief im Inneren einge-
wurzelt sein und ein Stück Tiefe und Reichtum der Seele ausmachen.

Aber es gibt dabei auch eine eher problematische Seite der Sache: Die
Verbindung von Text und Musik ist ja nicht rein additiv, denn Vertonungen stellen ja fast immer tiefschürfende und ebenso tief prägende
Deutungen der entsprechenden Texte dar, Deutungen, die sowohl auf
der Verstehensebene als auch ganz besonders auf der emotionalen Ebene
ihre Eindrücke hinterlassen. Wer z.B. von dem »Heilig, heilig, heilig«
aus der »Deutschen Messe« von Franz Schubert tief gerührt worden ist,
wird sich kaum eines »weihevollen« Grundgefühls erwehren können,
wann immer diese Worte erklingen. Und selbst wenn der Eindruck des
»Weihevollen« beispielsweise im noch eindrucksvolleren »Sanctus« aus
der »Missa solemnis« von Ludwig van Beethoven überlagert werden sollte von dem Gefühl, Gott als das »numen fascinosum et tremendum« (das
ganz andere, das zugleich in den Bann schlägt und erzittern läßt) zu hören, wäre doch der ursprüngliche biblische Sinn dieses Sanctus-Textes
noch nicht erfaßt.

Nun soll mit dieser Bemerkung keineswegs gesagt sein, es gebe bei biblischen bzw. überhaupt religiösen Texten den *einen*, ursprünglichen
Sinn und alles andere — unter anderem eben auch die jeweilige musikalische Ausdeutung — sei dem gegenüber irgendwie falsch, unecht oder weniger wertvoll. Das wäre eine sehr törichte Behauptung, die zudem mir
als Theologen, der unzählige Predigten über biblische Texte gehalten
hat, besonders schlecht anstünde. Im Gegenteil: Diese Texte leben noch,
weil sie immer wieder neu interpretiert wurden, ja sie leben geradezu davon, daß sie stets neu gedeutet werden. Das teilen sie durchaus mit den
Meisterwerken der Musik, deren Größe ja auch darin erkennbar wird,
daß sie so mannigfach interpretierbar sind, und die gar nicht anders existieren als eben in unterschiedlichen Aufführungsarten und musikalischen Deutungen.

Dennoch trägt unser Vergleich nur ein Stück weit. Die Texte, um die
es uns hier geht, sind zwar auch musikalisch vertont und dadurch gedeutet worden; sie hatten bzw. haben daneben aber noch einen anderen
»Sitz im Leben« — etwa im Gottesdienst, im Gebet, als Worte für Andacht, Meditation, in der Lehre der Kirche (man denke an das heiß um-
kämpfte Nicänische Glaubensbekenntnis mit seinen komplizierten Formulierungen im Blick auf den »Gottmenschen« Jesus Christus). Und sie
haben meistens schon ihre eigene Wirkungsgeschichte gehabt, bevor sie
vertont wurden — ganz zu schweigen von den Umständen und Absich-
ten ihrer eigentlichen Entstehung. Es ist also sowohl notwendig als auch
reizvoll, diesen Texten historisch-kritisch, wirkungsgeschichtlich nachzeichnend und theologisch deutend nachzuspüren.

Dabei möchte ich mich in Musiker, insbesondere Chorsängerinnen und -sänger versetzen, die sich — während und nach den Proben — die folgenden naheliegenden Fragen stellen: Was bedeutet der Text denn eigentlich im Deutschen? Aus welcher Zeit stammt das hier Gesagte? Wie war das denn damals gemeint? Warum wird dieser Text bis heute noch überliefert? Oder, vielleicht kritischer: Kann man das heute noch so öffentlich sagen und vortragen? Darf das, worum es da geht, so »schön« erklingen (so wurde und wird immer wieder z.B. bei Aufführungen von alten Passionsmusiken gefragt)?

Ich denke also an eine vertiefte Kenntnis der Texte, die Chorsänger und -sängerinnen zum Klingen bringen, mit denen sich aber intensiv auch jeder (Kirchen-)Musiker, Theologe, Pfarrer und Musikwissenschaftler, ja eigentlich jeder Musikliebhaber auseinandersetzen müßte, zumal in einer Zeit, in der die Vertrautheit mit der lateinischen Sprache und mit religiösen Grundaussagen nicht mehr vorausgesetzt werden kann. Dies könnte dazu beitragen, den Texten gegebenenfalls etwas von ihrer ursprünglichen Absicht und Wirkung zurückzugeben, die sie vielleicht durch die nur-musikalische Rezeption verloren hatten. Solche vertiefte Erkenntnis könnte des weiteren auch für Chorleiter, Dirigenten, Konzertmanager etc. hilfreich sein, wenn es darum geht, bei der Auswahl von Werken, die zur Aufführung gelangen sollen, kritisch zu sichten und verantwortungsvoll zu entscheiden — nicht nur, welches »Stück« zu diesem Zeitpunkt und an diesem Ort aufgeführt werden soll, sondern auch, wie sich der betreffende Text zu dem besonderen Anlaß eignet oder eben auch einmal nicht.

Meine bisherigen Ausführungen setzen ein grundsätzliches Interesse an den in den großen Chorwerken vertonten Texten voraus. Es wäre jedoch unrealistisch, davon auszugehen, daß dies bei allen Musikern der Fall ist. Für viele ist es eindeutig das Interesse an der Musik und ausschließlich an ihr, das sie in den Chor, in die Kantorei, in das Instrumentalensemble oder zum Musik- oder Musikwissenschaftsstudium führt. Die Texte — nun ja. »Prima la musica e poi le parole« — das bekannte Zitat von Antonio Salieri aus der zweiten Hälfte des 18. Jahrhunderts zeigt, daß man mit dieser Einstellung in einer langen Tradition steht!

Ich möchte niemandem zu nahe treten, aber bisweilen kann man sich des Eindrucks nicht erwehren, als würden diese alt-ehrwürdigen Texte eher wie Exotika traktiert (wenngleich gerade jene an historisch angemessener Aufführungspraxis »Alter Musik« interessierten Musiker und Hörer für den Reiz alles »Exotischen« ganz besonders aufgeschlossen sind ...). Die Texte gehören halt dazu — zu der wunderbaren, heißgeliebten Musik, um die es doch eigentlich geht; man braucht sich um sie aber nicht eigens zu bemühen! Eine solche Einstellung mag zwar bedauerlich sein, aber wer sagt denn, daß es bei ihr bleiben muß? So wie ursprünglich einmal der Text zur Musik geführt hat, so kann doch jederzeit auch umgekehrt heute die Musik wiederum zum Text, zum Wort, zur Botschaft zurückführen. War das nicht sogar das ausdrückliche Anliegen vieler Komponisten aller Zeiten?

Wie ein tiefer musikalischer Eindruck auch das Interesse an einem darin vertonten Text wachrufen kann, das möchte ich an einem mir unvergeßlichen Erlebnis aus meiner Jugendzeit veranschaulichen: Der Junge, etwa siebzehnjährig, sitzt im kleinen Wohnzimmer. Es ist Nachkriegszeit, der Wohlstand ist — jedenfalls bei uns — noch nicht eingekehrt, die Seele noch in den Nachwehen des Kampfes um das nackte Überleben, viele Schreckensbilder und Schreckensklänge sind in ihr noch wach; wenig Schönes, Hohes, Großes wurde je gehört oder gesehen. Aber — als hätte man einen ganz großen Hunger danach! — in der Ecke steht der primitive Volksempfänger — er »läuft«, wie man damals sagte. Es ist Sonntagmittag. Die Klänge, unbekannt, nie gehört, ziehen den Jungen zunehmend in den Bann. Worte, lateinische, werden für den Gymnasiasten identifizierbar: »Sanctus Dominus Deus Sabaoth«, »Heilig, heilig, heilig ist Gott der Herr Zebaoth«. Anschwellend die Klänge, ein Wogen und Weben und Schweben, jetzt mit den Streichinstrumenten, dann zusammen mit den Blasinstrumenten, endlose, schier unendliche Wiederholungen, Stufe um Stufe hinaufführend, zuletzt von den Trompeten wie von Blitzen durchzuckt, wie mit Gold oder Edelstein in den Himmel graviert und über die Erde geheftet: »Sanctus, Sanctus, Sanctus Dominus Deus Sabaoth« — »Heilig, heilig, heilig ist Gott der Herr Zebaoth«. Der Siebzehnjährige muß fassungslos weinen — nicht, weil er traurig ist, nicht weil er überglücklich ist — er ist keines von beidem, er ist ...? Ich könnte es bis heute nicht sagen oder erklären — heute, wo ich weiß: Was damals aus dem schäbigen Radio kam, das war das Sanctus aus Bachs h-Moll-Messe, sechsstimmig, von Triolen beflügelt, tonmalerisch und lautmalerisch ein biblisches Bild nachzeichnend. Damals wußte ich von alledem nichts, hatte nie ein größeres kirchenmusikalisches Werk gehört. Aber es war wie eine Offenbarung, anders kann ich es nicht ausdrücken.

Eine Offenbarung — wessen? Dessen, was große Musik ist? Oder eine Offenbarung Gottes? Wieder könnte ich nicht eindeutig antworten, und wenn ich einfach sagte: Es war beides — dann wäre das zwar richtig, aber es wäre doch nicht die Wahrheit über das damalige Erlebnis. Wer Ähnli-

ches erfahren hat, der versteht mich jetzt auch ohne weitere Erklärungs-
versuche. Ich habe dann später — und es trifft im Grunde bis heute zu
— beim Erwerb von Schallplatten mit Messe- und Totenmessen-
Vertonungen immer wieder zuerst das »Sanctus« gesucht und angehört.
So wie das eine und erste Mal damals hat es sich nicht wiederholt. Aber,
erstaunlich: Oft und bei unterschiedlichsten Komponisten, Stilen und
Zeiten war da der ganz besondere, unbeschreibliche, ehrfürchtige Klang
des Sanctus, der alles andere still stehen läßt, bei Haydn wie bei Bruckner, bei Beethoven wie bei Schubert. Überirdisch schön, wie Klänge aus
einer anderen Welt, Engelsgesang. Musik, die einem glauben hilft, daß
es einen Gott im Himmel gibt, daß es mehr und anderes gibt, als man
hören, sehen, zählen, messen, nutzen, erleben, denken und fühlen kann.
Aber vor dieser unbeschreiblich erhabenen Musik waren ja doch Worte da, nicht irgendwelche, sondern eben jenes »Sanctus«! Das kann einen
ja nicht in Ruhe lassen — die Frage: Was sind das denn für Worte, die
Komponisten so in den Bann geschlagen haben, daß sie ihr Äußerstes gaben, um den Text so zum Klingen zu bringen? Mit besonderer Bewegung
muß ich daran denken, daß selbst Komponisten wie etwa Rossini oder
Verdi, die vom Erfolg ihrer Opernkompositionen geradezu verwöhnt
waren, die mit ganz anderen Texten, erstrangigen und zweitrangigen Li-
bretti, umzugehen gewohnt waren, es für sinnvoll, ja vielleicht sogar für
notwendig hielten, die alten, tausendmal vertonten Texte ihrerseits in
Musik zu setzen — und die dann solche Meisterwerke wie die »Petite
Messe solemnelle« bzw. die »Messa da Requiem« schrieben!
Hat die hohe musikalische Qualität dieser Werke nicht auch etwas mit
der besonderen Qualität ihrer Worte zu tun? Wäre abendländische Musik z.B. ohne Vertonung des Meßtextes überhaupt denkbar? Darf man
nicht sogar mit guten Gründen behaupten, daß es — fußend auf jüdischer
Tradition — die christliche Religion war, die das hervorgebracht, evo-
ziert hat, was wir, die säkularisierten Menschen des 20. Jahrhunderts, als
»unsere« Musik schätzen?
Es ist kaum vorstellbar, daß jemand, der in einem Kirchenchor singt,
auf Dauer unberührt bleiben sollte von den tiefen Lebensfragen und
Glaubensdeutungen, die ihm da in die Ohren klingen und aus dem Munde strömen. So rigide kann man das Schöne vom Guten und Wahren
(oder zumindest von der Suche danach) gar nicht trennen... Wenn aber
die Frage nach dem Woher und Wozu solcher Worte laut wird, wird
man, so hoffe ich, theologische Informationen begrüßen, die die besondere Beziehung zur Musik ausdrücklich berücksichtigen — und genau
das soll in diesem Buch geschehen. Dabei könnte sozusagen stillschwei-

gend der vermutlich sehr große Unterschied im Wissensstand über den christlichen Glauben ein wenig ausgeglichen werden. Wer möchte schon zugeben, daß er nicht einmal weiß, was das tausendfach gesungene »Halleluja« auf Deutsch heißt, wenn andere zu erkennen geben, daß sie mit einem Requiem-Zitat wie etwa »teste David et Sybilla« kein Verstehensproblem haben?

Man könnte nun selbstverständlich einwenden, solche Informationen und Motivationshilfen sollten doch diejenigen geben, die im Musikunterricht an Schule und Hochschule vor der Klasse oder dem Seminar, beim Musizieren vor dem Chor stehen: die Lehrer, Dozenten, Professoren, die Kantoren und Kantorinnen, Chorleiter und Chorleiterinnen, Dirigenten und Dirigentinnen. Recht hat, wer so argumentiert. Eine andere Frage ist, wie es damit in der Realität bestellt ist. Natürlich gibt es Dozenten und Chorleiter, die solches in vorbildlicher Weise tun, aber weit größer ist die Zahl derer, die es gar nicht oder nur sehr spärlich tun — was sehr unterschiedliche Gründe haben kann: Zeitmangel, Kompetenzmangel, Teilhabe an verbreiteten religiösen Tabus, Angst, die Zuhörer und Sänger würden weglaufen, wenn es (zu) fromm wird, Furcht vor Kritik oder Überheblichkeit der anwesenden Theologen oder Musikwissenschaftler sowie die (irrige, aber besonders an Hochschulen und Universitäten verbreitete) Annahme, das alles verstünde sich doch von selbst. Ohne eine Über- oder Unterordnung von Wort oder Musik zu postulieren, möchte dieses Buch solche Defizite ein wenig ausgleichen und gleichsam »das Schweigen brechen«.

Eines kann es jedoch nicht leisten, weil dazu einerseits die Kompetenz seines Autors, andererseits der Umfang eines Buches nicht ausreicht: Es kann die Textdeutung nicht in unmittelbaren Bezug zu den musikalischen Ausdeutungen der jeweiligen Werke und schon gar nicht deren aktueller Interpretation setzen. Dies muß dem musikalischen Leiter bzw. der Leiterin oder einer sonstigen kompetenten Person aus dem Chor oder seinem Umfeld überlassen bleiben — und es lohnt sich meines Erachtens, die letztere Möglichkeit zu erkunden. Daß es sich der (kirchen-) musikbegeisterte, aber dilettierende Autor an einigen wenigen Stellen doch nicht versagen kann, Andeutungen über die Beziehung zwischen Text und Musik zu machen, wird nicht zu übersehen, aber hoffentlich zu entschuldigen sein ...

Im übrigen ist mir durchaus bewußt, daß nicht nur die angesprochenen Chorsänger und -sängerinnen, Musiker aller couleur, Musikwissenschaftler und Theologen sich mit kirchenmusikalischen Texten befassen. Da gibt es — im Gottesdienst, im Konzert, beim Anhören von Radiosen-

dungen oder beim Abhören von Tonträgern — ja auch noch die Hö-
rer/innen, denen die Texte mindestens genauso fremd sein dürften und
die sich wünschen, nähere Bekanntschaft mit den Texten zu machen.
Beihefte zu Schallplatten und CDs bringen im besten Fall gute Informationen über die Musik und einfache Textübertragungen, auf den Inhalt
der Texte gehen sie in der Regel überhaupt nicht ein. So könnte auch
den Hörern von Kirchenmusik mit diesem Buch gedient sein.

Meiner Tochter Anne-Katrin danke ich herzlich für viele anregende Ge-
spräche bei der Entstehung des Buches und für die Korrekturarbeiten.
   Ganz herzlich möchte ich an dieser Stelle auch der Verlagslektorin
Frau Dr. Jutta Schmoll-Barthel Dank sagen für die freundliche, aufmerk-
same und partnerschaftliche Begleitung bei der Redaktion dieses Buches.
Ich verdanke ihr Ermutigung und Anregungen, aber auch Verbesse-
rungsvorschläge, ohne die mein Buch nicht so wäre, wie es ist.

Ich widme dieses Buch meiner Mutter, die mir ihre Liebe zur Musik vermittelt hat, und den Kantoren und Kantorinnen, unter deren Leitung ich
bisher in verschiedenen Chören singen durfte. Sie haben mir ganz We-
sentliches für meinen Glauben und für mein Leben geschenkt.

Friedberg, Herbst 1995   Paul-Gerhard Nohl

HINWEISE ZUM GEBRAUCH DES BUCHES

Die folgenden sechs Hauptkapitel sind gleichartig gegliedert, um das Buch als Nachschlagewerk benutzbar zu machen und einen schnellen und direkten Zugriff auf bestimmte Informationen zu ermöglichen.

Im I. Abschnitt wird jeweils die Herkunft bzw. Geschichte des betreffenden Textes als ganzem oder gegebenenfalls auch seiner Teile referiert. Theologisch gebildete Fachleute werden rasch erkennen, daß hier aus der meist hochkomplizierten Überlieferungsgeschichte mutig eine Auswahl getroffen und viele Details zusammengefaßt werden mußten. Es hätte ein eigenes Buch ergeben, wären von dem einen oder anderen Text auch nur die derzeit existierenden Herkunftshypothesen vollständig referiert und diskutiert worden.

Der II. Abschnitt berichtet über Vertonungen des Textes. Über die bloße Aufzählung hinaus (die ihrerseits keinen Anspruch auf Vollständigkeit erhebt) wird versucht, einige Akzente in der Geschichte der Textvertonung zu markieren, ohne jedoch einen für Musikhistoriker verbindlichen Abriß zu liefern.

Es folgt als III. Abschnitt die Übersetzung aus dem Lateinischen. Dabei ging es mir ganz besonders darum, die Leser, welche die lateinische Sprache nicht beherrschen, durch (beinahe) Wort-für-Wort-Übersetzung so nahe wie möglich an die besondere Stellung eines jedes Wortes im musikalischen Kontext heranzuführen. So kann in vielen Fällen nachvollzogen werden, warum ein Komponist hier diese Tonfigur oder Klangfarbe wählt. Korrekte Syntax und eleganter Stil ließen sich, wie man feststellen wird, mit diesem Ziel nicht in Einklang bringen. Aber »schönere« Übersetzungen findet man heute in jedem Beiheft zu einer CD-Aufnahme. Wo eine Wort-für-Wort-Übersetzung einfach unmöglich war, soll das Zeichen * bei der Zuordnung helfen.

Kernstück jedes Kapitels ist der IV. Abschnitt, die Exegese, d.h. die Kommentierung und Auslegung des Textes im ganzen und in seinen Teilen. Vor Augen stand mir dabei in erster Linie der/die theologisch nicht oder nur wenig vorgebildete Leser/in, wobei ich freilich hoffe, auch Theolog/innen hier und da noch auf unbekannte Zusammenhänge hinweisen zu können. Ich habe es oft ganz bewußt nicht bei reinen und sozusagen unanfechtbaren »historischen« Sachmitteilungen belassen, sondern auch Deutungen, Wertungen und Vergegenwärtigungen eingebracht, über die sich selbstverständlich streiten läßt. Über die Information hinausgehend ging es mir darum aufzuzeigen, daß wir es bei unseren Texten mit Glaubensdeutungen zu Lebensfragen zu tun haben und diese Lebensfragen sich heute vielleicht anders artikulieren, aber im Grunde dieselben sind wie damals. Man kann sich meines Erachtens angemessener zu den »alten« Glaubensdeutungen einstellen, wenn man diesen Bezug erkannt hat.

Als abschließend und nun zweifellos mit dem vollen Risiko der Subjektivität beladen versteht sich der V. Abschnitt mit der Überschrift: »Deutung und Bedeutung«. Was ich hier äußere, ist nicht mehr Information, sondern meine Einschätzung des Sinnes und Wertes, der Aktualität und Berechtigung der Darbietung des betreffenden Textes in Musik in unserer Zeit. Daher ist dieser Abschnitt primär als Motivation gedacht, sich eigene Gedanken zu machen, für sich persönlich, vielleicht aber auch einmal gemeinsam im Chor: Was bedeutet es, dieses kirchenmusikalische Werk mit diesem Text hier und jetzt aufzuführen? Wenn solche Reflexionen dazu beitragen würden, das — in erstaunlichem Maße vorhandene — Sendungsbewußtsein vieler engagierter Chorleute zu vertiefen und zu bestärken, wäre mir das eine Freude.

ABKÜRZUNGEN

AT	Altes Testament	Hab	Habakuk
		Zef	Zefanja
1. Mose	1. Buch Mose (Genesis)	Hag	Haggai
2. Mose	2. Buch Mose (Exodus)	Sach	Sacharja
3. Mose	3. Buch Mose (Levitikus)	Mal	Maleachi
4. Mose	4. Buch Mose (Numeri)		
5. Mose	5. Buch Mose (Deuteronomium)	NT	Neues Testament
Jos	Josua		
Ri	Richter	Mt	Das Evangelium nach Matthäus
Rut	Ruth	Mk	Das Evangelium nach Markus
1. Sam	1. Buch Samuel	Lk	Das Evangelium nach Lukas
2. Sam	2. Buch Samuel	Joh	Das Evangelium nach Johannes
1. Kön	1. Buch der Könige	Apg	Apostelgeschichte
2. Kön	2. Buch der Könige	Röm	Brief an die Römer
1. Chr	1. Buch der Chronik	1. Kor	1. Brief an die Korinther
2. Chr	2. Buch der Chronik	2. Kor	2. Brief an die Korinther
Esr	Esra	Gal	Brief an die Galater
Neh	Nehemia	Eph	Brief an die Epheser
Hiob	Hiob	Phil	Brief an die Philipper
Ps	Psalmen	Kol	Brief an die Kolosser
Spr	Sprüche Salomos	1. Thess	1. Brief an die Thessalonicher
Koh	Kohelet (der Prediger Salomo)	2. Thess	2. Brief an die Thessalonicher
Hld	Das Hohelied Salomos	1. Tim	1. Brief an Timotheus
Jes	Jesaja	2. Tim	2. Brief an Timotheus
Jer	Jeremia	Tit	Brief an Titus
Klgl	Klagelieder des Jeremia	Phlm	Brief an Philemon
Ez	Ezechiel (Hesekiel)	Hebr	Brief an die Hebräer
Dan	Daniel	Jak	Brief des Jakobus
Hos	Hosea	1. Petr	1. Brief des Petrus
Joel	Joel	2. Petr	2. Brief des Petrus
Am	Amos	1. Joh	1. Brief des Johannes
Obd	Obadja	2. Joh	2. Brief des Johannes
Jona	Jona	3. Joh	3. Brief des Johannes
Mich	Micha	Jud	Brief des Judas
Nah	Nahum	Offb	Offenbarung des Johannes

Allgemeine Abkürzungen

b. c.	basso continuo	hebr.	hebräisch
BWV	Bach-Werke-Verzeichnis	Hob.	Hoboken-Verzeichnis
c. f.	cantus firmus		(Haydn)
D	Deutsch-Verzeichnis (Schubert)	KV	Köchel-Verzeichnis
EG	Evangelisches Gesangbuch		(Mozart)
EKG	Evangelisches Kirchengesangbuch	Wq	Wotquenne-Verzeichnis
GL	Gotteslob (Katholisches Gesangbuch)		(C.P.E. Bach)

MESSE

GESCHICHTE

Vorbemerkungen

Es ist eigentlich nicht ganz korrekt zu sagen, der Chor studiere derzeit Haydns Harmonie-»Messe« ein oder man schätze Bachs h-Moll-»Messe« am höchsten. Beide Male handelt es sich nicht wirklich um eine »Messe«, sondern lediglich um bestimmte Teile einer Messe, denn eine Messe ist, im ursprünglichen Wortsinn, eine bestimmte Gottesdienstform oder -ordnung: Das Wort »Messe« rührt vom Ende des Gottesdienstes, also der »Entlassung« her, die der Priester mit der schon in der römischen Antike bei Amtshandlungen bekannten Formel »Ite missa est« verkündete (»Gehet, es ist Entlassung«; heute wird dies im Sinne von: »Gehet hin in Frieden« verstanden). Das Ende steht hier also für das Ganze.

Die Stücke dieses Gottesdienstes kann man einteilen in solche, die an jedem Sonntag wiederkehren und das »Ordinarium« (das Ordnungsgemäße, das Übliche) bilden, und solche, die von Sonntag zu Sonntag wechseln und »Proprium« (das Eigene, das Besondere) genannt werden. Der kirchenmusikalische Gebrauch des Wortes »Messe« nun bezieht sich heute nur auf die erstgenannten Stücke des Ordinariums:

1. Kyrie
2. Gloria
3. Credo
4. Sanctus mit Hosanna und Benedictus
5. Agnus Dei

Da diese Teile in der Messe gesungen wurden, lag es nahe, sie auch kunstvoll zu vertonen. Dies ist in der Geschichte der Kirchenmusik unzählige Male geschehen. Es dürfte wohl auf der ganzen Welt und zu allen Zeiten keinen religiösen Text gegeben haben, der so häufig vertont worden ist wie die Ordinarium-Stücke der Messe. Dabei handelt es sich ganz über

wiegend um Vertonungen, die für den tatsächlichen Gottesdienstgebrauch bestimmt waren, weshalb viele Messen durch ihren Namen erkennen lassen, für welchen Sonntag bzw. Festanlaß sie komponiert wurden, z. B. Ludwig Senfls »Missa paschalis«, eine Messe zum Osterfest,
oder Michael Haydns »Missa in honorem St. Ursulae«, eine Messe zum
Heiligenfest der Heiligen Ursula.

Zu den anderen Stücken der Messe, also den Proprium-Teilen, gehören
Psalmen, Bibellesungen, Predigt, Gebete, Lieder. Erst das Ganze — Ordinarium und Proprium — aber macht eine vollständige liturgische Messe
aus. Natürlich wurden nicht nur die Ordinariums-Stücke vertont bzw.
von Anfang an gesungen, sondern auch Stücke des Propriums wie z.B.
Introitus, Graduale, Tractus, Alleluja, Offertorium, Communio und
(später) Sequenzen (s. Glossar). Da diese Teile aber nur einzeln vertont,
die Ordinariums-Stücke hingegen ab dem 15./16. Jahrhundert im Zusammenhang als geschlossenes Kunstwerk »komponiert« wurden und
die musikalische Gattung »Messe« bildeten, sind mit »Messe« heute in
der Regel die fünf Ordinariums-Stücke gemeint.

Es dürfte für den Leser von Belang und Interesse sein, nicht nur zu erfahren, was die vertonten Ordinariums-Texte bedeuten, sondern auch
welchen Ort sie innerhalb der Gottesdienstordnung einer Messe einneh-
men. Denn heutzutage kommt es relativ selten vor, daß eine ganze »Messe« (im kirchenmusikalischen Sinn des Wortes) im Rahmen eines realen
Gottesdienstes von einem Chor vorgetragen wird. Trifft das schon für
katholische Chöre zu, so erst recht für evangelische Kantoreien. Häufiger kann man dagegen erleben, daß einzelne Ordinariums-Stücke im
Gottesdienst vom Chor gesungen werden (etwa Kyrie und Gloria, die
dann eine »Missa brevis«, eine »Kleine Messe« bilden), sei es liturgisch-
einstimmig oder auch in einer mehr oder weniger aufwendigen Messe-
Komposition. Vielmehr wird die Aufführung einer »Messe« bei einem
kirchenmusikalischen Konzert der Rahmen sein, innerhalb dessen die
meisten großen Messe-Kompositionen heute erklingen. Einige der be-
rühmtesten (so auch Bachs h-Moll-Messe) waren ja auch gar nicht mehr
für den eigentlichen Gottesdienstgebrauch bestimmt; sie würden dessen
Rahmen durch ihre Länge und den musikalischen Aufwand bei weitem
überschreiten.

Bis zum 2. Vatikanischen Konzil (1962-1965) wurde die römisch-
katholische Messe weltweit in lateinischer Sprache zelebriert. Nach diesem Konzil kam es zu den heute üblichen Messefeiern in der jeweiligen
Landessprache. Auch der katholische Gottesdienstbesucher erlebt also
heute eine »deutsche Messe«. Aber in der liturgischen Tradition ist mit

dem Begriff »Deutsche Messe« eigentlich etwas anderes gemeint — nämlich zunächst Martin Luthers »Deutsche Messe« von 1526, sodann im Gefolge Luthers weitere evangelische Gottesdienst-Ordnungen. Auf diese greifen auch Kompositionen zurück, die sich den Titel »Deutsche Messe« beigelegt haben, wie z.B. Michael Praetorius' »Missa gantz teutsch« oder Ernst Peppings »Deutsche Messe«. Da es sich bei den Ordinariums-Stücken um die gleichen, lediglich ins Deutsche übersetzten Texte wie bei der römisch-katholischen Messe handelt, bedürfen sie hier keines eigenen Kommentars.[1]

Bevor wir uns mit der Geschichte der Messetexte befassen, soll im Folgenden durch eine Tabelle dem Leser die Möglichkeit gegeben werden, diese Texte sowohl im Rahmen einer vollständigen Gottesdienst-Ordnung mit Ordinarium und Proprium zu »lokalisieren« als auch zu erkennen, wo diese Stücke in der heute üblichen katholischen Meßfeier (Gemeindemesse) in deutscher Sprache und im evangelischen Gottesdienst vorkommen (s. die Tabelle auf Seite 20-21).

Historische Wurzeln

Es ist im vorgegebenen Rahmen leider nicht möglich, auch nur überblickartig die Geschichte der Messe nachzuzeichnen[4] — in der großen Enzyklopädie »Die Musik in Geschichte und Gegenwart« (1994ff.) werden dafür allein ca. 60 Spalten verwendet! Ein Gesamtüberblick müßte auch berücksichtigen, daß es mehrere Meßtraditionen (u.a. die lateinische, die griechisch-byzantinische und die slawische) gab, und da die Messe aus mehreren Teilen zusammengewachsen ist, müßte auch jeweils die Geschichte dieser Texte individuell dargestellt werden. Darüber hinaus hat die Messe als das zentrale liturgische Geschehen der Christenheit eine ungeheure Fülle von Entwicklungsschritten und Varianten aufzuweisen, die im einzelnen hier zu schildern unmöglich ist.

Von Anfang an aber ist wichtig und grundlegend festzustellen: Das, worum es hier geht, war von vornehrein auf das Singen ausgerichtet! Thrasybulos Georgiades schreibt dazu: »Die Tendenz der Vereinigung von Sprache und Musik ist schon in der frühchristlichen Liturgie vorhanden: Die sprachliche Gestalt ist Prosa; es besteht aber die Notwendigkeit zu kultischem Sprechen, zu christlich-sakraler Gemeinschaftssprache. Das Wort muß erklingen. Denn für eine Gemeinschaft existiert das

Römisch-Katholische Meßfeier[2]

Introitus (Einzug):
Gesang zur Eröffnung
Votum: Im Namen des Vaters ...
Begrüßung der Gemeinde
Allgemeines Schuldbekenntnis

1. Kyrie eleison

2. Gloria in excelsis Deo
»Ehre sei Gott in der Höhe«
Tagesgebet
1. Schriftlesung (AT)
Zwischengesang: Antwortpsalm
2. Lesung (NT/Epistel)
Zwischengesang: Halleluja
3. Lesung (NT/Evangelium)
Predigt

3. Credo in unum Deum
Glaubensbekenntnis

Fürbitten/Allgemeines Gebet
Eucharistiefeier
Gabenbereitung und Gebet
Eucharistisches Hochgebet, mit Formulierungen wie »Darum preisen wir
dich mit allen Engeln und Heiligen und singen vereint mit ihnen das Lob
deiner Herrlichkeit«

4. Sanctus, sanctus, sanctus mit *Hosanna* und *Benedictus* (»Heilig, hei-
lig, heilig«)
Einsetzungsworte
Votum: »Geheimnis des Glaubens ...«
Gebet des Herrn (Vaterunser)
Friedensgebet und -gruß

5. Agnus Dei »Lamm Gottes, du nimmst hinweg ...«
Kommunionsempfang
Danklied und -gebet
Segnung und Sendung

Evangelisch-Lutherischer Gottesdienst[3]

Introitus (Eingang):
Gesang oder Psalm mit »Ehr sei dem Vater ...«
Votum: Im Namen des Vaters ...
Begrüßung der Gemeinde
Rüstgebet

1. Kyrie eleison

2. Gloria in excelsis Deo
»Ehre sei Gott in der Höhe«
Gebet des Tages (Kollekte)
1. Schriftlesung (AT)
Gesang zwischen den Lesungen
2. Lesung (NT/Epistel)
Gesang zwischen den Lesungen
3. Lesung (NT/Evangelium)

3. Credo in unum Deum
Glaubensbekenntnis
(das Credo kann auch nach der Predigt gesprochen werden)
Lied vor der Predigt
Predigt
Fürbittengebet
Abendmahlsfeier
Dankopfer und -lied
Großes Lobgebet, endend mit Formulierungen wie »Darum preisen wir
dich mit allen Engeln und Heiligen und singen vereint mit ihnen das Lob
deiner Herrlichkeit«

4. Sanctus, sanctus, sanctus mit **Hosanna** und **Benedictus** (»Heilig, hei-
lig, heilig«)
Einsetzungsworte
Votum: »Geheimnis des Glaubens ...«
Gebet des Herrn (Vaterunser)
Friedensgebet und -gruß

5. Agnus Dei »Christe, du Lamm Gottes, der du trägst ...«
Empfang des Abendmahles
Danksagung
Segnung und Sendung

Wort nur als erklingendes, nicht als Schrift. Als sakrales Wort kann es aber nicht auf natürliche Weise, als subjektiv gefärbtes Sprechen erklingen. Es verlangt einen musikalisch festgelegten Vortrag. Das ist die Geburtsstunde der abendländischen Musik: Der liturgische Text bildet das Einfallstor der Musik in die christlich-abendländische Geistesgeschichte« (a.a.O., S. 7f.).

Schon in der neutestamentlichen Überlieferung begegnen wir bruchstückhaften Aussagen über das gottesdienstliche Leben der urchristlichen Gemeinden: 1. Kor 11,20ff.; 12; 14; Apg 2,42.46ff.: »Sie blieben aber beständig in der Lehre der Apostel und in der Gemeinschaft und im Brotbrechen und im Gebet ... und sie waren täglich einmütig beieinander im Tempel und brachen das Brot hier und dort in den Häusern, hielten die Mahlzeiten mit Freude ... und lobten Gott«; Apg. 5,42; 20,7ff.: »Am ersten Tag der Woche aber, als wir versammelt waren, das Brot zu brechen, predigte ihnen Paulus...« sind die bekanntesten Belegstellen dafür. Ihnen läßt sich entnehmen, daß von Anfang an Wortverkündigung und Mahlfeier die beiden Brennpunkte des Gottesdienstes waren. Natürlich fehlten Gebet und Gesang nicht; letzterer wird in Kol 3,16 »Laßt das Wort Christi reichlich unter euch wohnen: lehrt und ermahnt einander in aller Weisheit; mit Psalmen, Lobgesängen und geistlichen Liedern singt Gott dankbar in euren Herzen« schon mit drei Termini benannt: Psalmen (psalmoi), Lobgesängen (hymnoi) und geistliche Lieder (odae), ohne daß sich, von den Psalmen abgesehen, mit Sicherheit sagen ließe, was unter den Begriffen genau zu verstehen sei. Die neutestamentliche Auslegungswissenschaft hat übrigens in neuerer Zeit eine ganze Reihe von (vermutlichen) »Lied«-Zitaten in den neutestamentlichen Schriften ausfindig gemacht, so z.B. Phil 2,6-11; Kol 1,12-20; 1. Tim 3,16; Offb 4,11. Die Anknüpfung der christlichen an die alttestamentliche bzw. frühjüdische Gottesdiensttradition ist mannigfaltig. Für uns ist sie u.a. bis auf den heutigen Tag durch die Verwendung einiger liturgischer Formeln in der ursprünglichen hebräischen Sprache nachvollziehbar: »Halleluja« heißt »Lobt Gott«, »Amen« heißt »So ist (oder: sei) es« und der urchristlich-griechische Gebetsruf »Kyrie eleison« hat sich seinerseits in der römischen Messe original durchgehalten.

Auch andere gottesdienstliche Elemente werden im Neuen Testament erwähnt: Zu den Wortbeiträgen zählen Lesungen aus den Prophetenbüchern und aus den Evangelien. Der Apostel Paulus fordert die Verlesung seiner Briefe im Gottesdienst (1. Thess 5,27; Kol 4,16), und der Aufbau der meisten seiner Briefe läßt auch ohnedies darauf schließen, daß er sie dem Gottesdienst eingefügt wissen wollte: Eingangsgruß — Eingangsge-

bet — Themen der brieflichen Verkündigung — hymnische Elemente —
Schlußsegen. Auch Bekenntnisformeln wurden zunehmend im Gottesdienst gebraucht, wie sich aus Röm 10,10 und Phil 2,5-11 erschließen
läßt:

*»Seid so unter euch gesinnt, wie es auch der Gemeinschaft in Christus
Jesus entspricht: Er, der in göttlicher Gestalt war, hielt es nicht für einen
Raub, Gott gleich zu sein, sondern entäußerte sich selbst und nahm
Knechtsgestalt an, ward den Menschen gleich und der Erscheinung nach
als Mensch erkannt. Er erniedrigte sich selbst und ward gehorsam bis
zum Tode, ja zum Tod am Kreuz.*

*Darum hat ihn auch Gott erhöht und hat ihm den Namen gegeben,
der über alle Namen ist, daß in dem Namen Jesu sich beugen sollen aller
derer Knie, die im Himmel und auf Erden und unter der Erde sind, und
alle Zungen bekennen sollen, daß Jesus Christus der Herr ist, zur Ehre
Gottes, des Vaters.«*

Man wird sich urchristliche »Gottesdienste« allerdings sehr anders vorstellen müssen als das, was dieses Zitat suggeriert. Weniger »Ordnung«
als vielmehr glutvoller Enthusiasmus, nicht Leitung durch einzelne, sondern Beteiligung aller und Mitwirkung vieler. Spontane Wortbeiträge,
freie Gebete und ein tatsächliches gemeinsames Mahl gehören dazu. Andererseits sind in Spuren schon fast alle wichtigen Elemente dessen da,
was wir später als »Gottesdienstordnung« bezeichnen und kennen. Allerdings: Wir kennen die Bausteine, nicht aber das Gebäude.

Das gilt auch noch für die Gottesdienste in der sogenannten nachapo-
stolischen Zeit (ab ca. 100 nach Chr.). Zwei Tendenzen lassen sich aus
den betreffenden Quellen (den Schriften der apostolischen Schüler — für
sie hat sich der unzutreffende Begriff »Apostolische Väter« eingebür-
gert —, u.a. den beiden Klemensbriefen, den Briefen des Ignatius von An-
tiochien und der Didache) herauslesen. Erstens: Bei der Mahlfeier hat
sich das kultische Mahl vom Gemeinschaftsmahl (im Sinne einer gemeinsamen Mahlzeit) gelöst; zudem hat der paulinische Mahltypus des pas-
sionsbezogenen »Gedächtnismahles« über den in der Apostelgeschichte
bezeugten Typus des eschatologischen Freudenmahles (das »Brotbrechen«, Apg 2,42) »gesiegt«. Schließlich wird auf dieses eucharistische
Mahl zunehmend die Vorstellung eines »Opfers« übertragen — Termini
des antiken Opferdenkens dringen in die Sprache des christlichen
Gottesdienstes ein. Und zweitens: Feste Ordnungen und gottesdienstliche Funktionsträger spielen eine immer größere Rolle.

Diese beiden Tendenzen setzen sich in den folgenden Jahrhunderten durch. Lange Zeit kann man übrigens von einem gemeinsamen Grundbestand gottesdienstlicher Elemente und Ordnungen der ganzen Christenheit ausgehen, Varianten und Weiterentwicklungen waren aber erlaubt und liegen in der Natur der Sache.

Die römische Messe

Erst seit der Wende vom 4. zum 5. Jahrhundert kann man in Rom von einem Gottesdienst in lateinischer Sprache reden. Vorher wurde dafür die griechische Sprache verwendet. Jetzt beginnt sich auch der »Kanon« (d.h. die Ordnung) der römischen Messe, die uns hier ausschließlich interessieren soll, herauszuschälen, ohne daß die einzelnen Stufen der Entwicklung nachweisbar wären. Am Ende des 5. Jahrhunderts dürfte die Grundgestalt der römischen Messe ausgebildet gewesen sein.

Papst Gregor I. (»der Große«, 540-604, Papst von 590-604), ein Benediktiner, spielt für die Entwicklung der römischen Messe und der »Kirchenmusik« überhaupt eine ganz überragende Rolle — jede Erwähnung des »Gregorianischen Gesanges« erinnert ja an ihn. Freilich ist er nicht der Schöpfer der nach ihm benannten Weisen gewesen, ob er überhaupt musikalisch tätig war, steht infrage. Wohl aber hat er ordnend und wegweisend in die liturgische Entwicklung eingegriffen und eignete sich daher in späterer Zeit als Gewährsmann für die Unantastbarkeit der heiligen Gesänge, durchaus vergleichbar dem Rang, den König David für die Psalmdichtung einnimmt.

Wir übergehen im Folgenden nicht nur alle Einzelheiten dieser Entwicklung, sondern überspringen auch Jahrhunderte der Geschichte der römischen Messe und erwähnen nur noch ein Datum, das allerdings folgenschwer und im Blick auf die Entwicklungsgeschichte des Gottesdienstes bis dato fast ungeheuerlich war: Das Tridentinische Konzil (1545-1563) übertrug die Neuordnung der Liturgie der Autorität des Papstes. Pius V. führte durch die Bulle vom 14. Juli 1570 das »Missale Romanum ex decreto ss. Concilii Tridentini restitutum« als für die Gesamtkirche verbindliches Meßbuch ein, an dem auch in Zukunft nichts mehr geändert werden dürfe! Und so blieb denn auch dieses Formular bis zum II. Vatikanischen Konzil (1961/62) in Geltung, bei dem die heutige Gestalt der römischen Messe festgelegt wurde.

Gliedert man diese Messe in ihre großen Abschnitte Eröffnungsteil — Wortgottesdienst — Eucharistieteil — Abschluß, so wird deutlich, daß einerseits an die urchristliche Tradition, ja im ersten Teil sogar an die Tradition des jüdischen Synagogengottesdienstes angeknüpft wurde; daß andererseits aber das Zentrum der Kulthandlung nunmehr ganz im zweiten Abschnitt liegt: Er ist der Kern der Messe, denn hier geht es ganz zentral um die Repräsentation des Heilsgeschehens in und durch den gekreuzigten und auferstandenen Jesus Christus. Dies teilt die römische Messe zwar mit den übrigen Gottesdienst-Traditionen der Christenheit, doch kommt es an diesem Punkt zugleich auch zur deutlichsten Ausprägung der spezifisch römisch-katholischen Auffassung der Eucharistie als einer »unblutigen Wiederholung des Opfers Christi« (heute würde man eher von »Vergegenwärtigung des Kreuzopfers« reden) durch den in apostolischer Sukzession vom Bischof geweihten Priester, der allein dazu die Vollmacht hat. Es dürfte bekannt sein, daß es diese Position ist, die gemeinsame (vollständige) Gottesdienste der katholischen und evangelischen Konfession, ja überhaupt deren Einigung bislang immer noch verhindert.

Zur musikalischen Ausprägung der römischen Messe

Der *Introitus* stand ursprünglich am Beginn der Messe und bestand einst aus dem Gesang eines ganzen Psalms mit abschließendem Gloria Patri, währenddessen der Klerus zum Altar zog. Im 11. Jahrhundert wurde er dann auf einen Psalmvers als Antiphon mit Gloria Patri verkürzt. Der Introitus ist der erste Text des Propriums, d.h. des einem bestimmten Sonntag eigenen Textes. Daraus hat sich die Gewohnheit entwickelt, das erste Wort des betreffenden Psalms zur Bezeichnung bestimmter Sonntage wie z.B. »Judica« (Ps 43,1 »Judica me, Domine«, deutsch: »Richte mich, Gott«) oder »Kantate« (Ps 98,1 »Cantate Domino canticum novum«, deutsch: »Singet dem Herrn ein neues Lied«) zu verwenden.

Auch das *Kyrie* wird gesungen, falls ein Chor vorhanden ist. Übrigens besteht es eigentlich nicht, wie aus vielen Meßkompositionen bekannt, aus drei Teilen (Kyrie eleison, Christe eleison, Kyrie eleison), sondern aus neun (die drei Teile werden zweimal wiederholt). Die naheliegende Assoziation, daß es sich beim Kyrie um eine trinitarische Gottesanrufung handele, erweist sich damit als falsch; vielmehr stellt es den Rest eines Litaneigebetes dar (eine Litanei ist ein Bittgebet, in dem bestimmte Gebetsanliegen in immer wiederkehrenden Anrufungen Gottes, Christi oder der Heiligen verbunden sind). Allerdings wurde dieses dreifache Kyrie schon im Mittelalter trinitarisch verstanden.

Das *Gloria in excelsis Deo*, auch das »Große Gloria« genannt, ist ein Hymnus, der schon im sogenannten Gregorianum (einer wichtigen römischen Sammlung von liturgischen Stücken, die der Überlieferung nach auf Papst Gregor den Großen zurückgeht) in seiner heutigen Gestalt vorkommt. Lange Zeit wurde es vom Priester intoniert und von der (Mönchs-) Gemeinde gesungen, bis der »Sängerchor« (die Schola) diese Funktion übernahm.

Das folgende *Kollektengebet* hat nichts mit der »Kollekte« (Geldsammlung) zu tun. Der Begriff meint (vermutlich) die »Zusammenfassung« (»Sammlung«) aller vorausgegangenen Bitten der Gemeinde; trifft diese Deutung zu, wäre sie ein Hinweis auf eine (früher übliche) Litanei zu Anfang der Messe, von der heute nur noch die »Kyrie«-Rufe übriggeblieben wären.

Zu den sich anschließenden Lesungen gehören von früh an die sogenannten Zwischengesänge, die innerhalb der Messe noch einmal in besonderer Weise ein Quellort für (Kirchen-) Musik überhaupt sind. William Nagel schreibt dazu: »Das Schriftwort findet sein Echo in den Zwischengesängen zwischen den Lesungen ... Die heutigen Zwischengesänge gehören zum ältesten Bestand des Antiphonale; das Graduale, einst von einer Zwischenstufe (gradus) zum Ambo aus gesungen, meist aus Psalmversen bestehender melismatischer Chorgesang, der Allelujavers und der Tractus. Graduale und Alleluja wurden einst vom Vorsänger gesungen und vom Volk mit einem gleichbleibenden Vers durchbrochen. Da man aber für diese Gesänge bald schwierige Kompositionen schuf, wurden sie vom Chor übernommen, der sie abwechselnd mit dem Kantor vortrug, wie es noch heute mit dem Allelujavers geschieht. Das erste Alleluja wird vom Solisten vorgetragen, das zweite mit einem Jubilus vom Chor, der Vers vom Solisten und das Schlußalleluja von beiden. Inhaltlich bedeutet in den alten Meßformularen das Graduale ein Nachsinnen über die vorangegangene Lesung, während der Allelujavers den liturgischen Kerngedanken des Evangeliums herausstellt ... In Bußzeiten oder an Trauertagen ersetzt der Tractus den Allelujagesang; er hat dementsprechend eine schlichtere Melodie und besteht aus einer größeren Zahl von Psalmversen. Die mittelalterliche Sitte, das Alleluja in jubelnden Tonfolgen auf dessen Schlußvokal ausströmen zu lassen, den sequentia, führte zu einer reichen Blüte von mehreren tausend Sequenzdichtungen, indem zur Gedächtnishilfe jenen Melodien Texte unterlegt wurden. Die Meßbuchreform Pius V. hat davon nur 5 im Missale belassen. Auch Strophen in der Volkssprache haben sich im Hochmittelalter den lateinischen Sequenzstrophen anschließen können. So entstand bereits im 12. Jahrhundert das »Christ ist erstanden!«; auch die Pfingstgesänge »Nun bitten wir den heiligen Geist« und »Komm, heiliger Geist, Herre Gott« sind hier zu nennen. Doch als derartige Volksgesänge das Gefüge der Sequenzen sprengten, verschwanden sie aus der Meßliturgie« (Geschichte des christlichen Gottesdienstes, 1962, S. 94f.). Es ist bekannt, daß Martin Luther und die Reformation an diese gottesdienstliche Singtradition anknüpften.

Der Wortgottesdienst schließt mit dem *Credo*, das ursprünglich vom Priester intoniert und dann von der Gemeinde rezitiert wurde — übrigens nicht im Wechselgesang, da jeder seinen Glauben selbst vollständig bekennen sollte! Von den drei Schritten der *Eucharistie* — Opferung (Bereitstellung der Gaben), Wandlung (von Brot und Wein in »Fleisch und Blut« Jesu Christi), Kommunionsempfang — wurde von früh an der erste Schritt vom Chor musikalisch begleitet.[5] Und während auch der erste Teil des zweiten Schrittes im Zusammenhang mit dem Praefationsgebet durchaus musikalisch ausgestaltet wurde (hier erklingt u.a. das *Sanctus*), blieb es während der eigentlichen Wandlung feierlich still. Selbst der amtierende Priester sprach »tacito« (fast unhörbar). Wurde die Wandlung schon seit dem Hochmittelalter etwa durch Hochheben von Brot und Kelch oder durch das Erklingen der Ministrantenglocken besonders hervorgehoben, so blieb es späteren Zeiten vorbehalten, die Repräsentation des im Abendmahl gegenwärtigen Christus musikalisch mit den verschiedensten Mitteln (Orgel- oder andere Instrumentalstücke, Vokalkonzerte[6] etc.) zu begleiten.[7]

Beim dritten Schritt, der Kommunion, steht musikalisch das *Agnus Dei* an wichtigster Stelle. Es wurde früher vom Klerus und der Gemeinde gesungen, und zwar solange, bis alles Brot gebrochen war. Nach Vereinfachung des Brotbrechens bzw. der Bereitstellung von »Oblaten« kam es zur Begrenzung auf die drei Anrufe des Lammes. Solange der Gesang während des Brotbrechens ertönte, schloß das Agnus Dei stets litaneiartig mit »miserere nobis«. Nach Verschwinden des Brechungsritus wurde die dritte Bitte im Hinblick auf den sich anschließenden Friedenskuß unter den Teilnehmern in »dona nobis pacem« abgewandelt.

Im Teil *Segnung und Sendung* antwortet die Gemeinde auf die schon genannte Entlassungsformel des Priesters »Ite missa est« mit »Deo gratias« (»Dank sei Gott, dem Herrn«) oder auch mit »Benedicamus Domino« (»Laßt uns preisen den Herrn«).

Mit der Entstehung der Texte und ihrer Integration in die Messe beginnt zwar auch die Geschichte ihrer Vertonung, aber die für uns greifbare Überlieferung von Melodien setzt erst mit dem 10. Jahrhundert ein. Dies dürfte damit zusammenhängen, daß es sich zunächst wohl um Gesänge handelte, die von der klösterlichen Gemeinde und dem anwesenden Klerus gesungen und über lange Zeit hin mündlich überliefert wurden; erst um die Jahrtausendwende tritt an die Stelle der gottesdienstlichen Gemeinde der Chor, zunächst der Chor der Geistlichen und dann der Sängerchor. Noch heute nennen wir ja den Raum für den Chor in der Kirche den »Chorraum«. Während der Chor der Kleriker im »Chorraum« noch (wie in der griechischen Antike) Gesang und liturgische Gestik vollzog, beschränkt sich der Sängerchor auf den Gesang, wobei er ja in späterer Zeit auch aus dem Chorraum auszieht und auf der entgegengesetzten Seite, auf der (Orgel-) Empore Platz nimmt.

Ein weiterer Schritt innerhalb der Geschichte der Messe (im musikalischen Sinne des Wortes) soll noch Erwähnung finden, weil er eine neue Dimension nicht nur dieser musikalischen Gattung, sondern der Musik überhaupt beleuchtet. Während in den ersten Jahrhunderten allein die einstimmig gesungene, also die »gregorianische« Messe existiert, kommt es durch eine mit dem Begriff »tropus« belegte Rezitierweise sozusagen zur »Erfindung« der mehrstimmigen Musik. Um es vorwegzunehmen: Die mehrstimmige Musik ist ein direkter, sozusagen ursächlicher Abkömmling der Messe. Ein Tropus ist die zunächst nur musikalische, später auch textliche Paraphrasierung eines vorgegebenen Meßstückes, z.B. des Kyrie. Dabei muß man sich die Tropierung in folgenden drei Entwicklungsstationen vorstellen: Das »Kyrie« wird nicht mehr nur als Sprechgesang, also Silbe für Silbe mit jeweils einem Ton unterlegt, sondern für eine Silbe werden mehrere Töne eingesetzt, die sogenannten Melismen. Diesem ersten Schritt folgt ein zweiter: Den Noten des Melismas werden neue Texte unterlegt, die den feststehenden Text bereichern oder ausdeuten, gleichsam »tropieren«. Dritter Schritt: Statt nacheinander werden Kyrie und Tropus gleichzeitig gesungen, wobei z.B. die langen Kyrie-Töne während der Ausführung des Tropus ausgehalten werden — Mehrstimmigkeit, eine Keimzelle der gesamten abendländischen Musikkultur, entsteht.

Für kirchenmusikalisch engagierte Menschen ist es bewegend zu sehen, wie im Kontext der Messe eine einmalige Verbindung von Wort und Ton zustandekommt, aus der sich sehr viel von dem, was wir als »abendländische Musik« kennen, herleitet. Damit ist ja nicht nur der enge Zusammenhang von Musik und Religion allgemein angesprochen, es ist speziell der christliche Glaube, der sich auf solche Weise Ausdruck verschafft und dessen Texte geradezu zur Quelle von Musik überhaupt

werden! Mit den Worten von Thrasybulos Georgiades (a.a.O., S. 9):
»Das Griechische war die liturgische Sprache bis ins 3. Jahrhundert,
selbst in Rom, und erst dann wurde es durch das Lateinische abgelöst.
Diese beiden Sprachen bildeten die Gegebenheit für den musikalischen
Vortrag, und zwar als Prosa, einerlei, ob die Texte als Übersetzungen ...
oder neu entstanden waren. Die Feststellung, daß in der Liturgie grundsätzlich Prosa vorliegt, ist aber ... von hervorragender Bedeutung. Sie
weist auf eine von Grund auf veränderte geistige Haltung hin. Erst in
dieser neuen Prosa wurde es innerhalb der europäischen Geschichte
möglich, daß dichterisch-anschauliche Kunstwirklichkeit und religiöser
Wahrheitsgehalt unterschieden werden, daß auf Wahrheiten hingewiesen wird, die außerhalb des Anschaulichen liegen.«

Die »Deutsche Messe«

Neue theologische Erkenntnisse und insbesondere seine persönlichen
Gotteserfahrungen haben Martin Luthers Auffassung vom Gottesdienst
bestimmt. Während er allerdings in der reformatorischen *Deutung* des
Gottesdienstes durchaus radikal war, ging er bei der *Umformung* dessel-
ben außerordentlich behutsam vor. Hauptgegenstand seiner Kritik war
das römisch-katholische Verständnis der Messe als Kooperation von
Gott und Kirche. Nein, sagen Luther und die Reformation, die Heilstat
Christi ist ganz und gar Gottes Werk und Geschenk, die Gemeinde ist
dabei die Empfangende und Antwortende — und darum ist ihre Beteiligung sowohl im Hören des Wortes Gottes als auch im Singen und Beten
so wichtig. Darauf spielt das bekannte Wort Luthers an: »daß nicht anderes darin [in der Kirche] geschehe, denn daß unser lieber Herr mit uns
rede durch sein heiliges Wort und wir wiederum mit ihm reden durch
Gebet und Lobgesang«.

Daß bei alledem freilich eine gewaltige Akzentverschiebung vom Sakrament auf das (gepredigte) Wort ins Werk gesetzt wird, ist als ein gewichtiger (und erst in neuester Zeit als nicht mehr gravierend empfunde-
ner) Unterschied zwischen den Gottesdiensten der beiden Konfessionen
bekannt. Luther maß übrigens dem gepredigten Wort als der »viva vox
evangelii« (»lebendigen Stimme des Evangeliums«, heute würde man
wohl von einem »aktualisierten Evangelium« reden) beinahe sakramen-
tale Würde bei: »praedicatio verbi divini est verbum divinum« (»die Verkündigung des Wortes Gottes *ist* Wort Gottes«) — und fast zwangsläufig
mußte dies die Eindeutschung des Gottesdienstes zur Folge haben.

Die Ordnung der »Deutschen Messe« von Martin Luther aus dem Jahre 1526:

1. Introitus in Form eines geistlichen Liedes oder eines deutschen Psalmes, im 1. Ton gesungen

2. Dreimaliges *Kyrie eleison* (das vermutlich dazugehörige *Gloria in excelsis* wird nicht erwähnt)

3. Kollektengebet

4. Epistellesung, im 8. Ton gesungen

5. Graduale in Form eines deutschen Liedes

6. Evangelienlesung, im 5. Ton gesungen

7. *Glaubensbekenntnis* in Form des Luther-Liedes »Wir glauben all an einen Gott«

8. Predigt

9. Öffentliche Paraphrase des Vaterunsers und Vermahnung an alle, die zum Abendmahl gehen wollen

10. Einsetzungsworte zum Abendmahl nach 1. Kor 11,23ff., ergänzt aus den Evangelientexten, bei der die Konsekration (d.h. die Bereitstellung zum besonderen, heiligen Gebrauch) der Elemente geschieht. Die Worte werden in einer an den Passionston angelehnten Weise gesungen, sollen also hervorgehoben hörbar sein.

11. Elevation (Hochheben, Zeigen) der Abendmahlselemente

12. Austeilung des Abendmahles in beiderlei Gestalt

13. Dazu sollen entweder das *Sanctus* in Form des Liedes EKG 135 (»Jesaja dem Propheten das geschah«) oder »Jesus Christus, unser Heiland« (EKG 154/EG 102) oder das deutsche *Agnus Dei* (EKG 136/EG 190.2) gesungen werden

14. Dankgebet

15. Segen

Im übrigen meinte Luther im Blick auf die Gottesdienstordnung, daß alles, was der Heiligen Schrift nicht widerspreche, erlaubt sei; daher konnte er hinsichtlich der Formen und Gewohnheiten sehr großzügig sein und eher darauf achten, daß das befreiende Neue nicht per Ordnung wiederum zum Gesetz würde. Und so machte er sich mit großer Behutsamkeit und auf viele Bitten hin an die Neufassung und Eindeutschung der Messe, nicht ohne sich jedoch dabei eines kompetenten Beraters, des Kantors Johann Walter (1496-1570), zu versichern.

Der Entwurf der »Deutschen Messe« von 1526 ist zwar eher ein Idealtypus geblieben, als daß er irgendwo direkt in das gottesdienstliche Leben übernommen worden wäre. Aber als Typus einer »Evangelischen Messe« ist und bleibt er bedeutend und relevant gleichsam als Hintergrund für alle späteren Vertonungen der »Deutschen Messe«.

Die »Messe« im musikalischen Sinne des Wortes ist also nicht unbedingt eine römisch-katholische Angelegenheit, die man im protestantischen Raum nur der Musik wegen zum Klingen bringen könnte. Wenn man die römische Messe nicht zum Maß der Dinge macht und z.B. Martin Luthers »Deutsche Messe« an ihr mißt, ist sie auch ein sinnvoller Kontext für die bekannten fünf Ordinariums-Stücke, um die es in der Kirchenmusik vornehmlich geht.

VERTONUNGEN

Wie oft mag der Messetext wohl summa summarum vertont worden sein? Kein Fachmann konnte mir darauf eine Antwort geben. Aber sicher ist, daß kein Text in der gesamten

»Weltgeschichte der Musik« häufiger vertont worden ist als das Ordinarium der Messe. Eben darum kann im Folgenden nur ein ganz kleiner Ausschnitt aus dieser riesigen Sammlung beleuchtet, können lediglich die Hauptstationen der Geschichte der Meßvertonung kurz angesprochen werden. Außer Betracht bleiben dabei einstimmige Vertonungen, solche anderer als der römischen (und deutschen) Messe und die meisten frühen Kompositionen, die vor 1600 entstanden sind. Ich wähle die Werke dabei nach folgenden Aspekten aus: interessante Weiterentwicklung bzw. besonderer Messetypus und häufig aufgeführte Kompositionen.[8]

Die ältesten Zeugnisse für die mehrstimmige Vertonung einzelner Teile des Messetextes stammen aus einem musikalischen Lehrbuch vom Ende des 9. Jahrhunderts, das den Titel »Musica Enchiriadis« trägt. In einem Abschnitt dieser Schrift wird die mehrstimmige Vortragsweise des (gregorianischen) Chorals in Quint- oder Quartparallelen behandelt; der anonyme Verfasser nennt sie »organum«, weil er den Klang als etwas wesenhaft »Instrumentales« (»organum« bedeutet auch »Musikinstrument«) gegenüber dem primär »vokalen« Charakter der Einstimmigkeit hervorheben will. Ausgangspunkt dieser »Mehrstimmigkeit« ist neben der Quinte die Quarte, mit der, so Georgiades, der Verfasser die (rekonstruierte) Tradition der griechischen Musik in nordalpine Länder zu transportieren versucht, dabei aber eher germanische Klangvorstellungen aufnimmt und mit dem Text verbindet. So wird dem (fremdsprachigen) Text ein Klang »angehängt«, das Dogma wird als Musik »transportiert«.

Wenn man von den Anfängen der mehrstimmigen Messe-Kompositionen spricht, muß die berühmte und gleichzeitig erste nicht anonym überlieferte Messe aus dem 14. Jahrhundert erwähnt werden: die um 1350 komponierte Messe de Notre Dame von Guillaume de Machaut (1300-1377). Sie ist vierstimmig notiert (eine Besonderheit in dieser Zeit, in der Dreistimmigkeit noch die Norm war) und stellt die erste neu komponierte, nicht aus fertigen Teilsätzen zusammengestellte Meßkomposition der Musikgeschichte dar. Dementsprechend ist sie musikalisch durchgestaltet und zeigt erste Tendenzen zur zyklischen Vereinheitlichung und Zusammenbindung der Sätze.

So großartig diese schon bewußt künstlerisch gestaltete Messe ist, sie steht noch am Übergang zu den Werken, die man im eigentlichen (musikalischen) Sinne als musikalisches Opus bezeichnen kann. Daß es im Folgenden immer mehr zu solchen »Kunstwerken« kam, lag auch darin begründet, daß — außer dem amtierenden Priester — der Chor zunehmend zum einzigen Träger der Liturgie avancierte. Das »Kirchenvolk« verstummte mehr und mehr. Mit den herrlichen Messevertonungen kam schon damals auf, was noch heute zwischen Chören und Geistlichen bisweilen ein Thema mit Reibfläche ist: Ist der Beitrag des Chores nur »musikalische Verzierung« oder Bestandteil des Gottesdienstes?

Eine andere Tendenz zeigt sich in der englischen Tradition der Messe-Kompositionen: Während in kontinentalen Cantus-firmus-Messen der zugrundeliegende Gregorianische Choral in die Komposition verwoben und geradezu versteckt wird, wird er in den englischen Messe-Vertonungen wieder zur eindeutigen Oberstimme; und die Oberstimme fungiert jetzt im musikalischen Sinne als Melodiestimme, nicht mehr im liturgi-

schen Sinne als Text-Träger und somit als Repräsentant des Glaubensin-
haltes. Das Bestreben, die Meßteile musikalisch und unmittelbar hörbar
zu verknüpfen, zeigt sich in dem Verfahren, in allen Messe-Sätzen denselben melodischen Kern wiederkehren zu lassen oder ihnen zumindest
den gleichen Melodiebeginn, das gleiche Anfangsmotiv zuzuweisen.

Ein weiterer Schritt weg von der Zusammenbindung durch die Liturgie hin zur primär musikalischen Organisation einer Messe ist die Verwendung eines einzigen, musikalisch geeigneten cantus firmus für alle
Sätze anstelle der jeweiligen Choralmelodien für jeden Einzelsatz. Füh-
render Vertreter dieser Richtung ist John Dunstable. Guillaume Dufay
(1400-1474) übernimmt diese neuen Prinzipien der Messevertonung,
geht aber noch einen Schritt weiter: Der cantus firmus muß überhaupt
nicht mehr aus dem liturgischen Bereich stammen, es kann auch ein
weltliches Lied Verwendung finden (das dann der ganzen Messe ihren
Namen gibt), wie z.B. das berühmte Kreuzzugslied »L'homme armé«,
mit dessen Einsatz Dufay eine zwei Jahrhunderte dauernde Tradition begründet. Auch Josquin Desprez (1440-1521, den Luther besonders
schätzte: »So hat Gott das Evangelium auch durch die Musik verkündet,
wie man bei Josquin Desprez sehen kann«) und Johannes Ockeghem
(1410-1497) haben »L'homme armé-Messen« geschrieben. In Josquins
Messen spielt nun das neue kompositorische Element der »Durchimita-
tion« eine hervorragende und historisch weiterführende Rolle. Die Imitation, d.h. der sukzessive Eintritt der Stimmen mit einer einheitlichen
aus dem Wort, dem jeweiligen Anfang eines Satzgliedes heraus erfunde-
nen melodischen Wendung, verleiht dem Wort, der Sprache nun wieder
besonderes Gewicht — wenngleich man hier möglicherweise zugleich
von der Geburtsstunde des musikalischen »Themas« reden kann. Der
Sprachlichkeit der Messe kommt des weiteren die bis dahin nicht übliche
rein vokale Ausführung zugute, das Fehlen von Instrumenten im Sinne
von die Vokalstimmen verdoppelnden oder ersetzenden Stimmen.

Schließlich sei noch auf drei weitere zeittypische Bezeichnungen für
Messe-Kompositionen hingewiesen: Messen mit »künstlichem«, also frei
erfundenem cantus firmus werden z.B. »Missa La sol re fa mi« betitelt,
wenn ihr Thema, das soggetto, sich aus diesen durch Solmisationssilben
definierten Tönen zusammensetzt (so eine Messe von Josquin). Die »ge-
heimnisvolle« Bezeichnung »Missa sine nomine« (Messe ohne Namen)
zeigt lediglich an, daß der Kopist oder Drucker nicht wußte, welcher
cantus firmus dem Stück zugrunde lag, und Heinrich Isaacs (1450-1517)
»Missa carminum« trägt diesen Namen, weil Isaac mehrere Lieder verwendet.

Giovanni Pierluigi da Palestrina (1525-1594) ist nicht nur aufgrund seiner überragenden Kompositionen, sondern auch seiner besonderen Stellung innerhalb der Kirchengeschichte wohlbekannt. Seine über 100 Messen bilden sowohl einen Abschluß der bisherigen Gattungstradition als auch einen Neubeginn, und auch kirchengeschichtlich steht das Oeuvre Palestrinas auf einem Scheitelpunkt: in der Zeit der Reformation, der Gegenreformation und des Tridentinischen Konzils (1545-1563). Letzteres befaßte sich auch (nebenbei) mit liturgisch-musikalischen Fragen: Man sah, gewiß nicht ganz zu Unrecht, die Würde des liturgischen Wortes durch die wuchernde polyphone »Figural-Musik« gefährdet.

Eine Legende (auf der auch Hans Pfitzners Oper »Palestrina« basiert) erzählt, daß die Konzilsväter die gesamte polyphone Musik verbieten und nurmehr den einstimmigen Gregorianischen Choral als »Kirchenmusik« anerkennen und zulassen wollten. Die Anhörung der berühmten (nachmals so genannten) »Missa Papae Marcelli« Palestrinas habe dann aber den Papst und die Konzilsväter bekehrt — und Palestrina habe so die Kirchenmusik »gerettet« (tatsächlich hörten die Konzilsväter Kompositionen von Jacobus de Kerle). Über das wirkliche Entstehungsdatum der Messe ist sich die Forschung nicht einig. 1828 behauptete Giuseppe Baini in seiner Palestrina-Biographie, daß sie als eine Art »Probevorführung« für die Verständlich- bzw. Unverständlichkeit des Textes fungieren sollte und dabei über die Skeptiker siegte — und er schuf damit eine Überlieferungsschicht für besagte Legende, die freilich schon seit dem 17. Jahrhundert existiert.

Georgiades, der die Geschichte der Messevertonungen als »Musikalisierung der Sprache« und »Versprachlichung der Musik« deutet, kommt zu dem Urteil: »Das erste Ergebnis war — von der Sprache her gesehen — ein negatives: Die Sprache wurde von der Musik erobert, sie wurde durch die Musik aufgelöst« (a.a.O., S. 44). Und auf die folgenden Epochen bezogen fügt er hinzu: »Damit war aber auch etwas Positives verbunden: Man erfaßte die einzelne Silbe als Element, und zwar sowohl musikalisch als auch sprachlich. Es galt nun, die Silben neu aneinanderzufügen und den Sprachzusammenhang aus der Musik neu zu schaffen.« In Palestrinas Messen wird die Musik der Spiegel der Sprache; der Mensch kann sich als sprechendes Wesen verwirklichen: »So beginnt mit Palestrina eine neue Ära der Geschichte der Musik: Musik als Menschendarstellung« (a.a.O., S. 48).

Von Claudio Monteverdi, mit dessen Namen der Übergang von der Renaissance zum Frühbarock markiert ist, sind drei Messen erhalten, die »Danksagungsmesse« (1631, gedruckt 1651), die Messe »In illo tempore«

(1610) und die »Messa a quattro voci« (1650). Monteverdi verwendet hier
das traditionelle Parodie-Verfahren: Dabei werden nicht nur einzelne
fremde Melodien als cantus firmus für die Messesätze herangezogen, sondern ganze Motettensätze, deren mehrstimmiger Beginn zunächst wörtlich zitiert, dann aber frei fortgeführt wird. Obwohl Monteverdi seine
Messen im alten Stil der »prima pratica« schreibt, bricht auch in ihnen,
wie in seinen weltlichen Werken (Madrigalen und Opern), der Affekt,
das Pathos durch: Die emotionale *Bedeutung* des Meßtextes für das Individuum (den Sänger und den Hörer) wird musikalisch herausgestellt
(s. besonders das »Et incarnatus est«).

In Deutschland, dem Land der Reformation, spielt in der Folgezeit die
evangelische Kirchenmusik eine bedeutendere Rolle als die katholische.
Natürlich baut auch sie auf dem auf, was bisher geschaffen worden war,
aber neue Bedingungen und Notwendigkeiten treten hinzu. Daß von
nun an überwiegend Texte in deutscher Sprache vertont werden, ergab
sich aus der konsequenten Reform der römischen Messe durch Martin
Luther, der das Kirchenvolk wieder mehr am Gottesdienst beteiligen
wollte. Die deutsche Sprache aber setzt neue Maßstäbe: »Hier deckt sich
gesprochene Sprache restlos mit der Bedeutung. Der Bedeutungsgehalt
wird nicht allein durch die Satzstruktur auf Umwegen dargestellt, sondern verwirklicht sich unmittelbar im Erklingen. Jedes Wort verlangt
gebieterisch, daß es mit seinem ihm eigenen, durch die Bedeutung be-
dingten Nachdruck erklingt. Denn hier ist die Betonung (und die mit ihr
verbundene Längung) nichts anderes als der Nachdruck, der der bedeu-
tungstragenden Silbe zukommt; und diese Silbe ist natürlich stets diesel-
be in jedem einfachen Wort. Das führt aber auch zum Einswerden von
Wort und Nachdruck, von Sprache und Ausdruck, von Vergegenständli-
chung und Ich, von Objektivität und Subjektivität. Die deutsche Sprache
ist mit einer menschlichen Haltung verknüpft, bei der Gegenständliches
nur durch das Medium des Innerlichen, äußere Welt nur durch die innere angeschaut werden kann. Was für eine Würde erlangt die Betonung
dadurch, daß sie Träger der Bedeutung wird, daß sie eine gleichsam wort-
schaffende Macht erhält! Und wie tiefgreifend ändert dies die Aufgaben
der Musik!« (Georgiades, a.a.O., S. 54f.)

Die Einführung des deutschen Liedes in die »Choralmesse« (bei der
Motive des Chorals durchimitiert werden und der lateinische Meßtext
durch einen evangelisch-deutschen Text ersetzt und gleichzeitig kom-
mentiert wird) aber bedeutet einen Bruch mit der bisherigen liturgischen
Tradition der Messe insofern, als die Liedtexte in Versen geformt sind,
der Meßtext aber Prosa ist.

Hatte Luther sozusagen die deutsche Sprache und ihre Gesetzmäßig-
keiten entdeckt, so ist es Heinrich Schütz (1585- 1672), der als »Musicus
poeticus« am eindrucksvollsten und konsequentesten die kompositorischen Folgerungen daraus zieht: In seinen »Zwölf geistlichen Gesängen«
von 1657 (SWV 420-431) ist, wenn man so will, eine »Deutsche Messe«
enthalten, an der man die Thesen von Georgiades, den gewandelten Umgang mit der Sprache betreffend, sehr gut verifizieren kann.

Innerhalb der protestantischen Kirchenmusik entwickelt sich übrigens
neben »Deutschen Messen« auch der Typ der »Missa brevis«, der lediglich aus dem (lateinischen) Kyrie und Gloria besteht. Von Johann Sebastian Bach sind vier solcher Missae breves überliefert (BWV 233-236), fast
ausschließlich Parodiemessen, die auf älteren Kantatensätzen beruhen.
Es ist bedauerlich, daß diese Kurzmessen so selten aufgeführt werden,
böten sie doch die Möglichkeit, diese Musik mit Texten zu präsentieren,
die nicht die Probleme mancher barock-schwülstigen Kantatentexte bieten.

Vielleicht hängt aber diese aufführungspraktische Enthaltsamkeit auch
zusammen mit dem berechtigten Respekt vor Bachs eigentlichem Mei-
sterwerk und seiner einzigen Vertonung des gesamten Ordinariums, der
»Hohen Messe« (h-Moll-Messe, BWV 232). Am Anfang der Entstehungs-
geschichte dieser großartigen Komposition steht das 1724 komponierte
Sanctus, dem die Missa (brevis) von 1733, deren Komposition durchaus
zu den normalen Amtspflichten des Thomaskantors gehörte. Gewidmet
hat Bach diese Missa dem Kurfürsten Friedrich August II. von Sachsen,
übrigens mit der unverhohlenen Absicht, dafür den Titel eines Hofka-
pellmeisters zu erlangen! Erstaunlich und letztlich rätselhaft jedoch
bleibt, warum und wozu Bach in seinem letzten Lebensjahrzehnt eine
vollständige Messe schreibt (er ergänzt 1748 das Vorhandene durch ein
neukomponiertes Credo und die im Parodieverfahren gewonnenen Sätze Osanna und Agnus Dei): Für den lutherischen Gottesdienst hätte es
dafür absolut keine Verwendung gegeben. Die Fachleute sind bislang
überwiegend geneigt zu glauben, daß Bach mit diesem (Gesamt-) Werk,
das manche als sein opus summum betrachten, gar keinen praktischen
Zweck mehr verfolgte (wenngleich es durchaus möglich ist, daß er einzelne Sätze im Gottesdienst eingesetzt hat), sondern sich — im Bewußt-
sein seiner besonderen Stellung in der Musikgeschichte — einreihen
wollte in die unzählige Schar jener, die diesen »klassischen« Kirchenmu-
siktext in Noten gesetzt haben, etwas salopp formuliert, im Sinne von:
»So hätte ich es gemacht, wenn ich es hätte machen müssen (dürfen?)!«
Um so bedeutsamer ist die Tatsache, daß der Meister des Spätbarock in

zwei Sätzen auf Gregorianik zurückgreift. Credo und Confiteor basieren auf einer gregorianischen Melodie, und nicht zufällig gerade diese beiden Sätze: Bach bringt damit deutlich den ökumenischen Charakter des nicänischen Glaubensbekenntnisses und der Taufe (die ja gegenseitig von den Konfessionen anerkannt wird) zum Ausdruck. Aber das sind ja lediglich zwei Beispiele für die theologisch tief-lotende Auseinandersetzung Bachs mit dem vorgegebenen Text!

Die Beziehung der h-Moll-Messe Bachs zum Dresdner Hof läßt sogleich an einen Barockmeister denken, dessen überragende Werke erst in allerjüngster Zeit (wieder-) entdeckt wurden: Jan Dismas Zelenka. Bach könnte dessen Messen durchaus gekannt haben. Es sind in jeder Hinsicht Großwerke, insbesondere die »Missa Dei Patris«, »Missa Dei Filii« und die »Missa SS. Trinitatis«.

Auch die »Wiener Klassiker« haben Messen geschrieben. Joseph Haydns sechs späte Messen (zwischen 1796 und 1802 komponierte er die »Paukenmesse«, »Heiligmesse«, »Nelsonmesse«, »Theresienmesse«, die »Schöpfungsmesse« und die »Harmoniemesse«) gehören in ihrer Verbindung von Harmonie, Schönheit und Tiefe zweifellos zu den schönsten und eindrucksvollsten Kompositionen dieses Genres. Von den vielen großen und kleinen Messen Mozarts (die zu schreiben wohl zu den »verhaßten« Verpflichtungen seiner Salzburger Zeit gehört haben mag) sind in unserer Zeit eigentlich nur zwei allseits bekannt und beliebt: die »Krönungsmesse« (KV 317, 1779) und das Messefragment c-Moll (KV 427, 1783). Von gleicher Wucht und Tiefe aber ist auch der Kyrie-Satz d-Moll KV 341.

Oskar Söhngen, der große Musiktheologe in der Zeit der »Kirchenmusikalischen Erneuerung«, markiert mit Beethovens »Missa solemnis« D-Dur (opus 123, 1819-1823) das Ende »eigentlicher« Kirchenmusik und die Dominanz rein subjektiver religiöser Musik. Unter das Verdikt, keine wirkliche Kirchenmusik mehr zu sein, fällt bei Söhngen folglich die gesamte geistliche Musik der Romantik. Hinter solch einem Urteilen steht eine bestimmte theologische Schule (die sogenannte »Dialektische Theologie«) mit ihrer Brandmarkung von Religiosität überhaupt und somit auch von »religiöser« Musik. Heute wird man schwerlich einem unvoreingenommenem Menschen plausibel machen können, daß man mit Beethovens Großwerk keine »Gotteserfahrung«[9] mehr machen könne. Übrigens hat Beethoven dieses Werk, das er selbst für sein größtes hielt, nicht nur ursprünglich für einen konkreten kirchlichen Anlaß gedacht (die Inthronisation des Erzherzogs Rudolph), sondern durch bewußte Aufnahme traditioneller musikalisch-rhetorischer Figuren und Symbole sowie Verwendung gregorianischer Elemente und Tonarten in die Geschichte der Kirchenmusik hineingestellt. Auch wenn die bekannte Widmung »Von Herzen — möge es zu Herzen gehen« zweifellos eher das einzelne religiöse Subjekt und nicht mehr die gottesdienstliche Gemeinde anredet, wird man dem Werk seitens der Kirche doch nicht pauschal die »Christlichkeit« absprechen können noch dürfen. »Individualismus« hat sicher bedenkliche Seiten, aber er ist auch ein unmittelbarer Abkömmling, ja eine Frucht der christlichen Botschaft.

Franz Schubert gibt seiner Aversion gegen die Kirche als Institution wie in allen, so auch in seiner letzten ergreifenden Es-Dur-Messe (D 950) Ausdruck: Er übergeht die Worte »et in unam sanctam catholicam et apostolicam ecclesiam« in seiner Komposition und schließt an das Bekenntnis zur dritten trinitarischen Person unmittelbar das »Confiteor« an. Das Höchste in der Kunst wollte Schubert auch in dieser Messe erreichen, und dies setzt (so kann man in einer Tagebucheintragung lesen) ein Zweifaches voraus: Verstand für Musik und persönlichen Schmerz. Beides ist in dieser Messe wahrlich verwirklicht, und die Bitte um Frieden, die auch schon Haydn und Beethoven nicht mehr nur auf Innerliches, sondern durchaus auf politischen Frieden bezogen hatten, ist erschütternder als bei Schubert wohl kaum je erklungen.

Eine deutsche Messe im oben definierten Sinne ist Franz Schuberts »Deutsche Messe« D 872 eindeutig nicht. Sie soll aber wegen ihrer geradezu volkstümlichen Bekannt- und Beliebtheit (welcher Männergesangverein hätte aus ihr nicht wenigstens das Sanctus gesungen?) hier erwähnt werden. Ihr Text ist eine sehr freie Nachdichtung des Messetextes von Johann Philipp Neumann (»Geistliche Lieder für das heilige Meßopfer«, 1826). Unter den verschiedenen Fassungen und Bearbeitungen dürfte die Zweitfassung für gemischten Chor, Blasinstrumente, Pauken und Kontrabaß die interessanteste und bewegendste sein.

Ganz anders als Schuberts Werke nehmen sich Anton Bruckners Messen aus, die (leider heute sehr vernachlässigte) frühe d-Moll-Messe, die — sicher auch wegen ihrer aparten Besetzung (Chor und Bläser) — gern aufgeführte e-Moll-Messe und seine letzte und große f-moll-Messe. Schwingt ohne Frage bei Beethoven und erst recht bei Schubert die Bekundung der spezifisch menschlichen Würde (»et homo factus est«) und damit subjektiver Schmerz und Zweifel an Gott mit, so stehen wir mit Bruckner sozusagen noch einmal andächtig, demütig-anbetend vor dem erhabenen Geheimnis Gottes und seiner Heilsgeschichte mit den Menschen.

Die sehr subjektive Auswahl von Messe-Vertonungen sei beschlossen mit einigen Hinweisen auf Werke des 20. Jahrhunderts. Von Ernst

Pepping und Ernst Krenek gibt es »echte« Deutsche Messen in reiner
a cappella-Besetzung, und Kurt Hessenbergs »Messe« von 1983 steht
gleichsam als Klammer zwischen den lateinischen und den deutschen
Messen. In ihr erklingt zwar der bekannte lateinische Text, aber dieser
ist mit den Melodien der Deutschen Messe unterlegt: ein unüberhörbar
ökumenisches Werk.

ÜBERSETZUNG

1. Kyrie

Kyrie eleison,
Herr, erbarme [dich],

Christe eleison,
Christe, erbarme [dich],

Kyrie eleison.
Herr, erbarme [dich].

2. Gloria

Gloria   in excelsis   Deo
Ehre [sei] in der Höhe Gott

et   in terra   pax   hominibus   bonae voluntatis.
und auf Erden   Friede den Menschen des guten Willens.

     Laudamus te,   benedicimus te,
Wir loben   dich, wir preisen   dich,

     adoramus   te,   glorificamus te.
wir beten   dich an, wir verherrlichen dich.

Gratias agimus tibi propter   magnam gloriam   tuam.
Dank sagen wir dir wegen der großen Herrlichkeit dein.

Domine Deus, rex   coelestis, Deus pater omnipotens.
Herr   Gott, König des Himmels, Gott, Vater allvermögend.

Domine Fili   unigenite,   Jesu Christe.
Herr,   Sohn, einziggeborener, Jesus Christus.

Domine Deus, Agnus Dei,   Filius   patris.
Herr   Gott, Lamm Gottes, Sohn des Vaters.

Qui   tollis   peccata   mundi, miserere   nobis.
Der du trägst die Sünden der Welt,   erbarme dich unser.

Qui   tollis   peccata   mundi,
Der du trägst die Sünden der Welt,

suscipe   deprecationem nostram.
nimm an das Gebet   von uns.

Qui   sedes ad dexteram   patris, miserere   nobis.
Der du sitzt zur Rechten des Vaters, erbarme dich unser.

Quoniam tu solus   sanctus, tu solus   dominus,
Denn   du allein [bist] heilig,   du allein der Herr,

tu solus   altissimus, Jesu Christe.
du allein [bist] der Höchste, Jesus Christus.

Cum   sancto   spiritu in   gloria   Dei   patris.
Mit dem Heiligen Geist   in der Herrlichkeit Gottes des Vaters.

Amen.
Amen.

3. Credo

Credo   in   unum Deum,   patrem   omnipotentem,
Ich glaube an den *einen* Gott, den Vater, den allmächtigen,

    factorem coeli   et   terrae,
den Schöpfer Himmels und der Erde,

visibilium* omnium et   invisibilium.
alles Sichtbaren*   und Unsichtbaren.

Et in   unum dominum Jesum Christum,
Und an den *einen* Herrn   Jesus   Christus,

    filium Dei   unigenitum
den Sohn   Gottes, einziggeboren,

et   ex   patre natum   ante omnia saecula.
und aus dem Vater geboren vor   aller   Zeit.

Deum de Deo, lumen de   lumine,
Gott   von Gott, Licht   vom Licht,

Deum verum* de   Deo vero,
wahrer* Gott   vom wahren Gott,

genitum, non factum,   consubstantialem   patri,
gezeugt, nicht erschaffen, gleichen Wesens mit dem Vater,

per   quem omnia facta sunt.
durch den   alles   geschaffen worden ist.

Qui propter nos homines et   propter nostram salutem
Der wegen   uns Menschen und wegen   unseres Heiles

descendit   de   coelis.
herabgestiegen ist aus den Himmeln.

Et   incarnatus est   de   Spiritu Sancto
Und der Fleisch ist geworden durch den Heiligen Geist

ex Maria   Virgine   et   homo   factus   est.
aus Maria, der Jungfrau, und der Mensch geworden ist.

    Crucifixus   etiam pro nobis
Der gekreuzigt wurde auch   für uns,

sub Pontio Pilato passus   et sepultus est.
unter Pontius Pilatus gelitten hat und begraben worden ist.

Et   resurrexit   tertia   die secundum scripturas.
Und der auferstand am dritten Tage nach den Schriften.

Et ascendit   in   coelum,
und aufgefahren ist in den Himmel,

    sedet ad dexteram   Patris.
der sitzet zur Rechten des Vaters.

Et   iterum venturus est   cum gloria
Und der wiederkommen wird mit Herrlichkeit,

    judicare   vivos   et   mortuos,
um zu richten die Lebenden und die Toten,

    cujus regni non erit   finis.
[für] dessen Reich nicht sein wird ein Ende.

Et   in   Spiritum* Sanctum,
Und an den Heiligen   Geist*,

Dominum   vivificantem
den Herrn, den lebendigmachenden,

qui ex   patre   filioque procedit.
der aus dem Vater und dem Sohn   hervorgeht.

Qui cum   patre et   Filio simul   adoratur
Der mit dem Vater und dem Sohn zugleich angebetet

et   conglorificatur,
und zusammen verherrlicht wird,

qui locutus est per   Prophetas.
der geredet hat durch die Propheten.

Et   unam sanctam catholicam et   apostolicam ecclesiam.
Und[10] *eine* heilige weltweite und apostolische Kirche.

   Confiteor unum baptisma in remissionem   peccatorum
Ich bekenne *eine* Taufe   zur Vergebung der Sünden,

et   exspecto   resurrectionem   mortuorum
und ich warte auf die Auferstehung der Toten

et   vitam   venturi   saeculi.
und das Leben in der zukünftigen Weltzeit.

Amen.
Amen.

4. Sanctus mit Benedictus und Osanna

Sanctus, sanctus, sanctus   dominus Deus Sabaoth.
Heilig, heilig, heilig [ist] der Herr   Gott Zebaoth.

Pleni sunt   coeli   et   terra   gloria tua.
Voll sind die Himmel und die Erde des Ruhmes dein.

Osanna in   excelsis.
Hosianna in der Höhe.

Benedictus   qui venit   in nomine Domini.
Gepriesen sei, der kommt im Namen des Herrn.

Osanna in   excelsis.
Hosianna in der Höhe.

5. Agnus Dei

Agnus Dei, qui tollis peccata mundi,
Lamm Gottes, der du trägst die Sünden der Welt,

miserere nobis.
erbarme dich unser.

Agnus Dei, qui tollis peccata mundi,
Lamm Gottes, der du trägst die Sünden der Welt,

miserere nobis.
erbarme dich unser.

Agnus Dei, qui tollis peccata mundi,
Lamm Gottes, der du trägst die Sünden der Welt,

dona nobis pacem.
gib uns Frieden.

KOMMENTAR

Kyrie

Kyrie eleison,	Herr, erbarme [dich],
Christe eleison,	Christe, erbarme [dich],
Kyrie eleison.	Herr, erbarme [dich].

Erstaunlich: Die römische, d.h. lateinische Messe beginnt mit zwei griechischen Worten! Damit wird die Erinnerung daran aufbewahrt, daß die Urchristenheit Griechisch sprach. Noch weiter zurück reichen Worte wie »Amen« oder »Halleluja«, die aus dem Hebräischen, der Sprache des Alten Testaments, stammen und die Verbundenheit der Christen mit den Juden signalisieren.

Der Hilferuf »Kyrie eleison« freilich ist nicht nur aus der christlichen Religion bekannt; er war in der gesamten hellenistischen Antike verbreitet als Anrufung der Gottheiten. Wie man weiß, ließ sich auch der römische Kaiser als »Kyrios« verehren, und es hat Christen das Leben gekostet, wenn sie auf dem exklusiven Bekenntnis »Kyrios Jesous« (»Herr ist Jesus«, vgl. Röm 10,9) beharrten.

»Herr, erbarme dich« ist ein kurzer, allumfassender Gebetsruf, der im NT mehrfach vorkommt, so z.B. in Mt 15,22; 17,15; 20,30. Hier wird Jesus von Menschen in äußerster Not angerufen. Sie reden ihn dabei mit »Kyrie«, »Herr« an. Die neutestamentlichen Autoren wußten natürlich, daß dieses Wort in der griechischen Übersetzung des AT, der Septuaginta, für das hebräische Wort »Jahwe«, also für Gott stand. So liegt in dieser Anrufung zugleich Anerkennung und Anbetung: Jesus ist der »Herr«, er ist Gott. Und tatsächlich ist der Kyrie-Ruf auch an Christus gerichtet, eine etwaige Unterscheidung zwischen *Kyrie* eleison als auf Gott und *Christe* eleison als auf Christus bezogen war ursprünglich nicht beabsichtigt: Die frühe Christenheit betete zu Jesus bzw. im Namen Jesu zu Gott.

Was soll dieser »Herr« nun tun? Gewiß wäre aus den biblischen Berichten gut erschließbar, was die Bittsteller sich gewünscht hätten. Aber sie haben es — zumindest nach dem Bericht der Evangelisten — so konkret nicht getan, sondern ihre Bitten in dem einen Wort »erbarme dich« zusammengefaßt. Darin liegt ja beschlossen, daß Gott (Jesus) am besten weiß, was für den Menschen notwendig ist. Zugleich ist es aber auch ein Appell an Gottes Herz, an Gottes Liebe im Wissen darum, daß diese Liebe nicht verdient, sondern Gnade ist.

So tritt also gleich im Eingangsteil des Gottesdienstes der Gläubige demutsvoll vor seinen Gott mit der Bitte, sich ihm huldvoll zuzuwenden, ihn, wie wir heute sagen würden, anzunehmen wie er ist. Diese Deutung darf man für das »Kyrie« in der heutigen Messe wohl vertreten. Historisch gesehen verhält es sich jedoch, wie wir schon sahen, anders: Die Kyrie-Rufe sind Restbestandteile einer früheren ausgedehnten Litanei, in welcher der Diakon verschiedene Bitten vortrug und das Kirchenvolk mit »Kyrie eleison« antwortete, so oft und so lange, wie solche Bitten laut wurden. Fürbitten für notleidende Menschen wanderten im Lauf der Messegeschichte dann in andere Gottesdienstteile (Fürbittengebet am Ende des Gottesdienstes), übrig blieb in der römischen Messe nur das neunmalige »Kyrie«.

In der deutschen Messe ist die Neunzahl auf das dreiteilige Kyrie — Christe — Kyrie geschrumpft, das gern auf die trinitarischen Personen Gott — Christus — Heiliger Geist bezogen wurde.

Wie schon berichtet, wurde im Mittelalter das kunstvoll ausgeschmückte Kyrie (wie auch andere Messeteile) »tropiert«. Ein solcher Tropus war unter dem Namen »Kyrie summum«[11] besonders bekannt und beliebt. Vielleicht um ihn auch evangelischen Gottesdienstteilnehmern zugänglich zu machen, schuf man einen entsprechenden deutschen »Tropus«, der 1537 erstmalig in der Naumburger Kirchenordnung erschien. Dieses »Kyrie« steht unter der Nr. 130 im EKG (EG 178.4), übrigens als einziges Kyrie, während das neue EG unter der Nummer 178 nicht weniger als 14 Kyrierufe versammelt. Vergleicht man die deutsche Kyrie-Fassung mit der lateinischen Vorlage, so fällt die Akzentuierung der durch Christus bewirkten und geschenkten Erlösung auf.

Gloria in excelsis Deo

Neben das »Lob aus der Tiefe« tritt mit dem Gloria das »Lob aus der Höhe«[12]. Dieses Gloria trägt in der Liturgie die Bezeichnung »große Doxologie«, im Unterschied zur »kleinen Doxologie«, die sich mit den Worten »Gloria patri et filio et spiritui sancto. Sicut erat in principio et nunc et semper et in saecula saeculorum« (»Ehre sei dem Vater und dem Sohne und dem Heiligen Geiste, wie es war im Anfang, jetzt und immerdar und von Ewigkeit zu Ewigkeit«) an die Psalmgesänge anzuschließen

pflegt. Wichtige Bestandteile der großen Doxologie sind schon für sehr
frühe Zeiten nachweisbar:

— Der erste Satz ist ein Zitat aus der lukanischen Weihnachtsgeschichte
  (Lk 2,14).
— Die Reihe der Wir-Lobpreisungen (»Wir loben dich, wir preisen
  dich« etc.) geht auf eine wohl schon um 150 n. Chr. bezeugte liturgi-
  sche Formel morgenländischer Liturgien zurück.
— Auch die Anrufung der drei Personen der Trinität ist aus frühester
  Zeit bezeugt.
— Die Bitten an Jesus erinnern formal und inhaltlich stark an die ent-
  sprechende Passage aus dem Te Deum.

Man kann das Zusammenwachsen dieser einzelnen Bestandteile recht genau rekonstruieren und auch dadurch zeigen, daß sich die Frage nach einem alleinigen Verfasser erübrigt.

   Die ersten Zeugnisse für eine lateinische Übersetzung des vollständigen Textes stammen vom Ende des 7. Jahrhunderts; im 9. Jahrhundert
wurde dann der endgültige Text fixiert, der allerdings in späteren Kompositionen immer wieder (geringfügig) variiert wurde.

   Der ursprüngliche Ort des »Gloria« war nicht die Messe, sondern das
Stundengebet, in der griechischen Liturgie als Morgenlied, in der iri-
schen als Vespergesang. Spätestens seit dem »Gregorianum« (nach Papst
Gregor, 590-604, benannt, aber erst 840 handschriftlich bezeugt) erscheint das Gloria nach dem Kyrie als Bestandteil der Messe. Es läßt sich
in die folgenden Teile gliedern:

Die »Engelsbotschaft« von Weihnachten (Lk 2,14)

Gloria in excelsis Deo	Ehre [sei] in der Höhe Gott
et in terra pax hominibus	und auf Erden Friede den Men-
bonae voluntatis.	schen des guten Willens.

Die Botschaft der Engel, die sie in der Heiligen Nacht verkünden, ist vermutlich eine liturgische Formel, die Lukas zitiert; jedenfalls handelt es
sich bei ihr um ein Distichon (Zweizeiler), dessen beide Zeilen je drei
Glieder haben, die einander entsprechen (die hier gebotene Übersetzung
bezieht sich nicht mehr wie unter Abschnitt III auf den lateinischen, sondern auf den griechischen Urtext):

»Herrlichkeit in den Höhen bei Gott
und auf Erden Friede den Menschen des Wohlgefallens«

Das Fehlen eines Verbums (im griechischen Urtext wie auch in der lateinischen Übersetzung) weist auf semitischen Ursprung der Formel hin; gemeint ist aber nicht ein Optativ »Ehre *sei* Gott«, sondern ein Indikativ: »Die Herrlichkeit, der Lichtglanz (doxa) *ist* bei Gott«, sie ist geradezu Inbegriff der Erhabenheit und der Majestät Gottes. Diese doxa fehlt dem Menschen, der in Finsternis und im Schatten des Todes wohnt (Lk 1,79), und sie fehlt ihm, weil von den Menschen gilt: »Sie haben alle gesündigt und entbehren den Lichtglanz Gottes«, wie Paulus es ausdrückt (Röm 3,23). Und eben diesen Menschen bringt die Geburt des Retters den Frieden; es ist der Friedensschluß zwischen Gott und den Menschen, von der auch die Verheißung Jes 9,5f. spricht: »Denn uns ist ein Kind geboren ... auf daß seine Herrschaft groß werde und des Friedens kein Ende«. Freilich ist hier an das hebräische Wort »schalom« zu denken, mit dem nicht nur ein »Herzensfriede« gemeint ist, sondern Friede mit Gott, Friede zwischen den Menschen und Friede des Menschen mit sich selber.

Der Friede gilt den Menschen »seines Wohlgefallens«. Seit der Entdeckung der Qumrantexte (vgl. Glossar) ist dieser Ausdruck bekannt als Selbstbezeichnung der Qumran-Gemeinde, die sich »Söhne des Wohlgefallens« nannte, was natürlich »Söhne des Wohlgefallens *Gottes*« meint. Bei Lukas dürfte dieser Ausdruck hingegen nicht derart exklusiv verwendet worden sein, denn Lukas meint *alle* Menschen, die das Wohlgefallen (die Gnade, die Güte) Gottes annehmen. Gänzlich als Fehlübersetzung (des griechischen Urtextes) erwiesen ist mit dieser Auslegung der lateinische Messe-Text »Pax hominibus bonae voluntatis«, also: »Friede den Menschen guten Willens« (wie er in Abschnitt III gleichwohl der Tradition gemäß zitiert und übersetzt werden muß). Sowohl von der Gedichtform wie auch vom Inhalt her steht eindeutig fest, daß es um Gottes und nicht um der Menschen »guten Willen« geht.

Die Wir-Lobpreisungen

Laudamus te, benedicimus te, adoramus te, glorificamus te.	Wir loben dich, wir preisen dich, wir beten dich an, wir verherrlichen dich.

In verdichteter Form enthält also die Engelsbotschaft das ganze Evangelium. Und so erscheint es sinnvoll, wenn im »Gloria« gleichsam als Antwort ein überschwenglicher Lobpreis der Gemeinde folgt: »Wir loben dich, wir preisen dich, wir beten dich an, wir verherrlichen dich, wir sagen dir Dank«. Gewiß ist es kein Zufall, daß die Aufzählungen in den »Wir-Lobpreisungen« eine Entsprechung in einem Text der Apokalypse des Johannes (Offb 4,8ff.) haben:

»Und eine jede der vier Gestalten hatte sechs Flügel, und sie waren außen und innen voller Augen, und sie hatten keine Ruhe Tag und Nacht und sprachen: Heilig, heilig, heilig ist Gott der Herr, der Allmächtige, der da war und der da ist und der da kommt. Und wenn die Gestalten Preis und Ehre und Dank gaben dem, der auf dem Thron saß, der da lebt von Ewigkeit zu Ewigkeit, fielen die vierundzwanzig Ältesten nieder vor dem, der auf dem Thron saß, und beteten den an, der da lebt von Ewigkeit zu Ewigkeit, und legten ihre Kronen nieder vor dem Thron und sprachen: Herr, unser Gott, du bist würdig, zu nehmen Preis und Ehre und Kraft; denn du hast alle Dinge geschaffen, und durch deinen Willen waren sie und wurden sie geschaffen.«*

In seinen Visionen sieht Johannes das, was mit Weihnachten angefangen hat, in seiner Vollendung, während die lobende und anbetende Gemeinde im Gloria sich gleichsam »zwischen den Zeiten« sieht. Ihre überschwengliche Verherrlichung gründet nicht auf einer schon sichtbaren oder erlebbaren Wirklichkeit, wohl aber auf einer neuen »Welt-Anschauung«, die Jesus ihnen eröffnet hat.

Die Anrufung der göttlichen Personen

Gratias agimus tibi propter magnam gloriam tuam.	Dank sagen wir dir wegen der großen Herrlichkeit dein.
Domine Deus, rex coelestis, Deus pater omnipotens.	Herr Gott, König des Himmels, Gott, Vater allvermögend.
Domine Fili unigenite, Jesu Christe.	Herr, Sohn, einziggeborener, Jesus Christus.
Domine Deus, Agnus Dei, Filius patris.	Herr Gott, Lamm Gottes, Sohn des Vaters.

Qui tollis peccata mundi, miserere nobis.	Der du trägst die Sünden der Welt, erbarme dich unser.
Qui tollis peccata mundi, suscipe deprecationem nostram.	Der du trägst die Sünden der Welt, nimm an das Gebet von uns.
Qui sedes ad dexteram patris, miserere nobis.	Der du sitzt zur Rechten des Vaters, erbarme dich unser.

Wenn man jemanden lobt und preist, dann spricht man auch aus, was diese Person für einen ist, was sie einem bedeutet. Genau dies geschieht in den »Prädikaten« des dritten Abschnittes. War bislang Gott bzw. Jesus fast vertraulich mit »te«, also mit »Du«, angeredet worden, so vernehmen wir nun hohe Gottes-Prädikate: Herr Gott, Himmelskönig, allmächtiger Vater. Während für uns heute ein Gottesprädikat wie »Himmelskönig« merkwürdig klingt, war in früher Zeit eine konkrete Vorstellung damit verbunden: Der »Himmel« galt als Sitz aller denkbaren »überirdischen« Mächte. Wenn also Gott »Himmelskönig« ist, so heißt das: Gott steht über diesen als Realität angesehenen Mächten. Paulus drückt das im Römerbrief (8,38f.) so aus:

»Denn ich bin gewiß, daß weder Tod noch Leben, weder Engel noch Mächte noch Gewalten, weder Gegenwärtiges noch Zukünftiges, weder Hohes noch Tiefes noch eine andere Kreatur uns scheiden kann von der Liebe Gottes, die in Christus Jesus ist, unserm Herrn.«

Eher ungewöhnlich ist die Formulierung »Pater omnipotens«, »allmächtiger Vater«. In der Bibel wie auch in liturgischen Formeln steht das »allmächtig« meist im Zusammenhang mit dem Schöpfer-Gott oder dem Herr-Gott, gilt also dem Urheber alles Geschaffenen bzw. dem Herrn der Geschichte. Was aber ist mit »allmächtiger Vater« gemeint? Da genau diese Formulierung im nicänischen Credo wieder auftaucht, dort aber mit »factorem coeli et terrae«, also »Schöpfer des Himmels und der Erde« fortgesetzt wird, darf man davon ausgehen, daß auch in unserem Zusammenhang eher an den »Schöpfer« als an den »Vater« gedacht ist. Aber als trinitarische Bezeichnung rangiert »Vater« über »Schöpfer« — nicht der Schöpfungsglaube, sondern der Glaube an den dreieinigen Gott unterscheidet die christliche von anderen Religionen.

An den Vater-Titel Gottes schließen sich denn auch die Prädikationen des Gottessohnes an. Christus ist der »einziggeborene« Sohn Gottes —

ein treffenderer Ausdruck als die mißverständlichen Formulierungen
»der eingeborene Sohn« oder der »einge Gottessohn«. Während man in
vielen Religionen die Menschen im übertragenen Sinne als »Söhne« Gottes bezeichnet, gilt für Jesus exklusiv: *nur* er ist »genitum, non factum«
(»gezeugt, nicht erschaffen«, d.h. »Sohn« Gottes, nicht nur, wie alle Menschen, dessen »Geschöpf«). Die Bezeichnung »Sohn Gottes« für Christus
spiegelt darüber hinaus hellenistisches (Substanz-) Denken: Nur der ge-
zeugte Sohn kann einerseits von gleicher »Substanz« wie der Vater, andererseits aber auch eine Person für sich sein. So ist es denn auch kein
Rückfall in Vielgötterei, wenn Jesus Christus mit »Domine Deus«, also
mit den gleichen Worten wie Gott-Vater, angerufen wird.

Gleichsam zwischen diesen beiden Eigenschaften bzw. Anreden Jesu
ist die dritte angesiedelt: »Agnus Dei« (»Lamm Gottes«). Unter Rückgriff
auf das Lied vom leidenden Gottesknecht und das Zeugnis des Johannes-
evangeliums wird hier mit einem einzigen Wort die Heilsbedeutung Jesu
angezeigt:

*»Als er gemartert ward, litt er doch willig und tat seinen Mund nicht auf
wie ein Lamm, das zur Schlachtbank geführt wird; und wie ein Schaf,
das verstummt vor seinem Scherer, tat er seinen Mund nicht auf.«* (Jes
53,7)

*»Am nächsten Tag sieht Johannes, daß Jesus zu ihm kommt, und spricht:
Siehe, das ist Gottes Lamm, das der Welt Sünde trägt!«* (Joh 1,29)

Er »trägt« die Sünde der Welt (wenn es nicht so despektierlich klänge,
müßte man heute sagen: Jesus ist der Sündenbock der Welt). Zugleich
stellt der Begriff »Lamm Gottes« aber zwei Deutungsmuster für Jesu Leiden und Sterben zur Verfügung: das stellvertretende Leiden eines Menschen für andere (Jesajas leidender Gottesknecht, der stumm und willfäh-
rig wie ein Lamm über sich ergehen läßt, was man ihm antut) und das
sühnende Opfer des Sündenbockes aus 3. Mose 16:

*»Dann soll Aaron seine beiden Hände auf dessen Kopf legen und über
ihm bekennen alle Missetat der Israeliten und alle ihre Übertretungen,
mit denen sie sich versündigt haben, und soll sie dem Bock auf den Kopf
legen und ihn durch einen Mann, der bereit steht, in die Wüste bringen
lassen, daß also der Bock alle ihre Missetat auf sich nehme und in die
Wildnis trage; und man lasse ihn in der Wüste.«*

Freilich helfen beide Bilder dem modern denkenden Menschen nicht besonders zu akzeptieren, daß ein anderer, Jesus, »für« meine Sünden gelitten und durch seinen Tod diese Sünden »gesühnt« haben soll. Die Antike mit ihrer ausgeprägt »korporativen« Vorstellung von den Menschen hatte damit weniger Schwierigkeiten. Uns heutigen Menschen könnte vielleicht die Unterscheidung zwischen *exklusiver* und *inklusiver* Stellvertretung weiterhelfen.[13] Bei der ersteren geschieht etwas für mich, aber sozusagen »über meinen Kopf hinweg«; bei der letzteren geschieht zwar auch etwas für mich, aber ich werde miteinbezogen, ich kann mich dazu verhalten.

Wie schon in der Engelsbotschaft, so wird auch in diesem Teil des Gloria die Sünde als das den Menschen von Gott Trennende zum Grund für den Gebetsruf »miserere nobis«, der übrigens gleichlautend ist mit dem griechischen »eleison« aus dem Kyrie. Die Bitte um Vergebung der Schuld ist das zentrale Anliegen des »Gloria«, wie man auch sagen kann, daß diese Bitte im Zentrum des Vaterunser steht. Dadurch allerdings, daß der christliche Sündenbegriff immer wieder platt moralisiert wurde, fällt es uns schwer, diese Akzentuierung im christlichen Glauben nachzuvollziehen. Wir könnten dem Gemeinten näherkommen, wenn wir unter »Sünde« auch verstehen, daß der Mensch sein will wie Gott, daß er Herr über Leben und Tod, über die Schöpfung und vor allem über sich selber sein will, daß er »Liebe« als Wort zwar schätzt, aber ihr im alltäglichen Leben kaum Raum gibt. Noch einleuchtender erscheinen vielen Zeitgenossen Interpretationen des »Sünderseins«, die von der »Selbstentfremdung« des Menschen oder, wie der Dramatiker Eugene O'Neill, von seiner Gebrochenheit reden: »Man is born broken; his life is mending. God's grace is the glue« (»Der Mensch wird als gebrochenes Wesen geboren; sein Leben ist Flickwerk. Gottes Gnade ist das Klebemittel«).

»Qui sedes ad dexteram patris« (»Der du sitzest zur Rechten des Vaters«): Mit diesem Bild drückt die Bibel, in Anlehnung an antike monarchische Vorstellungen, aus, daß Gottvater bestimmte Funktionen seines Herr-Seins auf den Sohn zu seiner rechten Hand, d.h. ihm gleichsam *als* seiner »rechten Hand«, übertragen hat — vornehmlich die Funktion der Rechtsprechung, des Gerichtes: Jesus Christus, der Heiland und Retter, das Lamm, das unsere Sünden trägt, hat das Gericht über Sünde und Welt nicht aufgehoben, aber er wird es sanft und nicht wie ein kalter Gerichtsvollzieher vollstrecken. Dies meint die Vision des Johannes, welche die beiden Motive »Lamm« und »Thron« in einem Bild zusammenfaßt:

*»denn das Lamm mitten auf dem Thron wird sie weiden und leiten zu
den Quellen des lebendigen Wassers, und Gott wird abwischen alle Tränen von ihren Augen.«* (Offb 7,17ff.)

Diesen Richter kann man bitten: »nimm an unser Gebet« (vgl. dazu Ps
22,25). Daß die Bitte »miserere nobis« wiederholt wird, läßt vermuten,
daß wir es hierbei, wie beim Kyrie, mit den Resten einer Litanei zu tun
haben; vorstellbar ist aber auch, daß der Klerus die »qui«-Sätze (»der du«-
Sätze) sprach und das Volk mit »miserere« (»Erbarme dich unser«) ein-
fiel.

Die Begründung

Quoniam tu solus	Denn du allein [bist]
sanctus, tu solus	heilig, du allein
dominus,	der Herr,
tu solus	du allein [bist] der
altissimus,	Höchste,
Jesu Christe.	Jesus Christus.

Die Begründungsformeln zeichnen sich durch das dreimalige »du allein«
aus. Der evangelische Liederdichter Nicolaus Decius hat es zum
Anfangswort seiner deutschen Nachdichtung des Gloria erwählt: »*Allein
Gott in der Höh'* sei Ehr« (vgl. Johann Walters bekanntes Lied, EG 195).
Protestantische Christen mögen sich dabei an Bekenntnisformeln wie
»sola gratia« (»allein durch Gnade«) oder »sola scriptura« (»allein Gottes
Wort«) erinnern. In der Tat: Hier geht es um Exklusivität, man kann
nicht alles nebeneinander glauben, oder, mit dem 1. Gebot gesagt: »Du
sollst keine anderen Götter haben neben mir!« Für diese Exklusivität
steht nun auch das Wort, das *der* Inbegriff des Wesens Gottes ist, hier
übrigens ohne Einschränkung auf Jesus übertragen: »tu solus sanctus«
(»Du allein bist heilig«). Was »mir heilig ist«, das ist mein Gott, so könnte man eine bekannte Formulierung Martin Luthers (»Woran du dein
Herz hängst, das ist dein Gott«) sinngemäß abwandeln!

Die Schlußformel

Cum sancto spiritu	Mit dem Heiligen Geist
in gloria	in der Herrlichkeit
Dei patris	Gottes des Vaters
Amen.	Amen.

In der endgültigen Fassung bringt das große Gloria keine eigenen Ausführungen zur dritten Person der Trinität, zum Heiligen Geist; er wird lediglich mit einer »cum«-Formel (»*mit* dem Heiligen Geist«) bedacht. Das hat historisch gesehen wohl mit dem textlichen Zusammenwachsen des »Gloria« zu tun; aber es spiegelt auch die bis heute wohlbekannte Erfahrung wider, daß man mit dem Heiligen Geist nicht allzu viel »anzufangen« wußte. Ob dies mit der Abstraktheit des Heiligen Geistes zusammenhängen mag? Eigenartig: Während uns in der theologischen Reflexion über Gott ja gerade dessen Personalisierung große Schwierigkeiten bereitet, und wir oft viel lieber von eher unpersönlichen »Mächten« (»Tiefe«, »Grund des Seins« oder, mit Paul Tillich, von dem »was uns unbedingt angeht«) sprechen, ergeht es uns im liturgischen Vollzug und im alltäglich gelebten Glauben gerade umgekehrt: Hier könnten wir unsere Glaubenserfahrung ohne Personalisierungen Gottes kaum ausdrücken.

In der Deutschen Messe steht an der Stelle des Gloria das von Nicolaus Decius verfaßte Lied »Allein Gott in der Höh' sei Ehr« (EKG 131, EG 179, GL 457), eine Nachdichtung des Gloria. Die Melodie hat Decius aus einem alten Ostergloria entwickelt. Stellt man den Messetext neben die Lieddichtung, dann wird sofort deutlich, daß die Versöhnung mit Gott im Zentrum des Chorals steht. Sie wird durch das »nun ist groß Fried' ohn' Unterlaß, all Fehd' hat nun ein Ende« in Strophe 1 regelrecht »aktualisiert«. Die vierte Strophe wurde später anonym ergänzt. Sie weicht stark vom Gloria ab und ruft den Heiligen Geist an, dem als Hauptaufgabe die Bewahrung und Bewährung der in Christus geschehenen Versöhnung zugeschrieben wird. Außerdem erinnert sie an die alte Weihnachtssequenz »Grates nunc omnes«, die aus Heinrich Schütz' »Weihnachtshistorie« bekannt sein dürfte:

Dank sagen wir alle, alle Gott,
Gott unserem Herrn Christo,
der uns mit seiner Geburt hat erleuchtet
und uns erlöset hat mit seinem Blute
von des Teufels Gewalt.
Den sollen wir alle
mit seinen Engeln loben mit Schalle.
Singen, singen:
Preis sei Gott
Gott in der Höhe.
Preis sei Gott in der Höhe.

Credo

Die römische Messe bringt in ihrer heutigen Gestalt nach der Predigt das
Credo, und zwar in der Regel das sogenannte Nicaenum. In normalen
Gemeindemessen wird allerdings häufig das Apostolische Glaubensbekenntnis gebetet. Das Nicänische Credo kennen Protestanten ihrerseits
nur von Gottesdiensten an hohen Festtagen. Diesen Platz in der Meß-
Liturgie mag man so verstehen, daß die Predigt stets nur einige Aspekte
des Glaubens ansprechen kann, das anschließende Glaubensbekenntnis
dann sozusagen Ausdruck für den »ganzen« Glauben ist. Freilich wäre
dann dem Credo eine Bedeutung verliehen, die ihm von Haus aus eigentlich fremd ist, nämlich: Summe des Glaubens zu sein, Addition von
»Heilstatsachen«, Inbegriff der wahren Lehre. In diesem Sinne heißt es
am Beginn des (ziemlich unbekannten) dritten ökumenischen Glaubensbekenntnisses, des sogenannten »Athanasianums«:

»Wer da will selig werden, der muß für allen Dingen den rechten christli-
chen Glauben haben. Wer denselben nicht ganz und rein hält, der wird
ohne Zweifel ewiglich verloren sein.«

Ausgangspunkt christlicher Glaubensbekenntnisse ist die persönliche
Erfahrung mit dem Gott Jesu Christi. Für solche Erfahrungen aber können wir, wenn wir sie sprachlich zum Ausdruck bringen wollen, nicht
sozusagen am Nullpunkt anfangen: wir »stimmen ein«. Dieses »Einstimmen« ist eine weitere Grundfunktion von Glaubensbekenntnissen, wobei natürlich das »Übereinstimmen« als (nicht einzuforderndes!) Ideal
fungiert. Dieses Übereinstimmen verbindet dabei nicht nur den einzel-

nen mit der Kirche, sondern auch weltweit die Kirchen untereinander und diese wiederum mit den Kirchen aller Zeiten.

Sich zu etwas oder zu jemandem zu bekennen, heißt des weiteren auch, diese Person öffentlich zu preisen (durchaus vergleichbar damit sind die »Glaubensbekenntnisse« in der Werbung). So ist, liturgisch gesehen, das Credo im Gottesdienst stets auch als ein gemeinsamer Lobpreis »der großen Taten Gottes« verstanden und verwendet worden.

Bemerkenswert ist schließlich die alte Bezeichnung von christlichen Glaubensbekenntnissen als »Symbole«. Nimmt man diesen Terminus ernst (und versteht ihn im heutigen Sinne des Wortes), so geht es im Credo nicht um objektive »Heilstatsachen«, die für wahr gehalten werden sollen oder gar müssen. Symbole sind vielmehr Deutungen fundamentaler Lebenserfahrungen. Symbolische Deutungen beziehen sich nicht auf beweisbare Fakten, sie sind aber auch keine rein subjektiven Zuschreibungen; Symbole sind vor mir und für mich da, und sie sind nicht meine Erzeugnisse. Sie können mir Anteil geben an den tiefsten Geheimnissen des Lebens und mein Vertrauen, meine Hoffnung wecken.

Daß auch die drei altkirchlichen »Symbole« wirklich eine »Summe« von Symbolen sind, wird uns durch ihre scheinbar definierende und objektivierende Sprachgestalt eher verschleiert; dennoch ist es so gemeint. Meisterhaft hat Martin Luther in seiner Erklärung des (»apostolischen«) Glaubensbekenntnisses im »Kleinen Katechismus« das »Zusammen« von Außen und Innen, d.h. von »Vorgabe« aus der Tradition und eigener seelischer Erfahrung, artikuliert, wenn er zum 2. Glaubensartikel erläutert: »Ich glaube, daß Jesus Christus, wahrhafter Gott ... und auch wahrhafter Mensch ... sei mein Herr, der mich verlorenen ... Menschen erlöset hat ... auf daß ich sein eigen sei«.

Nun wird man nicht bezweifeln können, daß der Streit um die »rechte Lehre« bis auf den heutigen Tag einiges mit den Glaubensbekenntnissen zu tun hat — gerade für das Nicaenum trifft dies ja durchaus zu (s.u.). Man verstellt sich aber den Zugang zum Glaubensbekenntnis, wenn man es ausschließlich unter diesem Gesichtspunkt der Lehre und der dogmatischen Diskussion sieht und deutet bzw. mitspricht (oder eben *nicht* mitspricht) und mitsingt. In der historischen Wirklichkeit führte der Weg zu diesem elaborierten theologischen Gebilde über sehr schlichte, von Herzen kommende Bekenntnisse, wie wir sie zahlreich im Neuen Testament finden: »Mein Herr und mein Gott« oder »Du bist Christus, der Sohn des lebendigen Gottes« oder »Jesus ist der Kyrios«. Dabei kommt klarer zum Ausdruck, daß die Menschen nicht an alles (Un-) Mögliche glauben (müssen), sondern einfach nur »an Jesus«. Und bei al-

ler theologischen Kompliziertheit des Nicaenums sollte nicht übersehen
werden, daß es auch dort ganz schlicht heißt: »Ich glaube an den einen
Gott ... und an den einen Herrn Jesus Christus ... und an den Heiligen
Geist«. »Glauben *an*« ist eben etwas anderes als »glauben, *daß*«.

Das Nicaenische Glaubensbekenntnis müßte eigentlich und genauer
als das »Symbolum Nicaeno-Constantinopolitanum« bezeichnet werden. Seinen Namen hat es von zwei großen kirchlichen Versammlungen,
dem ökumenischen Konzil zu Nicaea (325) und der Synode von Konstantinopel (381); letztere bestätigte nach erneuten langen dogmatischen
Kämpfen das »Nicaenum«. Das Konzil zu Nicaea berief Kaiser Konstantin (der ja das Christentum zur Staatsreligion erhoben hatte) selber ein,
unter anderem, um heftige Streitigkeiten um die »Rechtgläubigkeit« zu
beenden. Kernpunkt des Streites war die (auf dem Boden griechischer
Philosophie artikulierte) Definition des »Wesens« Jesu Christi. Der Text
des Nicaenums läßt in seiner Kompliziertheit noch einiges von den »di-
plomatischen« Verhandlungen erahnen: »Jesus Christus ... wahrhaftiger
Gott vom wahrhaftigen Gott, geboren, nicht geschaffen, mit dem Vater
in einerlei Wesen«. Auch wenn man heute vielleicht über die dogmatischen Verkrampfungen dieser Auseinandersetzung lächeln und über die
wahrlich unglaublichen Methoden bei der Durchsetzung von »Rechtgläubigkeit« (es gab sogar Prügeleien!) empört sein mag: Anerkennung
verdient doch der Versuch, auf der Basis damaliger philosophisch-
sinnvoller Argumentation den Glauben an die Göttlichkeit Jesu zu artikulieren, ohne seine Menschlichkeit preiszugeben.

Das nicänische Glaubensbekenntnis läßt sich (wie auch die beiden anderen) in drei Abschnitte (»Artikel«) gliedern:

Der Glaube an Gott, den Vater und Schöpfer

Credo in unum Deum,	Ich glaube an den einen Gott,
patrem omnipotentem,	den Vater, den allmächtigen,
factorem coeli et terrae,	den Schöpfer Himmels und der Erde,
visibilium omnium et	alles Sichtbaren und
invisibilium.	Unsichtbaren.

Das Credo betont zunächst, daß der Glaube an den dreieinigen Gott
nicht ein Glaube an drei Götter ist: »Ich glaube an den *einen* Gott«. Dem
folgt eine zweite Aussage über Gott als der ersten trinitarischen Person,
über Gott, den Vater. Gemeint ist hier nicht Schillers Gott-Vater aus

»Brüder, überm Sternenzelt muß ein guter *Vater* wohnen«, wie wir ihn aus der »Ode an die Freude« kennen, sondern der Vater Jesu Christi. Nur durch und »in« Jesus Christus wird Gott dann auch »Vater« der an ihn glaubenden Menschen. Jesus ist der »einziggeborene« (unigenitus) Sohn, die anderen Menschen eher so etwas wie »Adoptivkinder« Gottes.

Für das Geheimnis der Trinität Gottes gab und gibt es viele theologische Deutungsversuche. Historisch gesehen dürfte es am einleuchtendsten sein anzunehmen, daß die drei Weisen der Gottes*erfahrung*, wie sie die ersten Christen machten, zur Ausprägung dieser *Lehre* geführt haben: die Erfahrung Gottes als des Schöpfers und Erhalters des Alls, die Erfahrung der heilvollen Gegenwart Gottes in Jesus Christus, die Erfahrung der »Aktualisierung« (»vivificantem«) des Christus im »Heiligen Geist« — konkret meint dieses Letztere die Erfahrung, daß der nicht mehr sichtbar gegenwärtige Christus dennoch in und mit seinem Wort wirksam ist. Erst nach diesen beiden Aussagen über Gott als dreieiniger und Gott als Vater wird Gott »Schöpfer« genannt. Dabei wird betont, daß er der Schöpfer von allem, was es überhaupt gibt, ist: »factorem coeli et terrae, visibilium omnium et invisibilium« — eine klare Absage an jedweden »Dualismus«, der einen Teil des Alls unter der Herrschaft anderer Gottheiten (oder des Satans) glaubt.

Der Glaube an Gott, den Sohn und Versöhner

Et in unum dominum Jesum Christum, filium Dei unigenitum et ex patre natum ante omnia saecula.	Und an den einen Herrn Jesus Christus, den Sohn Gottes, einziggeboren, und aus dem Vater geboren vor aller Zeit.
Deum de Deo, lumen de lumine, Deum verum de Deo vero, genitum, non factum, consubstantialem patri, per quem omnia facta sunt.	Gott von Gott, Licht vom Licht, wahrer Gott vom wahren Gott, gezeugt, nicht erschaffen, gleichen Wesens mit dem Vater, durch den alles geschaffen worden ist.
Qui propter nos homines et propter nostram salutem descendit de coelis.	Der wegen uns Menschen und wegen unseres Heiles herabgestiegen ist aus den Himmeln.
Et incarnatus est de Spiritu Sancto	Und der Fleisch ist geworden durch den Heiligen Geist

ex Maria Virgine	aus Maria, der Jungfrau,
et homo factus est.	und der Mensch geworden ist.
Crucifixus etiam pro nobis	Der gekreuzigt wurde auch für uns,
sub Pontio Pilato passus	unter Pontius Pilatus gelitten hat
et sepultus est.	und begraben worden ist.
Et resurrexit tertia	Und der auferstand
die secundum scripturas.	am dritten Tage nach den Schriften.
Et ascendit in coelum,	Und aufgefahren ist in den Himmel,
sedet ad dexteram Patris.	der sitzet zur Rechten des Vaters.
Et iterum venturus	Und der wieder kommen
est cum gloria	wird mit Herrlichkeit,
judicare vivos	um zu richten die Lebenden
et mortuos,	und die Toten,
cujus regni	[für] dessen Reich
non erit finis.	nicht sein wird ein Ende.

Gott-Vater, Gott-Sohn und Gott-Heiliger Geist tragen denselben Titel: »dominus«, Herr (in der griechischen Übersetzung »Kyrios«). Man muß sich klarmachen, daß damit sowohl das biblische »Hauptwort« für Gott als auch die Anrede des (fast unbegrenzt mächtigen) römischen Kaisers erklingt! Den »Herrn« Jesus deutet das Nicaenum als zugleich wahren (d.h. wirklichen) Menschen und wahren (Gott-Vater gleichrangigen) Gott. Ebenso wie Gott-Vater war er von Anbeginn (»ante omnia saecula«) an »da« (vgl. den Prolog des Johannes-Evangeliums, Joh 1,1ff.: »Im Anfang war das Wort, und das Wort war bei Gott, und Gott war das Wort«), ja, »durch« ihn ist alles geschaffen worden.[14] Für die Erklärung des »Gott von Gott« werden außer dem bedeutungsträchtigen Begriff »consubstantialem« zwei Bilder verwendet, die »Wesensgleichheit ohne Substanzverlust« bekunden sollen: »Sohn Gottes« und »Licht vom Licht«.

Beginnend mit »Qui propter nos homines« und somit die Heilsbedeutung der folgenden Aussagen artikulierend, wird nun Jesu Weg vom Himmel auf die Erde und zurück in den Himmel beschrieben. Wenn irgendwo, dann wird in dieser eigenartigen »Biographie« Jesu (die eben keine eigentliche, weil keine realistische ist) die »Symbolik« der Glaubenssätze deutlich: Sein Leben auf Erden bestand aus seiner Geburt und seiner Kreuzigung. Kein Wort von seiner Lehre, seinem Wirken, seinen Wundern, seiner gelebten Nächstenliebe! Für dieses Glaubensbekenntnis

ist Jesus nicht Lehrer, Vorbild, Held, Märtyrer oder ähnliches, sondern
der menschgewordene Gott; und die Menschwerdung, das Sterben und
Auferstehen dieses Gottmenschen sind der Inbegriff dessen, was das
zweimalige »für uns« (»propter nos homines et propter nostram salutem«) bekunden will: Heil, Rettung, Erlösung.

Mitten in diesen deutungsgeladenen Aussagen steckt aber ein histori-
scher Name: Pontius Pilatus. Er weist darauf hin, daß das Wort wirklich
»Fleisch«, d.h. Mensch geworden ist und in Raum und Zeit gelebt hat.[15]

Der Glaube an Gott, den Heiligen Geist und Lebensspender

Et in Spiritum Sanctum, Dominum vivificantem qui ex patre filioque procedit.	Und an den Heiligen Geist, den Herrn, den lebendigmachenden, der aus dem Vater und dem Sohn hervorgeht.
Qui cum patre et filio simul adoratur et conglorificatur, qui locutus est per Prophetas.	Der mit dem Vater und dem Sohn zugleich angebetet und zusammen verherrlicht wird, der geredet hat durch die Propheten.
Et unam sanctam catholicam et apostolicam ecclesiam.	Und[16] *eine* heilige weltweite und apostolische Kirche.
Confiteor unum baptisma in remissionem peccatorum et exspecto resurrectionem mortuorum et vitam venturi saeculi. Amen.	Ich bekenne *eine* Taufe zur Vergebung der Sünden und ich warte auf die Auferstehung der Toten und das Leben in der zukünftigen Weltzeit. Amen.

Wie wir schon beim »Gloria« sahen, sind die Aussagen über die dritte
Person der Dreieinigkeit variabler als diejenigen über die erste und zweite (auch im Vergleich zu den anderen alten Glaubensbekenntnissen). Das
hat damit zu tun, daß für den Heiligen Geist, obwohl als dritte »Person«
der Trinität definiert, kein anthropomorphes, personalisiertes Gottesbild vorgestellt wird, sondern auf eine eher unpersönliche Kraft, ein
»Fluidum«, ein »Einfluß« rekurriert wird. Allerdings bringt das nicänische Glaubensbekenntnis besonders viele Aussagen über den Heiligen
Geist, die seine Gleichrangigkeit mit Gott Vater und Gott-Sohn geradezu beteuern, aber sie beziehen sich erstaunlicherweise nicht auf das

»Sein« oder das »Wirken« des Heiligen Geistes, sondern auf dessen (liturgische) Verehrung: »der mit dem Vater und dem Sohn zugleich angebetet ... wird«.

Als ein Bindeglied der christlichen Kirche zur jüdischen Tradition kann man (wie das »secundum scripturas« beim zweiten Artikel) das »qui locutus est per Prophetas« verstehen: Der Heilige Geist hat durch die Propheten geredet, und diese (darauf zielt der Satz) haben schon lange vorher von Jesus Christus gesprochen!

Berühmt-berüchtigt in der Dogmengeschichte ist das Wörtchen »filioque« geworden: Daß der Heilige Geist von Gott-Vater »und vom Sohn« ausgehe, war ursprünglich nicht Inhalt des Nicaenums. Es wurde aber später von der Westkirche in dieses Credo eingefügt und war ein wesentlicher Grund für die große erste Kirchentrennung zwischen West und Ost (1054), der späteren orthodoxen und der römischen Kirchen. Nun leugneten die östlichen Theologen keineswegs, daß der Heilige Geist vom Sohn zu den Menschen komme; zahlreichen biblischen Aussagen hätte man ja sonst glatt widersprochen, vor allem Joh 15,26 und 16,7ff. Was die *Erfahrung* des dreieinigen Gottes betrifft, wäre das »filioque« durchaus auch von den Ostkirchen anerkannt worden. Da es aber bei den trinitarischen Streitigkeiten keineswegs nur um Kategorien der Gotteserfahrung ging, sondern um solche des »*Seins* Gottes«, wird durch das »filioque« unbestreitbar so etwas wie eine »Abwertung« der dritten Person der Trinität vorgenommen. Denn (mit der Relationenlehre des Augustinus ausgedrückt) Gott-Vater hat gegenüber Gott-Sohn die Vaterschaft (paternitas), der Sohn dem Vater gegenüber die Sohnschaft (filiatio), aber der Heilige Geist gegenüber beiden, Gott-Vater und Gott-Sohn, »nur« das »Ausgestrahltwerden« (processio spiratio passiva). Dieser Rangabstufung widersprach man in den Ostkirchen vehement. Wenn man nun bedenkt, welch große Rolle die Mystik in der Orthodoxie spielt, zeigt sich, daß es hier nicht nur um verstiegene philosophische Spekulationen ging. »Mystik« meint stets die Möglichkeit einer »unvermittelten« Gotteserfahrung. Die Betonung des besonderen Ranges des Heiligen Geistes spiegelt eben auch die Erfahrung einer gewissen Unmittelbarkeit zwischen Gott und Mensch, die des »Mittlers« Jesus Christus weniger bedarf, anders gesagt: Der Heilige Geist ist selber Mittler zu Gott, ja: er ist Gott.

Sowohl grammatikalisch als auch inhaltlich schwierig ist der zweite Teil des dritten Artikels »et in unam sanctam ... ecclesiam« zu verstehen. Bezieht sich dieser Akkusativ immer noch auf »Credo in ...«? Glauben Christen also *an* die Kirche wie an Gott? Man kann sich hier sehr leicht konfessionell unterschiedlich getönte Antworten vorstellen. Aber daß »Kirche« nicht nur eine zusätzliche (und im Grunde dann auch verzichtbare) Einrichtung des »Glaubens« sei, das ist doch gewiß gemeinsames Bekenntnis[17] der Konfessionen. »Una sancta ecclesia« — daß Kirche nur *eine* und, natürlich erst recht, daß sie *heilig* sei, das war und ist nie Realität, sondern immer ein Ideal gewesen! Und um Mißverständnissen vorzubeugen: »Catholicam« heißt ganz einfach »weltweit« (ähnlich dem »ökumenisch«) und ist keine Bezeichnung für eine bestimmte Konfession.

Bis zum »et in unam sanctam« steht alles hinter und unter dem Verbum »credo«, »ich glaube«. Um so bemerkenswerter ist die Tatsache, daß jetzt zwei andere Verben eingeführt werden: »Confiteor« (»ich bekenne«) für die Taufe und »exspecto« (»ich warte auf«) für die Auferstehung der Toten und das Leben der zukünftigen Welt. Dieser Wechsel in der Wortwahl unterstreicht noch einmal, daß es nicht um Glauben im Sinne eines distanzierten »Fürwahrhaltens« geht, sondern um sehr differenziert formulierte persönliche Einstellungen — vielleicht könnte man das Persönliche darin in heutiger Sprache so ausdrücken: »Ich stehe zu meinem Getauftsein« (»confiteor«), und »ich sehne mich nach dem neuen Leben« (»exspecto«). Zur Kirche gehört man, wenn man getauft ist, daher ist es sinnvoll, daß sich die Erwähnung der Taufe an die Aussagen über die Kirche anschließt. Freilich ist damit auch ein Taufverständnis ausgeschlossen, das durch die gängige Praxis der Kleinkindertaufe und erst recht durch die Privatisierung von Religion seit geraumer Zeit gang und gäbe ist: Taufe als private Feier einer Geburt. Zu einer solchen Auffassung würde jenes »in remissionem peccatorum« (»zur Vergebung der Sünden«) schlecht passen, wobei mit »Sünden« hier natürlich nicht die Summe aller Fehler, Übertretungen und Schwächen gemeint ist, die an einem Menschen hängen mögen; gemeint ist vielmehr die *eine* Sünde, die in der Bibel als »Absonderung« von Gott, als Ohne-Gott-leben-Wollen verstanden wird. In der Taufe tritt Jesus Christus mit seinem versöhnenden Heilshandeln für den Täufling ein. Der Täufling wird gleichsam »auf den Namen Jesu überschrieben« bzw. mit Jesus zusammengeschlossen. Weil dies weniger eines Menschen Werk als Gottes (Jesu) Gnade ist, wehren sich die großen Kirchen auch gegen jede Art von »Wiedertaufe«, die meistens als bewußt-bejahte Erwachsenentaufe angeboten wird: Den schon früh in der Kirchengeschichte auftretenden »Wiedertäufern« steht das Bekenntnis zu »einer« Taufe (»unum baptisma«) entgegen.

Als Lehre von den »letzten Dingen« (Eschatologie) bezeichnet die Theologie Glaubensaussagen über das, was noch »kommt«, worauf wir

im Glauben noch warten (»exspecto«). So unbestreitbar es ist, daß mit
der einen »resurrectio«, mit der Auferstehung Jesu Christi historisch gesehen der christliche Glaube seinen Anfang nahm — bei den Schritten
des Glaubens eines einzelnen Menschen steht die Hoffnung auf eine Auferstehung und ein ewiges Leben doch eher am Ende als am Anfang. Diese Hoffnung ist nicht sozusagen »das Mindeste«, sondern eher »das Letzte«, nicht zuletzt deshalb, weil sich solche Hoffnung nur in Bildern ausdrücken kann, die sich im Rahmen irdischen Raum- und Zeitdenkens be-
wegen und rasch an die Grenzen ihrer Tragfähigkeit gelangen. Ein klei-
nes Wortspiel mag veranschaulichen, worum es hier geht. Ein Gläubiger
fragt einen berühmten Kirchenlehrer, wie es in der Ewigkeit sein wird,
und er fügt hinzu: Sicher wird alles »aliter« (»anders«) sein. »Nein«, antwortet der Kirchenlehrer und weist damit Ewigkeitsvorstellungen zurück, die nur aus der Verneinung und Kontrastierung dessen, was jetzt
da ist, gewonnen sind. Dann wird alles, fährt der Fragende fort, »totaliter« (»vollkommen«) sein? Mit diesem Wort versucht er zusammenzufas-
sen, was mit dem Begriff »Vollendung« in der Ewigkeit gemeint ist: die
Vervollkommnung, Erfüllung und Endgültigkeit von allem, was schon
hier auf Erden an Liebe, Friede, Glück und Heil aufkeimt. »Nein«, sagt
auch dazu der Weise. »Was denn sonst«, fragt der Gläubige ein wenig är-
gerlich, aber auch neugierig. »Totaliter aliter« antwortet daraufhin der
Lehrer.

    Das nicänische Glaubensbekenntnis setzt bei den »letzten Dingen« al-
lerdings zwei Akzente, die bis heute nicht selbstverständlich sind: Wenn
von einer »resurrectio mortuorum« die Rede ist, dann wird vorausgesetzt, daß die Menschen wirklich sterben, und nicht ein Teil von ihnen,
etwa die »Seele«, unsterblich ist. Auch ein ewiger Kreislauf von »Stirb
und Werde« oder die Vorstellung einer Reinkarnation ist hier deutlich
und bewußt ausgeschlossen. Dies sollte man nicht als Rechthaberei auf-
fassen im Sinne von: »Nur der christliche Glaube weiß *die* Wahrheit
über die letzten Dinge«. Vielmehr ist dieses Bekenntnis nur die Konsequenz aus einem Gottesverständnis, das Gott radikal allem Irdischen,
Vergänglichen (biblisch: »Fleisch«) gegenüberstellt und neues Leben ausschließlich als Gottes Initiative versteht.[18] Der Apostel Paulus drückt
dies im Zusammenhang mit einem Lob des »Vaters des Glaubens«, Abrahams, so aus:

*»Gott ..., der die Toten lebendig macht und ruft das, was nicht ist, daß
es sei. Er [Abraham] hat geglaubt auf Hoffnung, wo nichts zu hoffen
war«.* (Röm 4,17f.)

Wie die »Schöpfung«, so ist auch die »vita venturi saeculi« eine »creatio ex nihilo« Gottes, eine Schöpfung aus dem Nichts. Zugleich wird mit diesen Worten deutlich gemacht, daß es sich bei den letzten Dingen nicht nur um ein individuelles Schicksal handelt: Es geht vielmehr um ein neues »saeculum«, eine neue Welt. Die ganze Schöpfung soll neu werden — das ist etwas anderes, als daß ich »in den Himmel komme«. Denn diese globale Hoffnung nimmt das ganz ernst, was bis dahin war: dieses unwiederbringliche irdische Leben, das Leid der ganzen Welt, das Seufzen und Harren auch der außermenschlichen Schöpfung auf Erlösung! Übrigens verbindet diese Hoffnung den christlichen Glauben mit dem jüdischen, der ja bis heute auf ein messianisches »Reich« des Friedens, der Liebe und der Wohlfahrt aller wartet.

Die Deutsche Messe setzt an die Stelle des Credo das Luther-Lied »Wir glauben all an einen Gott« (EKG 132, EG 183). Mit Sicherheit hat Luther dabei auf eine alte Textvorlage zurückgegriffen, nämlich auf ein lateinisch-deutsches Credolied, von dem eine Handschrift aus dem Jahre 1417 entdeckt wurde (die großartige Melodie des Liedes wurde nach einer vorreformatorischen Vorlage aus dem 14. Jahrhundert von Luther oder einem Mitarbeiter umgestaltet). Luther hat jedoch eine jüngere Fassung dieses alten Liedes zum Vorbild seines Liedes gehabt, und er hat sein Lied ursprünglich nicht als Ersatz für das Ordinariumsstück gedichtet, sondern als Trinitatislied. So ist es auch im Wittenberger Gesangbuch von 1524 rubriziert. Erst 1526 hat er es für die Deutsche Messe als Credolied bestimmt.[19] Zur Akzentsetzung Luthers gegenüber den Vorlagen gehört wiederum die Betonung der Erlösung durch Jesus Christus. Sie tritt schon in der ersten Strophe zutage, wo Gott nicht einfach »Vater« *ist*, sondern *sich zum Vater geben hat*«. Und im Zentrum der zweiten Strophe stehen nicht Seinsbestimmungen des Gottessohnes, sondern das »Für uns«, d.h. die Heilsbedeutung seines Lebens.

Sanctus mit Benedictus und Osanna

Das Herzstück der Messe ist die Eucharistie oder, wie es evangelische Liturgien bezeichnen, das Abendmahl. Das Mysterium der »Opferung« (»Offertorium«), der Wandlung der Gaben (Brot und Wein) in das wahre Fleisch und Blut Jesu Christi und der Kommunion, also der sakramentalen Teilhabe am geopferten Christus, ist mit einer ganzen Reihe von hochfeierlichen Gebeten umgeben. Zwischen dem Gebet um gnädige

Annahme des Opfers[20] und dem »Canon« missae (»Canon« heißt »Richtschnur« und meint hier, daß die folgenden Gebetstexte nicht verändert
werden dürfen), einsetzend mit dem Opferungsgebet »Te igitur«, steht
das Praefationsgebet, das je nach Kirchenjahr oder Kirchenfest verschieden lauten kann. Dieses Gebet beginnt aber in fast allen Versionen mit
dem Satz »Wahrhaft, würdig und recht ist es, billig [angemessen] und
heilsam, daß wir dir immer und überall danksagen: Herr, heiliger Vater,
allmächtiger ewiger Gott, durch Christus, unseren Herrn«. Es folgen unterschiedliche Bekundungen der Heilstaten Gottes. Viele (nicht alle)
Praefationsgebete schließen dann mit den Worten: »Darum singen wir
mit den Engeln und Erzengeln, mit den Thronen und Mächten, mit dem
ganzen Himmelsheer das Lied deiner Herrlichkeit, indem wir ohne Ende ausrufen« — und eben an *dieser* Stelle nun erklingt das »Sanctus«, von
dem hier die Rede ist.

Sanctus

Sanctus, sanctus, sanctus dominus Deus Sabaoth.	Heilig, heilig, heilig [ist] der Herr Gott Zebaoth.
Pleni sunt coeli et terra gloria tua.	Voll sind die Himmel und die Erde des Ruhmes dein.

Wie schon erwähnt, handelt es sich beim Sanctus um ein Zitat aus
Jes 6. Dort heißt es:

»*In dem Jahr, als der König Usija starb, sah ich den Herrn sitzen auf einem hohen und erhabenen Thron, und sein Saum füllte den Tempel. Serafim standen über ihm; ein jeder hatte sechs Flügel: mit zweien deckten
sie ihr Antlitz, mit zweien deckten sie ihre Füße, und mit zweien flogen
sie. Und einer rief zum andern und sprach: Heilig, heilig, heilig ist der
HERR[21] Zebaoth, alle Lande sind seiner Ehre voll! Und die Schwellen
bebten von der Stimme ihres Rufens, und das Haus ward voll Rauch.
   Da sprach ich: Weh mir, ich vergehe! Denn ich bin unreiner Lippen
und wohne unter einem Volk von unreinen Lippen; denn ich habe den
König, den HERRN Zebaoth, gesehen mit meinen Augen. Da flog einer
der Serafim zu mir und hatte eine glühende Kohle in der Hand, die er
mit der Zange vom Altar nahm, und rührte meinen Mund an und
sprach: Siehe, hiermit sind deine Lippen berührt, daß deine Schuld von
dir genommen werde und deine Sünde gesühnt sei.*«

Diese tief beeindruckende Vision des Propheten steht am Beginn seines prophetischen Amtes (einer Berufung, die nach Jes 6,9ff. ein unverständlich negatives Ziel hat: Jesaja soll »das Herz des Volkes Israel verstocken«). Man darf annehmen, daß diese Gottesschau dem Propheten im Jerusalemer Tempel zuteil wurde, vielleicht gar während eines Gottesdienstes, wobei dann die Parallele zu unserem liturgischen Kontext besonders eng wäre. Es heißt ja: »Sein Saum [d.h. der Saum des Gewandes Gottes] füllte den Tempel«. Umgeben ist Jahwe von Serafim, vermutlich Mischwesen wie geflügelte Schlangen oder menschenähnliche Wesen, die rufen können und Hände haben — in Ägypten existierte die Vorstellung, daß geflügelte Uräen (Schlangen) Gott, König und Thron beschützen. Nicht nur der Mensch darf und kann Gott nicht anschauen (bezeichnenderweise beschreibt Jesaja ihn ja auch gar nicht), nein, auch die Engel, die ihn umschweben, müssen ihr Angesicht und ihre Scham (die euphemistisch mit »Füßen« gemeint ist) bedecken.

Was das Bild anschaulich macht, faßt der Ruf der Engel in Worte: Gott ist dreimal »heilig«, also der Heiligste, der Allein-Heilige. Natürlich wurde und wird in der christlichen Liturgie dieses Tersanctus (»dreimal-heilig«) auf die drei Personen der Trinität bezogen. Aber davon ist bei Jesaja selbstverständlich noch nicht die Rede. Die mit dem Wort »heilig« artikulierte Exklusivität Gottes bezieht sich zunächst auf seine Reinheit. Er ist das Gute schlechthin, er kennt keine »Sünde«. Darum darf kein Engel und kein Mensch ihn ansehen. Jesaja selber ruft aus: »Weh mir, ich muß sterben. Denn ich bin unreiner Lippen ... und habe den Herrn gesehen!« Aber Gott ist auch der Mächtige, der Erhabene, vor dem man die Augen niederschlagen muß, weil man selber »nur« ein Mensch ist. Auch dieses wird einerseits im Bild vom himmlischen Thron gemalt, andererseits verbal mit dem Gottestitel »HERR Zebaoth« artikuliert — ein Titel, der Gottes Macht über alle anderen Herrschaften und Gewalten zum Ausdruck bringt. Ob das »Zebaoth« als »Gott der Heere« zu übersetzen ist und ob dabei an irdische Herrschaften oder an himmlische Heerscharen zu denken ist, darüber gehen die Meinungen der Ausleger auseinander.

Während die erste Zeile des serafischen Gesanges Gottes verborgenes Wesen, sein Anderssein akzentuiert, spricht die zweite Zeile »Alle Lande sind voll von seiner Ehre (kabod)« von Gottes Anwesenheit auf der Erde (mancher Musiker mag dabei an das vielfach vertonte Psalmwort »Die Himmel erzählen die Ehre Gottes, und die Feste verkündigt seiner Hände Werk« Ps 19,2 denken). Das Wort »kabod« bedeutet ursprünglich »Gewicht, Schwere« (auch unsere Sprache kennt ja den Zusammenhang von *Gewicht* und *Wichtigkeit*). Aber wie soll man das verstehen? Ist die ganze Erde erfüllt von Gott, transparent für Gott, ein Hinweis auf Gott hin? Spiegelt sich in ihrer Fülle Gottes Heiligkeit und Herrlichkeit? Man mag angesichts einer wunderschönen Naturlandschaft so denken, und die Vertonungen von Psalm 19 beziehen sich ja auch vorzüglich auf die Natur, die Schöpfung. Aber die biblischen Texte meinen nicht (nur) die Natur, sondern die Welt. Und hier endet die »Romantik«: »Im Himmel wird nicht davon gesprochen, wie die Welt ist, sondern die Erde wird angesprochen auf ihre Vollendung hin. Von da aus wird Vers 3 das stärkste Ja zur Erde, das überhaupt gesprochen werden kann« (Volkmar Herntrich, Der Prophet Jesaja, Kap. 1-12, in: NTD 17, Göttingen 1954, S. 100). Dann wäre in der prophetischen Vision das vorweggenommen, was zu verkündigen der Prophet sich ja auch berufen fühlt: Gottes Herrschaft setzt sich auf der Erde durch.

Diese auf die Zukunft Gottes gerichtete Schau macht einmal mehr deutlich, wie sehr sich das »Sanctus« der Engel für die Abendmahlsfeier eignet. Denn auch hier geht es sowohl um die Erinnerung an Jesu Leiden als auch um die Hoffnung auf Jesu Wiederkommen, auf den endgültigen Sieg seiner Liebe, in deren Dienst sein Leiden und Sterben ja stand. Solchermaßen auf den in Jesus Christus »heruntergekommenen« Gott bezogen darf man das »alle Welt ist seiner Ehre voll« in der Abendmahlsfeier gewiß denken, glauben und singen als »alle Welt wird von der Macht seiner Liebe erfüllt werden«.

Aber der in Christus »nahe«, der »liebe« Gott hebt die Heiligkeit Gottes nicht auf: »Da erbebten die Türangeln in den Schwellen von den Stimmen der Rufer, und das Haus erfüllte sich mit Rauch« (Vers 4). Es hat seinen guten Grund, daß immer wieder Menschen gerade beim Abendmahl innerlich vor Gott erbeben und erschüttert sind, wie es ja schon Martin Luther von seiner Primiz, seiner ersten Messe nach seiner Priesterweihe, berichtete. Viele Komponisten haben übrigens dieses »mysterium fascinosum et tremendum« (Rudolf Otto) Gottes gerade bei Vertonungen des »Sanctus« besonders eindrücklich zum Ausdruck gebracht — am deutlichsten vielleicht Ludwig van Beethoven in seiner »Missa solemnis«, bei der die Musik an dieser Stelle geradezu ins Stammeln gerät.

Schließlich sei noch angemerkt, daß der biblische Text nicht besagt, die Serafen hätten das »Sanctus« *gesungen*; sie haben es einander zugerufen — wie immer man sich das vorstellen mag. Gleichwohl ist dies eine der gewichtigsten biblischen Belegstellen dafür, daß Engel singen! Ja, in diesem Text sah und sieht mancher Kirchenmusiker gern verankert, daß das Singen irdischer Kirchenchöre oder Kantoreien nichts Geringeres ist als die Aufnahme und Weiterführung des Lobes Gottes um seinen Thron. Für Zeiten, in denen vom Weltbild her das Denken in »Stockwerken« (Himmel oben, Erde in der Mitte, Hölle unten) und demnach »überirdischen« Bereichen selbstverständlich war, dürfte nicht nur die Idee vom musikalischen, sondern überhaupt vom gottesdienstlichen Zusammenschluß von Himmel und Erde eine eingängige und zugleich erhebende Vorstellung gewesen sein. Viele Komponisten haben bei ihrer Vertonung des Sanctus augen- und ohrenfällig den Gesang der schwebenden Engel imitiert, indem sie z.B. einen Zwölfachtel-Takt oder Mehrchörigkeit einsetzten. Eine andere Kompositionstradition spiegelt die Annahme wider, es habe sich um zwei Engel (Serafen) gehandelt: »Duo Serafim clamabant«, heißt es z.B. in Claudio Monteverdis berühmter »Marien-Vesper«. Die Annahme von *zwei* Serafen kann sich jedoch nicht auf den Jesaja-Text stützen, sie wird lediglich indirekt aus der Schilderung erschlossen, daß die Engel das »Sanctus« einander *zuriefen*.

In der »Deutschen Messe« soll statt des Sanctus (und an anderer Stelle) das Lied »Jesaja, dem Propheten das geschah« gesungen werden. Es ist ebenfalls ein Luther-Lied, das im EKG unter Nr. 135 noch als »liturgischer Gesang« geführt wird (in das neue EG wurde es überhaupt nicht mehr aufgenommen). Es leuchtet ein, daß dieses Lied ein biblisches Erzähllied ist, das sich als liturgischer Gesang wenig eignet. Luther setzte es übrigens nicht an jene Stelle, an der in der römischen Messe das Sanctus steht (Praefationsgebet), sondern ließ es — unter Rückgriff auf eine ältere Tradition — während der Austeilung der Kommunion singen.

Die Melodie des Liedes hat Martin Luther nach einer gregorianischen Vorlage geschaffen.

Benedictus und Osanna

Osanna in excelsis.	Hosianna in der Höhe.
Benedictus qui venit in nomine Domini.	Gepriesen sei, der kommt im Namen des Herrn.
Osanna in excelsis.	Hosianna in der Höhe.

An das Sanctus schließt sich im Praefationsgebet das Benedictus und das Hosanna an: »Gelobet sei, der da kommt im Namen des Herrn. Hosianna in der Höhe«. Im liturgischen Zusammenhang stehen wir jetzt kurz

vor dem »Kommen« des Herrn zur versammelten Gemeinde im Abendmahl. So wird er nun mit dem Benedictus als der »einziehende«, der
»kommende« Herr begrüßt und geehrt.

Biblisch gibt es zwischen dem Sanctus und dem Benedictus keinen Zusammenhang. Während das Sanctus, wie wir sahen, aus einer prophetischen Vision Gottes im Tempel herrührt, ist das Benedictus ein Zitat aus
dem Neuen Testament, und zwar aus der Evangelien-Geschichte des Ein-
zuges Jesu in Jerusalem. In Joh 12,12ff. wird erzählt:

*»Als am nächsten Tag die große Menge, die auf's Fest gekommen war,
hörte, daß Jesus nach Jerusalem käme, nahmen sie Palmzweige und gingen hinaus ihm entgegen und riefen: Hosianna! Gelobt sei, der da
kommt in dem Namen des Herrn, der König von Israel! Jesus aber fand
einen jungen Esel und ritt darauf, wie geschrieben steht.«* (Sach 9,9)

So wenig zu bezweifeln ist, daß Jesus im Jahre seines Todes nach Jerusalem zog, und so naheliegend es ist, daß er einerseits wie viele andere Juden dorthin pilgerte, um am Passahfest in Jerusalem zu sein, andererseits
aber auch so etwas wie eine Entscheidung über Annahme oder Ablen-
nung seiner Person und Lehre durch die »Offiziellen« der jüdischen Religion suchte, so stilisiert ist doch diese Einzugsgeschichte. Wie überhaupt
die ganze Passionsgeschichte stark davon gefärbt ist, daß über die Fakten
und die Heilsdeutung hinaus auch der »Schriftbeweis« geführt werden
soll (d.h. demonstriert werden soll, daß Jesu Tod keine Katastrophe, sondern im Heilsplan Gottes beschlossen war: »Es muß also geschehen«), so
will gleich der Anfang der Passionsgeschichte deutlich darauf hinweisen,
daß Jesus sich in den Bahnen der alttestamentlichen Prophetie bewegt.

Das »Volk« liebt ihn — aber die »Kirchenfürsten« lehnen ihn ab und
»überreden« das Volk, für seinen Tod zu stimmen. Leider hat diese Art
der Berichterstattung mit dazu beigetragen, daß wir heute annehmen,
»die« Juden hätten Jesus gehaßt und seine Hinrichtung betrieben. Historisch viel wahrscheinlicher ist aber, daß Jesus jüdische Anhänger *und*
Widersacher hatte. Die einen mögen »Hosianna« bei seinem Kommen
gerufen haben, die anderen »Kreuzige« bei seinem Verhör.

Was auch immer historisch geschehen sein mag: Die Evangelien be-
schreiben einen triumphalen Einzug des Friedenskönigs, der auf einem
Esel reitet und somit die Merkmale des erhofften Friedenskönigs trägt.
Dabei gehen gleich zwei »Weissagungen« in Erfüllung: »Saget der Toch-
ter Zion: Siehe, dein Retter ist herbeigekommen« (Jes 62,11b) und:
»Freue dich sehr, Tochter Zion ... siehe, dein König kommt zu dir, ge-

recht und rettend; er ist demütig und sitzend auf dem Zugtier und dem neuen Füllen« (Sach 9,9).

Diesem messianischen König bereitet man nun einen begeisterten Empfang, streut ihm Palmen auf den Weg und ruft: »Hosianna«. »Hosianna« ist ein Hilferuf und heißt wörtlich: »Hilf doch!« Aber im Zusammenhang der Einzugsgeschichte muß man den Ruf eher als »Heil«-Ruf verstehen — der messianische König ist ja Inbegriff aller »Hilfe«. Übrigens: Die Rufe beim Einzug Jesu klingen wie die bekannten Einzugsrufe für Jerusalem-Pilger aus Psalm 118: »O Herr, hilf, o Herr, laß wohlgelingen! Gelobt sei, der da kommt im Namen des Herrn. Wir segnen euch, die ihr vom Hause des Herrn seid.«

So wenig, wie gesagt, die biblischen Quellen für das Sanctus und für das Hosanna bzw. Benedictus miteinander zu tun haben, im liturgischen Kontext ergibt die Reihung der Zitate durchaus Sinn: War im dreimaligen Sanctus schon der dreieinige Gott angesprochen, der in der Eucharistie gegenwärtig wird, so wird im Benedictus noch einmal gesondert Christus angerufen, der im Sakrament »Einzug« hält bei den Gläubigen. Der Zusatz »in excelsis«, der im Evangelium nicht vorkommt, mag an das erste Kommen Jesu in der Heiligen Nacht erinnern, in der die Engel »Gloria in excelsis« sangen.

Agnus Dei

Agnus Dei, qui tollis peccata mundi, miserere nobis.	Lamm Gottes, der du trägst die Sünden der Welt, erbarme dich unser.
Agnus Dei, qui tollis peccata mundi, miserere nobis.	Lamm Gottes, der du trägst die Sünden der Welt, erbarme dich unser.
Agnus Dei, qui tollis peccata mundi, dona nobis pacem.	Lamm Gottes, der du trägst die Sünden der Welt, gib uns Frieden.

Das Agnus Dei[22] gehört in den dritten Abschnitt der Eucharistie, also zur »Kommunion«. Es hat in der heutigen Meßfeier keine eigenständige Bedeutung mehr, sondern wird nach dem Vaterunser und vor der Austeilung der Hostien gesprochen oder gesungen.

Dies war einmal sehr anders. Als die großen Hostien noch in so viele Teile gebrochen werden mußten, wie Kommunikanten anwesend waren, war das Agnus Dei der diese Brechung begleitende, genauer: der sie deutende Gesang. Die griechisch sprechende östliche Kirche sah das Brotbrechen als Symbol für die Schlachtung des Opferlammes an, die Hostie konnte selber als »das Lamm« bezeichnet werden. Das Agnus Dei war somit ein langer Gesang, der sowohl litaneiartig als auch huldigend gemeint war. Erst als Oblaten Verwendung fanden, wurde dieser Gesang zur Dreigliedrigkeit gekürzt.

Später (im 10./11. Jahrhundert) wurde dann das dritte »erbarme dich« durch »Gib uns deinen Frieden« ersetzt, vielleicht weil in der Liturgie unmittelbar vorher der Friedensgruß erklingt (»Den Frieden lasse ich euch, meinen Frieden gebe ich euch« aus Joh 14,27), vielleicht aber auch weil akute Kriegsnot die Kirche in einer bestimmten historischen Situation dazu veranlaßte, fürbittend den »Friedefürsten« anzurufen. Heute steht bei der nur einmaligen Brotbrechung nicht mehr die symbolisch nachvollzogene Opferung des Lammes als vielmehr das Symbol für die Einheit der Kirche im Vordergrund.

Freilich ist mit dem Agnus Dei, das in der unmittelbaren Nähe des Abendmahlempfangs durch die Kommunikanten steht, über die Zeiten hinweg *eine* Deutung der Eucharistie erhalten geblieben, die über allen Abendmahlslehren und -dogmen steht: das Abendmahl als ganz persönliche, »leibhaftige« Zuwendung des sich hingebenden, vergebenden, Versöhnung wirkenden Leidens und Sterbens Jesu Christi. Denn mit dem Bild vom »Lamm« Gottes ist Jesus Christus gemeint, von dem Johannes sagt: »Siehe, das ist Gottes Lamm, welches der Welt Sünden trägt« (Joh 1,29). Im deutschen Wort »tragen« ist ähnlich wie im lateinischen »qui tollis« und auch im griechischen Urtext »airon« sowohl die Bedeutung »auf sich nehmen, (er-)tragen« als auch »wegtragen, wegschaffen« enthalten. Während uns heute ein stellvertretendes »Sühnen« eher schwer verständlich ist, könnte diese Bedeutungsfacette »auf sich nehmen«, »aufheben« uns doch den Zugang zum Sinn dieses Textes erleichtern.

Obwohl das deutsche Agnus Dei nicht in der Deutschen Messe von 1526 abgedruckt ist, nimmt man an, daß das im EKG unter der Nr. 136 (EG 190,2; GL 482) verzeichnete Lied, eine deutsche Übersetzung des Agnus Dei, im Zusammenhang mit dieser entstanden ist. Seine Melodie wird Martin Luther zugeschrieben, allerdings begegnet der Anfang des »Christe, du Lamm Gottes« schon als Melodie des »Kyrie eleison« in der Braunschweiger Kirchenordnung von 1528.

DEUTUNG UND BEDEUTUNG

Man wird zwischen der Messe im Konzert und der Messe innerhalb eines Gottesdienstes differenzieren müssen, wenn man etwas zur Bedeutung von Messetexten heute sagen will. Natürlich wird man zu allen Zeiten die großen Meßkompositionen etwa von Palestrina, Bach, Haydn, Mozart oder Beethoven als Konzert, als in sich geschlossenes musikalisches Kunstwerk aufführen, gleichviel, was einem die vertonten Texte bedeuten. Die mitklingenden Texte sind dabei aber lediglich Textfragmente, die aus einem großen Ganzen gerissen worden sind. Freilich konnten wir im Abschnitt »Geschichte« sehen, daß diese Teile auch einmal so etwas wie ein Eigenleben führten, dann aber zur »Messe« zusammengewachsen sind und daß dies nicht immer so organisch geschah, wie man es sich idealtypisch vorstellen würde.

Jedenfalls sind in den fünf Ordinariums-Stücken ganz große religiöse Themen aufbewahrt, die auch dann ansprechen, zur Besinnung einladen, zur Infragestellung dienen, zur Lebensdeutung beitragen, zur Sinnvergewisserung verhelfen mögen, wenn sie nicht im Ganzen einer »richtigen« liturgischen Messe ertönen, sondern in einem Konzert. So kritisch Theologen und Kirchenchristen das auch (ich meine: mit Recht) sehen mögen: Konzerte sind (spätestens seit dem 19. Jahrhundert, in dem sich Kunst und Religion zur »Kunstreligion« vermischten) für viele Besucher auch so etwas wie Gottesdienste, jedenfalls, bewußt oder unbewußt, kultische Veranstaltungen, deren Sinn und Wert weit über den puren Musikgenuß hinausgeht (was übrigens auch Rock- und Popkonzerten zugestanden werden muß).[23]

Wenn hingegen eine musikalische Messe in einem — vielleicht besonders feierlichen — Gottesdienst aufgeführt wird, sind andere Probleme zu bedenken. Wie gering oder stark elaboriert die Komposition auch sein mag: In jedem Fall wird der Chor der Gottesdienstgemeinde wichtige liturgische Teile gleichsam wegnehmen. Wir haben gesehen, daß dies schon sehr früh zur Regel wurde und sozusagen nichts Neues wäre. Es darf aber auch nicht verschwiegen werden, daß dieser Funktionsverlust der Gemeinde (die ja übrigens ohnehin schon sehr früh die Propriumsteile den »Profis« überlassen mußte) stark zu dem Verhalten beigetragen haben muß, einem Gottesdienst lediglich beizuwohnen, ohne sich aktiv daran zu beteiligen. Der Schritt zur reinen Konsumhaltung ist nicht mehr weit! Die katholische Kirche hat, u.a. durch die Einführung der Landessprache, erfolgreich gegen diesen Mißbrauch der Messe gekämpft.

Dieses Anliegen verfolgte auf der evangelischen Seite ja schon Luthers »Deutsche Messe«, welche die musikalische Beteiligung der Gemeinde durch das Eindeutschen der Ordinariumsstücke bzw. das Bereitstellen von entsprechenden Liedern an deren Stelle akzentuierte. Einer bedenkenlosen »Anreicherung« eines Gottesdienstes durch die Aufführung einer Messe-Komposition, selbst wenn deren Teile dann in den »richtigen« Zusammenhang gestellt wären, möchte man zwar nicht das Wort reden; andererseits ist dies ja ohnehin der seltene Ausnahmefall, der der Gottesdienstgemeinde eine besondere Freude und Bereicherung vermitteln könnte, die altvertrauten Texte einmal in einer aufwendigen Vertonung zu hören. Es wäre dann freilich sinnvoll, die zur Aufführung gelangende Messe-Komposition vorweg oder im Rahmen der Predigt auf geeignete Weise zu kommentieren und zu deuten, damit es nicht beim simplen »schön« oder eben »nicht schön« bleibe.

REQUIEM

GESCHICHTE

Wie bei den meisten anderen in diesem Buch besprochenen kirchenmusikalischen Gattungen leitet sich auch der Name »Requiem« vom Anfangswort des vertonten Textes her: »Requiem aeternam dona eis domine«, so lautet der erste Satz der katholischen Totenmesse, die seit dem Jahre 998 alljährlich am 2. November, dem »Allerseelentag«, die aber auch bei Beerdigungen oder anderen Gelegenheiten, z.B. offiziellen Trauerfeiern, gesungen wird. Seit dem 2. Vatikanischen Konzil ist das Totenmesse-Formular, wie wir es aus den berühmten Vertonungen kennen, allerdings nicht mehr in liturgischem Gebrauch. Außer »Requiem« begegnen uns als Bezeichnungen für diese musikalische Gattung noch die Begriffe »Missa pro defunctis« (lat. »Messe für Verstorbene«), »Messa da requiem« (ital.) oder »Messe des morts« (franz. »Totenmesse«).

Das Requiem bzw. die Totenmesse der katholischen Kirche ist eine besondere Form des Meßgottesdienstes. Darum beinhaltet es einerseits Ordinariums-Texte wie Kyrie, Sanctus, Benedictus und Agnus dei, während u.a. das Gloria in excelsis keine Verwendung findet — übrigens nicht etwa wegen seines freudigen Charakters, wie man zu Recht vermuten würde, sondern einfach weil es als Gesangsstück erst später aufkam; andererseits begegnen wir liturgischen Stücken, die in Messevertonungen nicht eingehen: dem Introitus »Requiem aeternam«, der Sequenz »Dies irae«, dem Responsorium »Libera me« und dem Geleitwort »In paradisum«.

Die beiden letztgenannten Stücke finden sich zwar in manchen Requiem-Vertonungen, gehören aber nicht in die Ordnung der eigentlichen Totenmesse, sondern in den größeren Rahmen dessen, was wir heute als »kirchliche Beerdigung« bezeichnen: Zum Dienst an einem verstorbenen Gemeindeglied gehör(t)en drei kirchliche Handlungen: 1. die Prozession mit dem Leichnam vom Sterbehaus zur Kirche (unter Psalmengesang), 2. das Totenofficium (Totenamt) und die Totenmesse in der Kirche und 3. die Begleitung des Leichnams zum Friedhof. Wie dem Toten-

officium Teile des Stundengebets (also Lesungen und Psalmgebete) zugrunde liegen, so gehören zur Totenmesse Teile des Propriums und des
Ordinariums der Messe. Das »Libera me« schließt sich an die Totenmesse an und kann als eine »Absolution« in bittender Form (»deprekato-
risch«) verstanden werden. Das »In paradisum« wurde während des Gan-
ges zum Friedhof gesungen. Wenn man nun verschiedene Requiem-
Kompositionen singt oder hört, wird man feststellen, daß die Texte
nicht immer die gleichen sind. Einige Werke bringen keine Vertonung
der Sequenz »Dies irae«, wohl aber eine des »Libera me, domine« (oder
umgekehrt). Dies ist in den unterschiedlichen Texttraditionen des Requiems begründet. Vor dem Tridentinum gab es beispielsweise in England und Frankreich andere liturgische Ordnungen der Totenmesse als
in Italien und Spanien — dies kann hier aber nicht weiter verfolgt werden. Prinzipiell können folgende Texte in einem musikalischen Requiem
vertont werden:

1. Introitus »Requiem aeternam«
   (IV. Esra 2,34f.; Ps 65,2f.)
2. Kyrie
3. Graduale »Requiem aeternam«
   (IV. Esra 2,34f.; Ps 112,6a-7)
        oder »Si ambulem« (Ps 23,4)
4. Tractus »Absolve Domine«
        oder »Sicut cervus« (Ps 42,2-4)
        oder »De profundis« (Ps 130,1-4)
5. Sequenz »Dies irae«
6. Offertorium »Domine Jesu Christe«
7. Sanctus
8. Agnus dei
9. Communio »Lux aeterna«
10. Responsorium »Libera me«
11. Geleitwort (»Dum corpus effertur ex ecclesia«, »Wenn der Leichnam
    aus der Kirche getragen wird«) »In paradisum«

Obwohl die Totenmesse auch heute noch in der katholischen Kirche
gelegentlich als »Requiem« bezeichnet wird, ist der uns aus den großen
Werken der Musikgeschichte bekannte liturgische Text seit 1969 außer
Gebrauch. Er hatte eine lange, wechselvolle Geschichte. Das älteste
Textdokument stellt der Introitus »Requiem aeternam« aus dem 5. Jahr-
hundert dar: ein Zitat aus dem IV. Esra-Buch. Da dieses Buch nur bis zur

Amtszeit des Bischofs Gelasius (gest. 496) als kanonisch, also zur Bibel gehörig, galt, hätte der Text später keine Aufnahme in die Totenmesse finden können. Die Zeugnisse für christliche Begräbnisse reichen freilich in noch frühere Zeiten zurück. Für sie dürfte es noch keine festen liturgischen Ordnungen gegeben haben — jedenfalls sind keine solchen überliefert. Aus Äußerungen der Apostel und der Kirchenväter aber ergeben sich Glaubens- und Hoffnungsmotive, die für die Gestaltung christlicher Beerdigungen eine Rolle gespielt haben: Da wird zum einen die Beerdigung als ein Liebesdienst gegenüber einem verstorbenen Gemeindeglied gesehen, zum anderen der Respekt vor den sterblichen Überresten eines Menschen darin gesehen, daß sein Leib als »Tempel des Heiligen Geistes« und als »Samenkorn« der Neuerschaffung zum ewigen Leben gilt (so der Apostel Paulus 1. Kor 6,19 bzw. 1. Kor 15,35f.). Das Singen von Psalmen und Hymnen bei der Leiche bezeichnet der Kirchenvater Hieronymus (340?-420) als »christiana traditio« (»christliche Tradition«). Der Todestag der Christen wird als Geburtstag zum ewigen Leben begangen. Der Glaube an die Auferstehung der Toten steht in deutlichem Gegensatz zur jüdischen Totenklage und zum hellenistischen Glauben an die Unsterblichkeit der Seele.

Schon um 170 n. Chr. ist das eucharistische Gedächtnismahl am Grab von verstorbenen Christen bezeugt, ohne daß wir die dabei verwendeten Texte kennen. Später kommen das Totengedenken nach vollzogener »Wandlung« der Elemente des Abendmahls in »normalen« Gottesdiensten und Totenmessen an Gedenktagen der Verstorbenen, z.B. am 3., 7., 9. oder 30. und 40. Tag nach dem Tod hinzu: Man bringt Opfer für die Toten, um ihnen ihr Geschick im Jenseits zu erleichtern. Der heidnische Opfergedanke verbindet sich mit dem christlichen Opfergedanken unter dem Einfluß der Lehre vom Fegefeuer. Papst Gregor I. (der »Große«, Papst von 590 bis 604) berichtet von dem Priester Johannes, »der dem Badediener im öffentlichen Bade zwei Oblationsbrote schenken wollte, worauf dieser sich als büßende Seele zu erkennen gab und ihn bat, lieber für ihn das Opfer darzubringen, was Johannes nun eine Woche hindurch täglich tat.«[1] Solche Vorstellungen lassen das aufkommen, was unter der Bezeichnung »missa votiva« (»Votivmesse«) zum reichlich geübten, selbstverständlichen Brauch wurde: Messen, die auf Wunsch und gemäß einem bestimmten Anliegen einzelner Gläubigen vom Priester »gelesen« werden. Und verständlicherweise lautete das »Anliegen« häufig eben: etwas für einen Verstorbenen tun wollen. Aus dieser Sitte erklärt sich übrigens auch die »Bestellung« einer Totenmesse bei einem Komponisten, wie dies etwa für Heinrich Schütz' »Musikalischen Exequien« und für Mozarts »Requiem« der Fall war.

Totengedenken, Fürbitte und Opferdarbringung für die Verstorbenen, letzteres angesichts von Hölle und Fegefeuer-Drohungen: Mit diesen Begriffen sind die thematischen Akzente der »Totenmesse« benannt — und zugleich wird mit ihnen der Abstand von der frühchristlichen Beerdigungsthematik markiert. Der liturgische Ritus der lateinischen Totenmesse hat erst allmählich seine feste Ausprägung erfahren; man wird davon auszugehen haben, daß über lange Zeit hinweg die liturgische Ausgestaltung einer Totenmesse nicht klar von einer »normalen« Messe unterschieden war. Und so lassen sich liturgische Gesänge der lateinischen Totenmesse aus Quellen erst ab dem 10. Jahrhundert nachweisen. Auch wenn hier die lange und wechselvolle Geschichte des Zusammenwachsens der Requiemstücke im Einzelnen nicht nachgezeichnet werden kann, sollte doch darauf hingewiesen werden, daß das Kernstück des Requiems, die Sequenz »Dies irae« seit dem 13. Jahrhundert von Italien aus verbreitet wurde. Seine Letztgestalt verdankt es einem unbekannten Verfasser aus dieser Zeit, der schon vorhandene Bestandteile zusammenstellte und überarbeitete. So ist etwa die Sequenzstrophe »Lacrimosa« als Libera-Tropus einer Reichenauer Handschrift bereits aus dem 12. Jahrhundert bekannt und somit wohl die älteste nachweisbare Vorstufe des »Dies irae«. Ob Thomas von Celano (gest. um 1260) der Verfasser bzw. »Redaktor« des »Dies irae« war, ist allerdings umstritten.

Bis zum Konzil zu Trient (1545) war der Textaufbau des Requiems durchaus flexibel. Er wurde dann aber durch das Tridentinum und das von Papst Pius V. überprüfte Missale (1570) endgültig auf die uns aus den Vertonungen bekannten Stücke festgelegt. Im Großen und Ganzen haben sich die Komponisten also an diese Vorgaben gehalten. Die von ihnen vertonten Texte, von denen im Folgenden die Rede sein soll, stellen jedoch nur das »Ordinarium« der Totenmesse dar, also jene Teile innerhalb der Gottesdienstordnung, die immer im gleichen Wortlaut erklingen. Und hier waren es wiederum die in der »normalen« Messe nicht auftretenden Stücke, welche die Komponisten zu einer besonders intensiven kompositorischen Sprache herausforderten, vor allem die Sequenz »Dies irae«. Man muß sich zu einer »richtigen« Totenmesse aber Gebete, Lesungen, Ansprachen und Lieder denken, die je nach Kirchenjahr und Anlaß wechseln können (das sogenannte Proprium, das »Besondere« oder »Eigene«). Erst das Ganze — Ordinarium und Proprium — macht eine Totenmesse aus.

Betrachtet man schließlich die Wirkungsgeschichte des Requiems, so wird deutlich, daß vornehmlich die mehrstimmig und zyklisch vertonten Texte zur Ausprägung der Anschauungen über die sogenannten

»letzten Dinge«, von Tod, »Jüngstem Gericht« und ewigem Leben, beigetragen haben. Sie förderten beispielsweise die Vorstellung von der »Ewigen Ruhe« (die in der Bibel nirgends bezeugt ist; dort ist bekanntlich meistens vom »ewigen Leben« die Rede, also gewissermaßen vom Gegensatz zur »ewigen Ruhe«) oder vom Jüngsten Gericht (das Dies irae ist ein Konglomerat aus Bildern, die alttestamentliche Propheten, Evangelisten des Neuen Testaments und Apokryphen einbrachten), wobei die zentralen neutestamentlichen Glaubensthemen und Hoffnungsbilder wie Gnade, Erlösung, Reich Gottes, Hochzeit der Gemeinde als »Braut Christi« mit dem wiederkehrenden Bräutigam Christus und andere »positive« christliche »Leitmotive« allenfalls angedeutet werden. Dabei entsteht der ausgesprochen düstere Eindruck, daß als »Letztes« nur die Totenauferweckung zum Zwecke des Gerichts zu glauben und zu hoffen sei und daß dieses Gericht ein Freispruch oder eine Verurteilung entsprechend den guten oder bösen Werken sei, die ein Mensch zu Lebzeiten getan hat.

Es ist gewiß kein Ruhmesblatt der christlichen Religion, daß diese Darstellung der »letzten Dinge« im Requiem geradezu zum Motor von Angst und Schrecken avancierte und auch an anderen Stellen der Musikgeschichte (z.B. im 4. Satz von Hector Berlioz' »Symphonie fantastique«) und der Literaturgeschichte (so in Goethes »Faust«) wieder in diesem Sinne aufgegriffen wurde. Aus eben diesem Grund wurde das Dies irae aus dem Formular der Totenmesse während des 2. Vatikanischen Konzils gestrichen. Man fragt sich natürlich: Wer jagt den Menschen diesen Schrecken ein? Der Tod? Gott? Die Kirche? Immerhin hat die Kirche zwar nicht über »Himmel« oder »Hölle« für einen verstorbenen Menschen zu verfügen (das hat sie sich auch nie angemaßt); aber sie kann (nach römisch-katholischer Lehre) »Höllenstrafen« (»Fegefeuer«) auferlegen bzw. unter bestimmten Bedingungen solche auch erlassen (»Ablaß«) und damit Druck auf Menschen ausüben. So wurde es über Jahrhunderte hinweg gelehrt, geglaubt und gefürchtet — glücklicherweise wird dies alles heute offiziell so nicht mehr gelehrt.

Betonen muß man in diesem Zusammenhang auch, daß mit diesem Angst- und Schreckensszenario, ja, mit dem Ganzen der Totenmesse dem Protestanten etwas gegenübersteht, das die Evangelische Kirche so nicht kennt bzw. ablehnt und das ja im Zeitalter der Reformation auch ein wesentlicher Grund für das Auseinanderfallen der westlichen Kirche in die beiden Konfessionen katholisch und evangelisch war. Dazu gehört ein zweiter Aspekt: In der Totenmesse wird nicht nur der Verstorbenen vor Gott gedacht (»nimm die Opfergaben und Gebete auf für die Seelen der Verstorbenen« heißt es sinngemäß im Offertorium), sondern es wird auch für sie gebetet und in gewisser Weise das »Sühnopfer« Jesu Christi vom amtierenden Priester ganz speziell für den Verstorbenen »dargebracht« (»hostias et preces ... offerimus: tu suscipe pro animabus illis«). Kurz gesagt: Hier wird vorausgesetzt, daß man noch etwas für die Toten tun kann — was ein geradezu quälendes Bedürfnis für liebende Hinterbliebene sein kann, was aber die »Verewigung« des gelebten Lebens durch den Tod im Grunde zurücknimmt.

So tritt uns also im Requiem-Text einerseits der düstere Schrecken von Sünde, Tod, Gericht und Hölle entgegen, andererseits aber auch die »Heilsanstalt« Kirche, die davor bewahren bzw. daraus erretten kann. Beides wurde von der Reformation entschieden abgelehnt, ja, in Luthers Vorrede zu den Begräbnisliedern wird es in drastischer Sprache geradezu »verdammt«: »Demnach haben wir in unsern Kirchen die päpstlichen Greuel, als Vigilien, Seelenmessen, Begängnis, Fegfeuer und alles andere Gaukelwerk, für die Toten getrieben, abgetan und rein ausgefegt, und wollen unsere Kirchen nicht mehr lassen Klaghäuser oder Leidesstätten sein, sondern, wie es die alten Väter auch gennenet, Coemeteria; das ist für Schlaf- und Ruhestätten halten. Singen auch kein Trauerlied noch Leidgesang bei unsern Toten und Gräbern, sondern tröstliche Lieder von Vergebung der Sünden, von Ruhe, Schlaf, Leben, Auferstehung der verstorbenen Christen, damit unser Glaube gestärkt und die Leute zu rechter Andacht gereizt werden. Denn es auch billig und recht ist, daß man die Begräbnis ehrlich halte und vollbringe, zu Lob und Ehre dem fröhlichen Artikel unseres Glaubens, nämlich von der Auferstehung der Toten.«[2]

Es wurde schon zu Anfang dieses Abschnittes erwähnt, daß die katholische Kirche die Begräbnisliturgie seit dem 2. Vatikanischen Konzil ganz erheblich reformiert und sich damit auch von den oben geschilderten Tendenzen distanziert hat. In der neuen Begräbnisliturgie kommen deutlich andere Themen und Töne zum Tragen: »Das eucharistische Opfer des Pascha-Mysteriums feiert die Kirche auch für die Verstorbenen: Da alle Glieder am Leibe Christi miteinander eine Gemeinschaft bilden, erbitten sie geistliche Hilfe und schenken tröstende Hoffnung.«[3] Die Hoffnung der Gläubigen, Christi stellvertretendes Leiden und seine Auferstehung, der Tod als der Sünde Sold und das neue Leben als Geschenk Gottes stehen nunmehr im gedanklichen Zentrum der Liturgie.

VERTONUNGEN

Voraussetzungen

Daß Musik erklingt, wenn es um die »letzten Dinge« geht, ist für uns ebenso selbstverständlich wie es bedenkenswert ist. Einerseits gibt es ja wohl nichts auf der Welt, was so stumm ist und so stumm macht wie der Tod. Nach Musik und Gesang ist wohl keinem tief Trauernden zumute, und zum gewohnten Bild einer Beerdigung gehört, daß die unmittelbar Betroffenen nicht mitsingen, wenn die Gemeinde singt. Andererseits dürfte Musik bei einem Begräbnis von den Hinterbliebenen wohl nur äußerst selten kategorisch abgelehnt werden. Im Gegenteil: Bei dieser Gelegenheit werden oft sehr dezidierte Wünsche für musikalische Beiträge geäußert — allerdings zielen diese nicht selten in eine Richtung, die Kantor/innen und Pfarrer/innen in ziemliche Verlegenheiten bringen, denn da werden bisweilen sehr sentimentale oder sehr unreligiöse »Stücke« gewünscht!

Was erhofft man sich aber von solch einer musikalischen Gestaltung einer Trauerfeier? Ich bin sicher, daß man hier, vielleicht unbewußt, etwas von der besonderen Macht spürt und ahnt, die Musik über die Seele hat, sei es, daß man hofft, die »Trösterin Musik« möge aus der Erstarrung ins Weinen hinein erlösen, oder daß man ihr zutraut, die Lebenden mit den Toten bzw. die Zeit mit der Ewigkeit zu verbinden — immerhin gelang es ja dem mythologischen Orpheus, mit seinem betörenden Gesang die Geliebte Eurydike aus dem Totenreich zu befreien. Und es nimmt nicht wunder, daß dieser Orpheus im christlichen Kontext zu Christus wird.[4] Oder, anders gesagt: Waren schon die großen Wunder beim Exodus des Volkes Israel immer wieder Anlaß zum »neuen Lied« (vgl. 2. Mose 15 und Ps 98), so ist es die Überwindung des Exitus durch Christus erst recht.

Eine Trauerfeier ohne Musik ist heute kaum vorstellbar und auf jeden Fall trostlos. Ob es nun mitten im Krieg sei (»Ich hatt' einen Kameraden«), bei einem Staatstrauerakt (bei dem man gern Frédéric Chopins Trauermarsch aus Opus 35 spielt), nach einer persönlichen Katastrophe (z.B. Gustav Mahlers »Kindertotenlieder«) oder im Totensonntagskonzert (für das sich z.B. Alban Bergs Violinkonzert »Dem Andenken eines Engels« eignet, das anläßlich des Todes der 18jährigen Tochter Alma Mahler-Werfels entstand, zugleich aber im Hinblick auf den eigenen Tod als »Schwanengesang« konzipiert war): Stets wird Musik aufgeboten,

und sehr oft spricht sie mehr aus oder an, als Worte dies vermögen —
aus tiefster Seele und zugleich in die Seele hinein.

Es überrascht also nicht, daß sich so viele Komponisten zum Requiem
musikalisch geäußert haben, und es steht außer Zweifel, daß dabei große
Kunstwerke geschaffen wurden — überspannt durch einen außerordentlich weit geschwungenen Bogen von Johannes Ockeghems Requiem
»Missa pro defunctis« (nach 1470) bis zu Benjamin Brittens politischem
»War Requiem« (1961), in dem der traditionelle Requiem-Text durch
Antikriegsgedichte aus dem 1. Weltkrieg ergänzt und interpretiert wird.
Der Vergleich der verschiedenen Requiem-Kompositionen läßt uns eine
ganze Menge darüber erfahren, wie die Menschen in ihrer Zeit über Tod
und Ewigkeit gedacht haben — Themen, die ja eigentlich zeitlos sind und
doch in jeder Epoche anders behandelt wurden.

Kurzer historischer Abriß der Kompositionsgeschichte

Die älteste erhaltene Totenmesse ist das Requiem von Johannes Ockeghem (ca. 1410-1497), überliefert in einer kaum vor 1493 angelegten
Handschrift, die mit einem Totenschädel illustriert ist: eine zwei- bis
vierstimmige Vertonung lediglich der fünf Teile Introitus — Kyrie —
Graduale (Si ambulem) — Tractus (Sicut cervus) — Offertorium. Natürlich ist es vom Gregorianischen Choral ebenso geprägt wie die
Requiem-Kompositionen von Antoine Brumel (der entsprechend der römischen Liturgie zwar die Sequenz vertont, allerdings lediglich die ungeraden Strophen, die geraden werden choraliter vorgetragen), Orlando di
Lasso, Giovanni Pierluigi da Palestrina oder Tomas Luis de Victoria auf
den Tod der Kaiserin Maria 1605. Das kurze Zeit später anläßlich des
Todes König Henris IV. komponierte Requiem Eustache du Caurroys
wurde übrigens noch bis ins 18. Jahrhundert bei französischen Königsbe-
gräbnissen aufgeführt.

Nach 1600 verliert sich durch den neuen konzertierenden und madri-
galischen Stil der »seconda pratica« die Bindung an die Gregorianik und
damit ein Stück »Objektivität« der musikalischen Aussage. Nun wird
der latente Gegensatz zwischen der von der Liturgie geforderten Zurückhaltung in einer Totenmesse und der im Text angelegten Ausdrucksin-
tensität zugunsten einer affektiven barocken Musiksprache (besonders
im Dies irae) gelöst. Deutlich wird dies schon in Bibers Requiem, noch
mehr in den bekannten französischen Vertonungen von Marc-Antoine
Charpentier, André Campra und Jean Gilles.

Bis ins 18. Jahrhundert hinein wurden Requiem-Kompositionen selbstverständlich für den aktuellen kirchlichen Gebrauch bei Trauerfeiern
geschrieben und aufgeführt. Dies trifft auch auf Wolfgang Amadeus Mozarts »Requiem« KV 626 (Fragment, ergänzt von Süßmayr und Eybler)
zu. Auch wenn sich die immer noch gern tradierte Legende um den
»grauen Boten«, der Mozart den Kompositionsauftrag des Grafen
Walsegg-Stuppach übermittelte, inzwischen ziemlich prosaisch aufgelöst
hat[5], ist es für jeden Musiker noch immer etwas Besonderes, dieses mit
einer außergewöhnlichen Aura umgebene Werk aus der Feder eines tod-
geweihten 34jährigen zu hören oder zu singen. Schon der erste Satz führt
mit seiner eigenartigen, mit freimaurerischen Konventionen in Verbindung stehenden Instrumentation (düstere Bassetthörner, Fagotte, Pauken und Posaunen), dem ergreifenden Trauer-Motiv in den ersten Gei-
gen und dem Psalmodie-Zitat (Sopran-Solo: »Te decet hymnus«), um nur
einige Aspekte herauszugreifen, in eine Dimension, in der Subjektiv—
Emotionalem ebenso Raum gegeben wird wie liturgischer »Objektivität«. Und welche andere Komposition überträfe Mozarts »Requiem« an
tiefernster Feierlichkeit?
    Übrigens hat sich nicht nur Franz Xaver Süßmayr mit der Vervoll-
ständigung des Mozartschen Requiemfragments befaßt. Zunächst hatte
Joseph Leopold (Edler von) Eybler den Auftrag zur Bearbeitung erhalten, ihn aber dann (nachdem er in das Partiturgerüst einige Orchester-
stimmen eingetragen hatte) abgelehnt. Eybler selber hat ein bemerkens-
wertes Requiem geschrieben, das gewiß nicht zufällig an Mozarts Werk
erinnert.
    Manchem Leser wird aufgefallen sein, daß bisher keine Werke prote-
stantischer Komponisten genannt wurden: Das Requiem hatte im evangelischen Gottesdienst bzw. bei evangelischen Trauerfeiern keinen liturgischen Platz. Aber natürlich wurden auch für evangelische Totengedenken gewichtige Kompositionen geschrieben. Das dokumentiert jene
kompositorische Verwandtschaftslinie, die von Heinrich Schützens
»Musikalischen Exequien« über Johann Sebastian Bachs »Actus tragicus«
(Kantate BWV 106) bis zu Johannes Brahms' »Deutschem Requiem«
reicht: Textlich fast ausschließlich (neben dem Choral) aus Bibelversen
zusammengesetzt, mit bewußt eigentümlicher Instrumentation versehen, stellen diese Werke so etwas wie ein evangelisches Pendant zur katholischen Requiem-Tradition dar.
    Mit dem Requiem von François-Joseph Gossec (1734-1829) beginnen
»romantische« Elemente in die Requiem-Kompositionen einzuziehen.
Nicht mehr das gleichsam objektive »Gegenüber« von Tod, Gericht und

Ewigkeit steht im Mittelpunkt der musikalischen Interpretation des Textes, sondern die menschliche Seele und deren Reaktion auf die Todes-
und Gerichtsschrecken. Um das zu veranschaulichen, kommen gehäuft
lautmalerisch-dramatische Elemente zum Einsatz (so z.B. Blechbläser-
musik im »Dies irae« bzw. speziell beim »Tuba mirum«).

Seit der Aufklärung gibt es auch Requiem-Kompositionen, die nicht
mehr für den kirchlichen Gebrauch gedacht sind. Anton Bruckners,
Franz Liszts und Camille Saint-Saëns' recht schlichte Requiems haben allerdings eindeutig gottesdienstlichen Gebrauchscharakter, ebenso wie
das sehr beliebte, 1947 von Maurice Duruflé geschriebene Requiem.
Schon der starke Rückbezug auf Gregorianik (Duruflé verwendet in allen Sätzen die entsprechenden gregorianischen Choralmelodien des Requiems) läßt darüber keinen Zweifel. Da dieses Requiem in drei Fassungen vorliegt (eine Version nur für Soli, Chor und Orgel, eine zweite mit
kleinem Orchester und eine dritte mit großem Orchester), kann es von
vielen Chören zur Aufführung gebracht werden. Sehr »sanft« geht es in
Duruflés Requiem zu (aber nicht so »süßlich« wie in Gabriel Faurés
Werk): »Es ist so sanftmütig wie ich selbst«, soll der Komponist dem bel-
gischen Geiger Eugène Ysaye erklärt haben. Duruflé sieht den Tod nicht
als Schrecken, sondern als Erlösung, deshalb läßt er in der Textanord-
nung jedesmal, wenn von den Schrecknissen des Gerichts die Rede ist,
aufs neue den Wunsch »requiem aeternam« oder eine ähnlich lautende
Bitte folgen.

Berlioz' monumental instrumentierte »Grande Messe des Morts« (für
4 Blasorchester und 200 Sänger) war ebenfalls als liturgisches Werk und
nicht als Werk für den Konzertsaal konzipiert; es war sogar ein Auftrags-
werk, Berlioz von einem Minister zum Gedenken der Opfer der Juli-
Revolution von 1830 angetragen. Aufgeführt wurde es dennoch erst
1837 im Rahmen eines Gedenkgottesdienstes für einen französischen Ge-
neral im Pariser Invalidendom — und hat dabei offenbar die Massen erschüttert. Nicht erschüttert, sondern verärgert war Berlioz' Zeitgenosse
Luigi Cherubini, der sich als Komponist zweier anerkannter Requiem-
Kompositionen übergangen fühlte.

An Berlioz' theatralisches Requiem hat Giuseppe Verdi in mancherlei
Beziehung anknüpfen können. Sein sukzessive anläßlich des Todes
Gioacchino Rossinis (1868) und Alessandro Manzonis (1873) kompo-
niertes Opus gehört sicher zu den bekanntesten, dramatischsten und er-
greifendsten Werken der Gattungsgeschichte. Ein wenig despektierlich,
aber nicht ganz unzutreffend hat man bemerkt, Verdis Requiem sei seine
beste Oper!

Während Verdi also sein Requiem noch für einen konkreten Trauer-Anlaß schrieb (die Aufführung seines Werkes ist freilich im gottesdienstlichen Rahmen fast unvorstellbar), hat Anton Dvořák sein Requiem (1890) aus einem primär künstlerischen Antrieb heraus verfaßt: Es sollte (in einer Reihe mit seinem »Stabat mater«, der »Heiligen Ludmilla« und der »Geisterbraut«, allesamt Chorwerke, mit denen Dvořák in England große Erfolge feierte) bei einem Chorfest in Birmingham zur Aufführung gelangen. Dvořáks Requiem ist sehr viel verhaltener als etwa Verdis Werk. Es gehört aber gewiß zu seinen tiefsinnigsten Schöpfungen und hat, trotz vieler Anklänge an Berlioz und Verdi, einen sehr eigenen, dem Ernst des Gegenstandes angemessenen Stil, der zum Nachdenken bewegt und immer wieder tröstlich wirkt. Leider wird es allzu selten aufgeführt.

Dies kann man von Gabriel Faurés ausgesprochen populärem Requiem gewiß nicht behaupten. Fauré bringt darin eine eigenwillige Textauswahl zum Tönen: Während er die Sequenz »Dies irae« wegläßt und die entsprechende Passage im »Libera me« ins pianissimo versetzt, fügt er am Schluß ein »In Paradisum« ein. Man könnte behaupten: All dies dient der Interpretation des Todes als Schlaf, Ruhe und himmlischem Frieden — und nicht zu Unrecht wird Faurés Werk gelegentlich als »Wiegenlied des Todes« bezeichnet.

Kein größerer Kontrast hierzu ließe sich denken als Benjamin Brittens »War Requiem« (op. 66, 1961), ein herbes, modernes Werk. Modern nicht nur im kompositionstechnischen Sinne, sondern auch darin, daß es das lähmende Entsetzen der Menschen nach dem Erlebnis zweier Weltkriege widerspiegelt. In diesem Werk vertont Britten neben dem Requiem-Text Gedichte von Wilfred Owen, der während des 1. Weltkrieges schonungslos das Grauen des Krieges schilderte und Anklage gegen alle kriegsführenden Seiten erhob (Owen selber fiel kurz vor dem Waffenstillstand). Das »War Requiem« kam am 30. Mai 1962 in der von deutschen Bomben zerstörten und dann wiederaufgebauten Kathedrale von Coventry zur Uraufführung. In diesem außergewöhnlichen Werk werden drei Ebenen deutlich voneinander unterschieden: Im Vordergrund singen zwei Soldaten, ein englischer und ein deutscher (bei der Uraufführung waren es Peter Pears und Dietrich Fischer-Dieskau), die eingefügten Texte Owens, begleitet von einem Kammerorchester; dahinter die Ausführenden der eigentlichen Totenmesse: der Sopran (gesungen von der Russin Galina Wischnewskaja), der volle Chor und das große Sinfonieorchester. Aus dem Hintergrund agiert zusammen mit der Orgel ein Knabenchor, dem jene Requiem-Texte anvertraut sind, die eher Hoffnung ausstrahlen.

Bezug auf konkretes Leiden und Sterben nimmt auch Krzysztof Pendereckis »Polnisches Requiem«: Das »Lacrimosa« entstand im Auftrag
der Gewerkschaft Solidarnosz zur Erinnerung an die Toten des Danziger
Arbeiteraufstandes, das »Agnus Dei« nach dem Tod eines Freundes; das
»Libera me« gemahnt an die Opfer des Massenmordes von Katyn und
das »Dies irae« an den Aufstand der Juden im Warschauer Ghetto. Beiden, Britten und Penderecki (und anderen), kommt das große Verdienst
zu, daß sie in ihren Requiem-Kompositionen nicht nur Tod und Tote
beklagen, sondern auch konkret die Helfershelfer des Todes anklagen!

KOMMENTAR

Introitus

| Requiem aeternam dona eis, Domine: | Ruhe, ewige, gib ihnen, Herr: |
| et lux perpetua luceat eis. | und Licht für immer leuchte ihnen. |

Das »Requiem aeternam ... luceat eis« ist der älteste Textteil des gesamten
Requiems. Es stammt aus dem im 1. Jahrhundert nach Christus verfaß-
ten, nicht kanonischen IV. Esra-Buch (wie auch das »Tuba mirum« aus
dem Dies irae).

»Ewige Ruhe« ist eine an keiner anderen Stelle der Bibel verwendete
Umschreibung für »ewiges Leben« (zugleich aber im engeren Wortsinn
auch dessen Gegenteil). Viel freilich weiß die Bibel von der Unruhe des
menschlichen Lebens zu sagen, so z.B. Hiob 14,1: »Der Mensch, von der
Frau geboren, lebt eine kurze Zeit und ist voll Unruhe«; daneben gilt die
Vorstellung einer von Gott gewährten Ruhe dem Volk Gottes, also Israel, in dem Sinne, daß es nach der 40jährigen Wüstenwanderung im
Lande Kanaan endlich »zur Ruhe kommen« möge, konkret: daß aus Nomaden Seßhafte werden sollen. Vermutlich wird diese Idee, die im
Hebräerbrief auf eine eigentümliche Weise christlich-kollektiv auf das
neue Gottesvolk bezogen wird (Hebr 4,9: »Es ist noch eine Ruhe vorhanden für das Volk Gottes. Denn wer zu Gottes Ruhe gekommen ist,
der ruht auch von seinen Werken so wie Gott von den seinen«), nun im
Requiem-Text individualisiert weitergegeben. Vielleicht hat dabei auch

ÜBERSETZUNG[6]

1. Introitus

Requiem aeternam dona eis,   Domine:
Ruhe,   ewige,   gib ihnen, Herr:

et   lux perpetua luceat eis.
und Licht für immer leuchte ihnen.

Te decet   hymnus,   Deus, in Sion,
Dir gebührt Lobgesang, Gott, in Zion,

et   tibi reddetur   votum in Jerusalem:
und dir erstattet man Gelübde in Jerusalem:

exaudi orationem* meam[7], ad te omnis caro   veniet.
erhöre mein Gebet*,   zu dir alles Fleisch kommt.

2. Kyrie

Kyrie eleison,   Christe   eleison,   Kyrie eleison!
Herr, erbarme dich, Christus, erbarme dich, Herr, erbarme dich!

3. Graduale

a) Requiem aeternam

Requiem aeternam dona eis,   Domine,
Ruhe,   ewige,   gib ihnen, Herr,

et   lux perpetua luceat eis.
und Licht für immer leuchte ihnen.

In memoria* aeterna**   erit   justus
Im ewigen** Gedenken* wird sein der Gerechte

.ab   auditione mala   non   timebit.
vom Verhör   Schlimmes nicht hat er zu befürchten.

b) Si ambulem (Ps 23,4)

Si   ambulem in medio   umbrae   mortis,
Ob auch ich wandelte   mitten im Schatten des Todes

non timebo   mala   quoniam tu mecum es, Domine
nicht fürchte ich Schlimmes, weil   du mit mir bist, Herr

      virga tua et   baculus tuus ipsa me consolata   sunt
dein Stecken und dein Stab   selbst   Tröster mir sind.

4. Tractus

a) Absolve Domine

Absolve,   Domine, animas omnium fidelium   defuntorum
Mache los, Herr, die Seelen aller   Gläubigen, die verstorben
                                                                    sind

ab omni vinculo   delictorum.
von jeder Fessel der Sünde.

Et   gratia   tua illis   succurente
Und indem Gnade von dir ihnen zu Hilfe kommt,

          mereantur   evadere   iudicium   ultionis.
seien sie gewürdigt zu entgehen dem Gericht der Strafe

Et   lucis aeternae** beatitudine*   perfrui.
und die   Seligkeit* ewigen Lichtes** zu genießen.

b) Sicut cervus (Ps 42,2-4)

Sicut   cervus desiderat ad   fontes   aquarum
Wie der Hirsch lechzt   nach den Quellen der Wasser

ita desiderat anima mea ad te, Deus.
so lechzt die Seele mein nach dir, Gott

sitivit   anima mea ad Deum   vivum
es dürstet die Seele mein nach Gott, dem lebendigen

Quando   veniam et apparebo
Wann werde ich gelangen und erscheinen

ante   faciem   Dei mei?
vor dem Angesicht meines Gottes?

Fuerunt   mihi   lacrimae meae panes die ac   nocte
Geworden sind mir meine Tränen zur   Speise Tag und Nacht

dum   dicitur mihi per singulos dies:
während man sagt zu mir   alle   Tage:

ubi est Deus* tuus?
Wo ist dein Gott*?

c) De profundis (Ps 130,1-4)

De   profundis clamavi   ad te,   Domine:
Aus der Tiefe   rufe ich   zu dir, Herr:

Domine, exaudi   vocem meam.
Herr,   erhöre die Stimme mein.

Fiant   aures tuae intendentes
Es seien deine Ohren   geneigt

in   orationem servi   tui.
zum Gebet des Knechtes dein.

Si   iniquitates   observaveris,   Domine:
Wenn bei Unrechtem du behaften würdest, Herr:

Domine, quis   sustinebit?
Herr,   wer würde bestehen?

Quia apud te propitiatio est,
Denn bei   dir Versöhnung ist,

et propter   legem tuam sustinui   te, Domine.
und wegen deines Gesetzes   vertraue ich   dir, Herr.

5. Sequenz

Dies   irae,   dies* illa,
Tag des Zornes, jener Tag*,

solvet   saeculum in favilla,
auflösen wird er das All   in Staub,

teste   David et   Sibylla.
wie bezeugt von David und Sibylla.

Quantus   tremor est futurus,
Welch ein Zittern wird es geben,

quando   judex est venturus,
wenn der Richter   erscheinen wird,

cuncta stricte discussurus!
alles   streng zu prüfen!

    Tuba   mirum spargens* sonum
Die Posaune wird wunderlichen   Laut erschallen* lassen

per   sepulcra regionum
über der Gräber   Reich

coget   omnes ante   thronum.
zwingen wird sie alle   vor den Richterthron.

    Mors   stupebit et   natura,
Der Tod wird erstarren und [auch] die Natur,

cum resurget   creatura
wenn auferstehen wird die Kreatur,

            judicanti   responsura.
um vor dem Richter sich zu verantworten.

    Liber scriptus   proferetur,
Ein Buch, beschrieben, wird man hervorholen,

in quo   totum continetur,
in welchem alles   steht,

unde   mundus   judicetur.
aus ihm die Welt wird gerichtet werden.

Judex* ergo cum   sedebit,
Wird   nun der Richter* [zu Gericht] sitzen,

quidquid   latet   apparebit
was auch immer im Verborgenen war: es wird ans Licht kommen:

nil   inultum   remanebit.
nichts wird unvergolten bleiben.

Quid sum   miser   tunc dicturus?
Was werde ich Elender dann sagen?

Quem   patronem   rogaturus,
welchen Anwalt werde ich erbitten,

cum   vix   justus sit securus?
wenn kaum der Gerechte sicher sein kann?

Rex   tremendae   majestatis,
König von erzittern-lassender Majestät,

qui   salvandos   salvas   gratis,
der du die zur Rettung Bestimmten errettest aus Gnade,

salva me,   fons   pietatis.
rette mich, Urquell der Milde.

Recordare, Jesu   pie,
Gedenke, Jesus in Milde,

quod   sum   causa   tuae   viae:
daß ich bin der Grund für deinen Weg [auf die Erde]:

ne   me   perdas   illa   die.
auf daß du mich nicht verderbest an jenem Tage.

Quaerens* me,   sedisti lassus:
Mich suchend*, hast du dich erschöpft:

        Redemisti   crucem passus:
[mich] zu erlösen, das Kreuz   hast du erlitten:

Tantus   labor non   sit cassus.
Solch große Mühe nicht sei vergeblich.

Juste   judex   ultionis,
Gerechter Anwalt der Vergeltung

donum fac   remissionis
schenke   Vergebung

ante   diem   rationis.
vor dem Tag der Abrechnung.

Ingemisco tamquam reus:
Ich seufze wie ein   Schuldiger:

Culpa   rubet   vultus* meus:
Schuld läßt schamrot werden mein Gesicht*:

     supplicanti   parce,   Deus.
dem sich Beugenden gewähre Schonung, Gott.

Qui   Mariam absolvisti,
Der du Maria   vergeben hast,

et   latronem exaudisti,
und den Schächer erhörtest,

mihi quoque spem   dedisti.
mir auch   Hoffnung hast du geschenkt.

Preces* meae   non sunt   dignae:
Meine Bitten* — nicht sind sie es wert:

sed tu bonus fac benigne,
aber du Guter, laß Güte walten,

ne   perenni   cremer   igne.
auf daß nicht für ewig ich brenne im Feuer.

Inter   oves   locum praesta,
Unter den Schafen einen Platz   weise mir zu,

et ab   hoedis me   sequestra,
und von den Böcken mich laß sein getrennt,

statuens in   parte   dextra.
stelle mich auf die Seite zu deiner Rechten.

Confutatis   maledictis
Wenn vergehen werden die Verdammten

     flammis   acribus   addictis,
die den Flammen, den verzehrenden, ausgesetzt werden,

     voca me cum benedictis.
[dann] rufe mich zu den Gesegneten.

   Ora supplex et acclinis,
Ich bitte unterwürfig und demütig,

     cor   contritum   quasi cinis:
mit einem Herzen, das sich in Reue zerknirscht wie Asche:

gere   curam mei finis.
Nimm dich hilfreich meines Endes an.

Lacrymosa dies* illa,
Tränenreich ist jener Tag*,

qua   resurget   ex   favilla
an welchem auferstehen wird aus dem Staube

judicandus   homo reus.
zum Gericht der Mensch als Schuldiger.

Huic ergo parce,   Deus:
Ihm doch gewähre Schonung, o Gott:

pie Jesu domine,
milder Jesus, o Herr,

dona eis requiem. Amen.
schenke ihnen Ruhe. Amen.

6. Offertorium

Domine Jesu Christe,   rex   gloriae,
Herr   Jesus Christus, König der Herrlichkeit,

libera   animas omnium fidelium   defunctorum
befreie die Seelen aller   Gläubigen, die verstorben sind,

de   poenis   infernis et de profundo   lacu:
von den Strafen der Hölle   und vom abgründigen See:

libera eos de   ore   leonis,
befreie sie aus dem Rachen des Löwen,

ne   absorbeat eas   tartarus,
auf daß nicht verschlinge sie die Unterwelt,

ne   cadant in   obscurum:
auf daß sie nicht fallen ins Dunkle:

sed signifer* sanctus Michael
sondern der Heilige Michael, der Bannerträger*,

repraesentet eas in lucem* sanctam,
geleite   sie in das heilige Licht*,

quam   olim   Abrahae   promisisti et semini* eius.
welches einst dem Abraham du versprochen und seinem Samen*.

Hostias   et   preces tibi, Domine, laudis   offerimus:
Opfergaben und Gebete dir, Herr,   zum Lob, bringen wir dar:

tu suscipe   pro   animabus illis,
du nimm sie auf für die Seelen   jener,

quarum hodie   memoriam facimus:
deren heute wir gedenken:

fac   eas, Domine, de   morte transire   ad   vitam,
gib, daß sie, Herr,   vom Tode hinübergehen zu dem Leben,

quam   olim   Abrahae   promisisti et semini* eius.
welches einst dem Abraham du versprochen und seinem Samen*.

7. Sanctus

Sanctus, sanctus, sanctus   Dominus, Deus Sabaoth.
Heilig, heilig,   heilig ist der Herr, der Gott Zebaoth.

Pleni sunt coeli   et   terra   gloria tua.
Voll sind Himmel und Erde des Ruhmes dein.

Hosanna in   excelsis.
Hosianna in der Höhe.

Benedictus   qui venit in nomine   Domini.
Gepriesen sei, der kommt im Namen des Herrn.

Hosanna in   excelsis.
Hosianna in der Höhe.

8. Agnus dei

Agnus dei,   qui   tollis   peccata   mundi:
Lamm Gottes, der du trägst die Sünden der Welt:

dona eis   requiem.
gib ihnen Ruhe.

Agnus dei,   qui   tollis   peccata   mundi:
Lamm Gottes, der du trägst die Sünden der Welt:

dona eis   requiem sempiternam.
gib ihnen Ruhe   auf ewig.

9. Communio

Lux* aeterna   luceat eis,   Domine:
Das ewige Licht* leuchte ihnen, Herr:

cum   sanctis tuis in aeternum, quia pius es.
mit den Heiligen dein in Ewigkeit, denn gütig bist du.

10. Responsorium

Libera me, Domine, de morte   aeterna,
Rette mich, Herr,   vom Tode, dem ewigen,

in die* ille   tremenda,
an jenem Tage* des Schreckens,

quando coeli movendi* sunt et terra**,
wenn   Himmel und Erde** ins Wanken* kommen,

Dum   veneris   judicare   saeculum per ignem.
wenn du kommen wirst zu richten das All   durch Feuer.

   Tremens factus sum ego et timeo,
In Zittern gerate   ich und Furcht,

dum   discussio venerit atque ventura ira.
wenn die Prüfung kommt und es naht der Zorn.

Dies   irae,   dies illa, calamitatis et   miseriae,
Ein Tag des Zorns ist jener Tag, des Unheils und des Elends,

dies   magna et   amara valde.
ein Tag so groß und so bitter gar.

Requiem aeternam dona eis,   Domine:
Ruhe,   ewige,   gib   ihnen, Herr:

et   lux   perpetua luceat   eis.
und Licht für immer leuchte ihnen.

11. Geleitwort am Grabe

In paradisum   deducant (te) angeli,
Ins Paradies mögen geleiten   (dich) die Engel,

in tuo   adventu   suscipiant te   martyres,
bei deiner Ankunft mögen empfangen dich die Märtyrer,

et   perducant te   in civitatem* sanctam Jerusalem.
und sie mögen führen   dich in die heilige Stadt* Jerusalem.

     Chorus   angelorem te   suscipiat,
Der Chor der Engel   dich nehme auf,

et cum Lazaro   quondam paupere
und mit Lazarus, dem damals   armen,

aeternam   habeas requiem.
ewig mögest du haben Ruhe.

das »Heilandswort« Mt 11,29 (unter Aufnahme von Jer 6,16) eine gewisse Rolle gespielt: »Kommt her, die ihr mühselig und beladen seid, ich will euch erquicken ..., so werdet ihr Ruhe finden für eure Seelen.« Beide Bibelstellen haben freilich zum ewigen Leben keinen expliziten Bezug.

Daß die eigentlich »unbiblische« Vorstellung von der »ewigen Ruhe« seit alters so beliebt und verbreitet war, könnte daran liegen, daß man mit diesem Begriff den Tod gleichsam »schönfärben« kann: Der Verstorbene hat jetzt »seine Ruhe«. Dem kommt das Bild vom Tod als Schlaf nahe, das zwar euphemistisch und schillernd sein mag, als Bild des »Übergangs« aber durchaus sinnvoll und hilfreich ist. Auch im Schlaf überlassen wir uns ja ganz anderen Mächten, dem Unbewußten, geben uns somit aus der Hand und wachen doch wieder unversehrt oder gar »wie neugeboren« auf. Unsere geistlichen Abendlieder wissen um dieses Mysterium des Schlafes: Der Schlaf ist wie ein »kleiner Tod« (darauf spielt der Choral »Komm, o Tod, du Schlafes Bruder« an, der titelgebend für den, auch verfilmten, Roman »Schlafes Bruder« von Robert Schneider war).

Das mehrdeutige Bild von der »ewigen Ruhe« wird im Introitus sogleich kontrapunktiert vom Bild des »ewigen Lichtes«. Wir denken dabei vielleicht unwillkürlich an die Lämpchen auf dem Friedhof an Allerseelen, zweifellos ziemlich schwache Lichtkörper, die aber als Zeichen auf eine mächtige, uralte Vorstellung hinweisen: Die erste Schöpfungstat Gottes war der Ruf: »Es werde Licht« (1. Mose 1,1-3). Paulus parallelisiert diesen Schöpfungsakt dann mit der Auferstehung: »Gott, der Tote lebendig macht und ruft dem, was nicht ist, daß es sei« (Röm 4,17). Nichts Geringeres als eine Neuschöpfung also stellt nach christlichem Glauben das ewige Leben dar!

Te decet hymnus, Deus, in Sion,	Dir gebührt Lobgesang, Gott, in Zion,
et tibi reddetur votum	und dir erstattet man Gelübde
in Jerusalem:	in Jerusalem:
exaudi orationem meam,	erhöre mein Gebet,
ad te omnis caro veniet.	zu dir alles Fleisch kommt.

Im Introitus des Requiems schließt sich an das Zitat aus IV. Esra ein leicht abgewandeltes Zitat des Psalms 65,1-6 an (»Gott, man lobt dich in der Stille zu Zion; und dir hält man Gelübde. Du erhörst Gebet; darum kommt alles Fleisch zu dir«), wobei das »in der Stille« assoziativ an »Ruhe« gebunden ist und möglicherweise der Grund für die Zusammenfügung der Textteile war.

Der Introitus wurde von früh an stets dem Psalter des Alten Testaments entnommen. Er dient dabei als alttestamentliche »Vorlage« bzw. »Vorläufer« für die Erfüllung der Heilsgeschichte Gottes »in Christus«. Daß dem alttestamentlichen Text damit auch oft Gewalt angetan wird, zeigt sich gerade in der Verwendung des Stichwortes »Stille«: Gemeint ist im Psalm die Stille (etwa das »stille Gebet«), in der man Gott lobt — und eben nicht die Todesruhe! Der gläubige Israelit fürchtet den Tod ja gerade als einen Zustand, in dem man Gott nicht mehr loben kann (»Die Toten werden dich, Herr, nicht loben, keiner, der hinunterfährt in die Stille«, Ps 115,17). Entsprechend meint auch das »zu dir kommt alles Fleisch« nicht etwa das Ende der Welt oder die »Auferstehung des Fleisches«, d.h. der irdischen Menschen, sondern die Bewegung des Gebetes, die Anrufung Gottes.

Kyrie

Kyrie eleison,	Herr, erbarme dich,
Christe eleison,	Christus, erbarme dich,
Kyrie eleison!	Herr erbarme dich!

Das dreimalige Kyrie nimmt auch im Requiem den in der Messe üblichen Platz nach dem Introitus ein. Das Kyrie-Gebet ist ein Gebet im Sinne einer Litanei, nicht eigentlich ein Gebetsruf nach einem Sündenbekenntnis, wie wir es im »Libera me« finden.

Nähere Ausführungen zum Kyrie-Text finden sich im Kapitel zur Messe.

Graduale

Requiem aeternam dona eis, Domine, et lux perpetua luceat eis.	Ruhe, ewige, gib ihnen, Herr, und Licht für immer leuchte ihnen.
In memoria aeterna erit justus ab auditione mala non timebit.	Im ewigen Gedenken wird sein der Gerechte vom Verhör Schlimmes nicht hat er zu befürchten.

Dieses Graduale ist aus zwei Textteilen von unterschiedlicher Herkunft zusammengesetzt: Der erste Teil (»Requiem ... luceat eis«) stammt aus

dem IV. Esra-Buch (Kap. 2,34f.). Wir sind diesem Text schon beim Introitus begegnet und können auf die dort gebotene Kommentierung verweisen.

Der zweite Teil (»In memoria ... timebit«) stammt aus Ps 112,6f. Liest
man einmal den ganzen Psalm 112, fällt auf, daß die Verse des Graduale
völlig aus dem Zusammenhang gerissen und umgedeutet worden sind:

*»Halleluja! Wohl dem, der den HERRN fürchtet, der große Freude hat
an seinen Geboten! Sein Geschlecht wird gewaltig sein im Lande; die
Kinder der Frommen werden gesegnet sein. Reichtum und Fülle wird in
ihrem Hause sein, und ihre Gerechtigkeit bleibt ewiglich. Den Frommen geht das Licht auf in der Finsternis von dem Gnädigen, Barmherzi-
gen und Gerechten. Wohl dem, der barmherzig ist und gerne leiht und
das Seine tut, wie es recht ist! Denn er wird ewiglich bleiben; der Gerechte wird nimmermehr vergessen. Vor schlimmer Kunde fürchtet er sich
nicht; sein Herz hofft unverzagt auf den HERRN. Sein Herz ist getrost
und fürchtet sich nicht, bis er auf seine Feinde herabsieht. Er streut aus
und gibt den Armen; seine Gerechtigkeit bleibt ewiglich. Seine Kraft
wird hoch in Ehren stehen. Der Gottlose wird's sehen, und es wird ihn
verdrießen; mit den Zähnen wird er knirschen und vergehen. Denn was
die Gottlosen wollen, das wird zunichte.«*

Im ursprünglichen Zusammenhang wird dem wohltätigen Frommen ein
ewiges Gedenken verheißen — ein Gedanke, der sich auf unzähligen Stif-
tungstafeln für Mäzene etc. niedergeschlagen hat, der freilich, wenn es
um das Geben im Verborgenen geht (vgl. Mt 6,4), mit der Wahrheit des
Sprichwortes »Undank ist der Welt Lohn« zu ringen hat. Im Zusammenhang des Requiem-Graduale aber werden den Psalmworten viel weiter
gehende Verheißungen unterlegt: Der Gerechte wird unvergessen bleiben — weil Gott ihn nicht vergessen wird! Eine Verheißung also, die sich
gegen die im »Dies irae« heraufbeschworene Vision des »(ne) cadant in
obscurum« (»daß sie [nicht] ins Vergessenwerden fallen«) wendet.

So wenig der im Graduale ausgesprochene Glaubensgedanke dem ori-
ginalen biblischen Kontext entstammt, so zentral ist er doch für die
christliche Vorstellung von Tod und Ewigkeit. Man wird sich deshalb
den etwas verwunderlichen Umgang mit dem Psalmzitat so erklären
müssen, daß eine zentrale Verheißung nicht mit den eigenen, sondern
mit den »heiligeren« Worten aus der Heiligen Schrift, möglichst einem
Psalm, ausgedrückt werden sollte. Sucht man im gesamten AT nach dieser Vorstellung des auf ewig nicht Vergessenwerdens, so stößt man zwar

auf vergleichbare Aussagen, aber diese beziehen sich zumeist auf das
Ganze des Volkes Israel. Das trifft für den Abrahamssegen (1. Mose 12,1-3)
zu, der ja im Requiem zweimal zitiert wird, und das gilt auch für das bekannte und beliebte Wort aus dem 2. Jesaja-Buch:

*»Zion spricht: Der Herr hat mich verlassen, der Herr hat meiner verges-
sen. Kann auch ein Weib ihres Kindleins vergessen, daß sie sich nicht erbarme über den Sohn ihres Leibes? Und ob sie seiner vergäße, so will
ich doch deiner nicht vergessen. Siehe, in die Hände habe ich dich ge-
zeichnet«* (Jes 49,15f.)

Neben der Einleitung macht die Fortsetzung des 16. Verses deutlich, daß
hier nicht ein Individuum spricht, sondern Zion, Jerusalem: »deine Mau-
ern sind immerdar vor mir«. Übrigens: Auch die Komponisten, die diese
berühmte Bibelstelle vertont haben, verzichteten auf den Vers 16b und
»individualisierten« damit die göttliche Verheißung, was ein weiterer Beleg dafür ist, wie sehr die Spannung zwischen persönlicher, individueller
Jenseitshoffnung und der Hoffnung auf eine »neue Welt« ein nicht nur
zwischen den Religionen, sondern auch innerhalb der christlichen
Eschatologie kontrovers diskutiertes Thema war und ist.

Ebenso unbekümmert wie bei der »Umwidmung« von Psalm 112,
Vers 6 geht der Graduale-Text mit dem sich anschließenden Vers 7 um:
Ist im Kontext des Psalmes ursprünglich die Gelassenheit des Gerechten
angesichts böser Gerüchte und häßlicher Verleumdungen gemeint, so
wird diese innere Ruhe im Graduale-Text auf das »Jüngste Gericht« bezogen, bei dem der Gerechte nichts »Schlimmes«, kein Verdammungsur-
teil zu befürchten hat (dieser »Auslegung« leistete freilich die mehrdeutige lateinische Übersetzung Vorschub: »Auditio« kann sowohl »Anhörung« im Sinne von Verhör, als auch »Gerücht« bedeuten).

So deutlich das Alte Testament von Gott als dem Richter, der »letzten
Instanz« für alle Menschen zu reden weiß, so deutlich sind doch all diese
ein endgültiges »Gericht« Gottes umschreibenden Texte auf Kollektive
bezogen, z.B. Ps 9,8f.: »Der Herr aber bleibet ewiglich; er hat seinen
Thron bereitet zum Gericht, er wird den Erdkreis richten mit Gerechtigkeit und die Völker, wie es recht ist.« Ist schon dieses »Weltgericht«
sehr konkret-politisch gefärbt, so meinen auch die den Einzelnen anspre-
chenden Prophezeiungen Gottes richterliches Eingreifen in ganz »dies-
seitigen« Angelegenheiten. Andererseits soll nicht bestritten werden, daß
alttestamentliche Äußerungen über Gottes Gericht (wie auch über den
»Tag Gottes«, den »Dies irae«) oft auch über irdische Wert- und Zeitvor-

stellungen hinausreichen und dann dem nahekommen, was im Graduale-Text als Aussage intendiert ist: Im ewigen Gericht wird der Gerechte keinen vernichtenden Richterspruch zu befürchten haben.

Si ambulem in medio	Ob auch ich wandelte mitten
umbrae mortis,	im Schatten des Todes,
non timebo mala	nicht fürchte ich Schlimmes,
quoniam tu mecum es, Domine,	weil du mit mir bist, Herr,
virga tua et baculus tuus	dein Stecken und dein Stab
ipsa me consolata sunt.	selbst Tröster mir sind.

Hier begegnen wir einem Zitat aus dem wohl bekanntesten aller Psalmen, dem Psalm 23 »Der Herr ist mein Hirte, mir wird nichts mangeln«. Wie oft mag er schon vertont, rezitiert und gebetet worden sein? Gewiß wurde er dabei öfter in Angst, Not und Schrecken als in einem Zustand unerschütterlichen Vertrauens und völliger Geborgenheit gebetet, wovon er ja eigentlich Zeugnis gibt. Aber das ist uns Menschen ja wohl eigen, daß wir dazu neigen, erst im Verlust zu erkennen, was wir zuvor besaßen und für selbstverständlich hielten.

Die Parallele dieses religiösen, auf Gott bezogenen Vertrauens zu dem, was moderne Tiefenpsychologie (z.B. E.H. Ericson) als »Urvertrauen« schildert und was in der Beziehung zwischen dem Kind und seiner Mutter als die gute Basis aller weiteren seelischen Entwicklung betrachtet wird, diese Parallele drängt sich angesichts der zahlreichen »oralen«, also auf die leibliche Versorgung des Kindes durch die Mutter bezogenen Bilder geradezu auf: »Er weidet mich auf einer grünen Aue« — »Du schenkest mir voll ein«. Während nun die ersten Verse in der dritten Person von Gott, dem Hirten sprechen, wechselt Vers 4 in die direkte Anrede Gottes über: »denn du bist bei mir«. Darf man das so deuten, daß Menschen im Zustand der Zufriedenheit (wenn überhaupt) eher an Gaben Gottes denken, aber in Not und Bedrohung nach ihm selber rufen? Der Gläubige des Psalm 23 jedenfalls verspricht sich und anderen von seinem Gott ja nicht eine ewige Idylle auf der grünen Weide, sondern daß dieser Gott auch mitgeht, wenn der Lebensweg durch das tiefe Tal der Tränen führt. Ja, der Gott des israelitischen Glaubens kann durchaus definiert werden als »der Gott, der mitgeht«. So hatte ihn Volk Israel beim Exodus aus Ägypten, auf dem Zug durch die Wüste und auf der Reise in das Gelobte Land erlebt und erfahren: Dieser Gott wendet nicht alles Negative und Schwere ab, er garantiert nicht permanenten Wohlstand und perfekte Sicherheit, aber er bleibt immer anwesend und beteiligt. So ist nun verständlich und sachlich völlig legitim, daß dieser Psalm(-vers) als Graduale in die Totenmesse gelangt ist. Man braucht nur statt »Exodus« »Exitus« zu denken bzw. zu sagen, und die Parallelen sind offensichtlich.

Die Wahl dieses Psalmverses für das Requiem hat darüber hinaus aber noch einen sprachlichen Grund: In der lateinischen Übersetzung wird das »finstere Tal« als »in medio umbrae mortis« bzw. in einer anderen Version als »in valle mortis« wiedergegeben, also als »mitten im Schatten des Todes« bzw. als »im Tal des Todes«. Das ist zwar eine sprachlich korrekte Übersetzung, aber im hebräischen Urtext ist mit »Tal des Todesschattens« ganz naturalistisch eine wirkliche düstere, gefährliche Talstrecke auf dem Weg gemeint und nicht in einem übertragenen Sinn das Sterben — zumal der ganze Psalm ja dankbar Glaubenserfahrungen erinnert, auf seine Todeserfahrung jedoch kann man nicht zurückblicken. Als Deutung des Urtextes vollzieht die lateinische Übersetzung aber etwas, was für Glaubenserfahrungen (wie für alle tiefen seelischen Erlebnisse) charakteristisch ist: Er greift auf vergangene Erfahrungen zurück mit der Hoffnung, daß sie sich auch im aktuellen bzw. noch vor uns liegenden Erleben bewähren mögen. In einem bekannten Gesangbuchlied (EKG 236, EG 329) wird das lapidar so ausgedrückt: »Er hilft, wie er geholfen« — übrigens ebenfalls im Blick auf das »letzte Stündlein«:

Hilf fernerweit, mein treuster Hort,
hilf mir zu allen Stunden.
Hilf mir an all und jedem Ort,
hilf mir durch Jesu Wunden.
Damit sag ich bis in den Tod:
durch Christi Blut hilft mir mein Gott;
er hilft, wie er geholfen.

Diese Choralstrophe macht wieder einmal deutlich, daß die christliche Psalmenrezeption den Psalm 23 gern mit Jesus, dem »guten Hirten«, in Zusammenhang brachte, der im Johannes-Evangelium mit den folgenden Worten vorgestellt wird: »Ich bin der gute Hirte. Der gute Hirte läßt sein Leben für die Schafe«. Man kann also durchaus behaupten: Der Glaube an Jesus und sein Sterben und Auferstehen ist eine Radikalisierung des jüdischen Glaubens an den Gott, der mitgeht, der dabeibleibt, wie es Psalm 23 beschreibt: Jesus geht für seine »Schafe« in den Tod, indem er mit ihnen in den Tod geht; und was immer »Auferstehung« sonst noch bedeutet: Sie will zum Ausdruck bringen, daß Gott bei Jesus ist und bleibt und Jesus bei Gott.

Tractus

Absolve, Domine,	Mache los, Herr,
animas omnium fidelium	die Seelen aller Gläubigen,
defunctorum	die verstorben sind
ab omni vinculo delictorum.	von jeder Fessel der Sünde.
Et gratia tua	Und indem Gnade von dir
illis succurente	ihnen zu Hilfe kommt,
mereantur evadere	seien sie gewürdigt
iudicium ultionis	zu entgehen dem Gericht der Strafe
et lucis aeternae	und die Seligkeit ewigen Lichtes
beatitudine perfrui.	zu genießen.

Schon ein oberflächlicher Blick auf die Wortwahl, Motive und Themen dieses Tractus-Textes läßt unzweifelhaft erkennen, daß wir hier einem nicht-biblischen Text begegnen, welcher deutlich erkennbar für den Anlaß kirchlichen Beerdigung geschaffen ist. Daher finden sich in diesem liturgischen Gebet all jene Grundanliegen exponiert, die im weiteren Verlauf der Totenmesse ausführlicher vorgetragen und behandelt werden, so daß dieses Gebet die Funktion und den Stil eines »Kollektengebetes« übernimmt (von dem bei Besprechung der »Messe« schon die Rede war). Da ist zunächst die Bitte um »Absolution« (»absolve, Domine«), in der die »Sünde«, von welcher Lossprechung erbeten wird, als eine »Fessel« beschrieben wird — ein Hinweis darauf, daß unvergebene Sünde eine »arme Seele« auf dem Weg in das ewige Leben »festhält«; dann aber auch die Bitte um Gnade, die den Gläubigen »zu Hilfe kommen« soll, worin sich ein Gnadenverständnis niederschlägt, das offenbar von einem Zusammenwirken von Gott und Mensch, eigener menschlicher Aktivität und göttlicher »Gabe« ausgeht (das »sola gratia«, »allein aus Gnade«, der Reformation hingegen weist allein Gott die aktive Rolle bei der »Rettung« zu).

Von »lux perpetua« (dem »ewigen Licht«) war schon im Introitus die Rede. Hier aber wird dieser abstrakte Begriff konkretisiert als Licht »ewiger Seligkeit«. »Seligkeit«, ein in den neutestamentlichen Schriften reichlich verwendetes Wort, ist im kirchlich-liturgischen Sprachgebrauch geradezu zum Inbegriff des ewigen Lebens geworden, hatte aber von Haus, d.h. in seiner hebräischen und griechischen Originalsprache, noch eine andere Bedeutung. Wenn man mit »selig« oder »Seligkeit« hebräische Wörter wie »ashre« (Ps 1,1) bzw. griechische wie »makarios« (Mt 5,3-10, die sogenannten »Seligpreisungen«) und »soteria« übersetzt, dann ist mit diesem deutschen Wort auch eine auf Erden zu empfangende Heilsgabe gemeint. Allerdings sind sich die biblischen Autoren, welche die genannten Begriffe schon für das »Leben vor dem Tode« verwenden, durchaus bewußt, daß die »irdische« Gottseligkeit gleichsam ein »Angeld«, eine »Vorstufe«, eine »erste Rate« dessen ist, was noch kommen wird. So schreibt Paulus: »Denn auf alle Gottesverheißungen ist in ihm (Christus) das Ja; ... Gott aber ist's, der uns festmacht ... in Christus und uns ... in unsere Herzen als Unterpfand (wörtlich: als Angeld) den Geist gegeben hat« (2. Kor 1,20-22) oder, noch klarer: »Wir sind zwar selig (wörtlich: gerettet), doch auf Hoffnung« (Röm 8,24).

Die sogenannten »Seligpreisungen Jesu« in der Bergpredigt (Mt 5) dürften, wenn man sie ins Aramäische, also in Jesu Muttersprache, zurückübersetzt, als aktuelle Heilszurufe zu verstehen sein: »Heil euch, die ihr ... denn ihr sollt ...«. (wenn man aber die Passivkonstruktionen der Nachsätze »denn sie sollen ... werden« bzw. »denn ihr sollt ... werden« ebenfalls ins Aramäische zurückübersetzt, muß man bedenken, daß Juden aus frommer Scheu den Gottesnamen nie aussprachen und als ein Mittel, dieses »Tabu« nicht zu verletzen, die Passivform des Verbums verwendeten: »denn sie sollen getröstet werden« statt »denn Gott wird sie trösten«). Nun besagen diese Verheißungen weder, daß die Adressaten aufgrund ihres derzeitigen Zustandes, Geschicks oder Verhaltens bereits »selig« sind, noch daß die Erfüllung der versprochenen Seligkeit erst »im Himmel« eintrete. Vielmehr dokumentiert sich in den Seligpreisungen der Anspruch Jesu, selber der Heilsbringer zu sein und durch sein Wort und seine Zuwendung den Leidtragenden, Hungernden usw. »Heil« und »Seligkeit« zu schenken. Zu dieser Überzeugung aber gehörte die Erwartung des nahen Endes bzw. des radikalen Neuanfanges, den Gott mit der Welt schon bald nach Jesu Tod machen werde — eine Hoffnung, welche die Jesusbewegung zu vielen enthusiastischen Äußerungen bewegte und die auch der Apostel Paulus noch teilte. Nach der Enttäuschung dieser sogenannten »Naherwartung« (des Reiches Gottes) mußte sich die Frage nach dem »Schon-jetzt« und dem »Noch-nicht« der »Seligkeit« neu und dringlicher als je zuvor stellen.

In unserem Requiem-Kontext erfaßt der Begriff »Seligkeit« (vor dem Hintergrund der griechischen Vorlage »makarios« und in der lateinischen Formulierung »beatus«) nun eindeutig etwas Jenseitiges. Auf die menschlichen Sehnsucht und Hoffnung auf vollkommenes, immerwährendes, unvergängliches Glück antwortet er: Ja, auf solches Glück darf gehofft werden! Glück und Seligkeit sind keine einander ausschließenden Hoffnungsgüter, Lust, Liebe, Harmonie, Freude, Schönheit, Fülle, wie sie auch diesseits des Grabes erlebbar oder wenigstens vorstellbar sind, müssen im Blick auf das ewige Leben nicht als nur-irdisch, im Grunde verwerflich und sündig abqualifiziert werden. Aber: Seligkeit ist Glück, das nicht als Gabe vom Geber, von Gott, losgelöst werden kann und darf. Erst und nur in der ungebrochenen Verbindung mit Gott dienen die Gaben des Glücks zur Verwirklichung der »Seligkeit«. Dazu zwei »irdische« Parallelen: die Redensart, daß »geteilte Freude doppelte Freude« sei, oder die Erfahrung tiefsten Glückes in der (geistigen oder erotischen) Vereinigung mit einem anderen Menschen. Noch einmal allgemeiner und abstrakter formuliert: Die Verwendung des Begriffes »Seligkeit« im Tractus-Text sperrt sich gegen eine rigoristische »Theologisierung« des menschlichen Strebens nach Glück ebenso wie einer eudämonistischen, hedonistischen Praxis von Religion als »Glücksbringer«.

Sicut cervus desiderat ad fontes aquarum ita desiderat anima mea ad te, Deus, sitivit anima mea ad Deum vivum.	Wie der Hirsch lechzt nach den Quellen der Wasser, so lechzt die Seele mein nach dir, Gott, es dürstet die Seele mein nach Gott, dem lebendigen.
Quando veniam et apparebo ante faciem Dei mei?	Wann werde ich gelangen und erscheinen vor dem Angesicht meines Gottes?
Fuerunt mihi lacrimae meae panes die ac nocte dum dicitur mihi per singulos dies: ubi est Deus tuus?	Geworden sind mir meine Tränen zur Speise Tag und Nacht, während man sagt zu mir alle Tage: Wo ist dein Gott?

Wer daran gewöhnt ist, biblische Texte mittels der sogenannten »historisch-kritischen Methode« — und das heißt ja vor allem: von ihrer ursprünglichen Bedeutung her — zu verstehen, der wird immer wieder erstaunt darüber sein, wie unbekümmert oft biblische Texte innerhalb der Liturgie verwendet und auch uminterpretiert wurden. Daß dies möglich war, hat nicht nur damit zu tun, daß die kritische Methode erst im 19. Jahrhundert entwickelt wurde. Auch frühere Theologen wußten bereits um die Zeitbedingtheit biblischer Aussagen, aber die Bibel galt ihnen in erster Linie als Buch unmittelbarer göttlicher Offenbarung, und so hatte auch jeder Text, jeder Satz etwas Zeitloses bzw. für alle Zeiten Zutreffendes, Aktuelles, Anwendbares.

Diese Spannung zwischen historisch ursprünglichem Sinn und späterer Interpretation prägt auch die Übernahme der Verse 2-4 des 42. Psalms in den Kontext des Requiems. Spricht im Psalm ein Mann, der aus Jerusalem verbannt[8] oder real daran gehindert wurde, den Tempel aufzusuchen und Gottesdienst zu feiern (möglicherweise gar ein Priester), der sich nun in Sehnsucht nach diesem konkreten »Kontakt« mit Gott verzehrt und in der Verbannung seelisch zu verschmachten droht — so muß man sich im Tractus-Psalm als Sprecher doch wohl einen dem Tode nahen (oder gar auf der »letzten Reise« befindlichen) Menschen vorstellen, den die Sehnsucht nach Gott schmerzlich umtreibt: »Wann werde ich dahin kommen, daß ich Gottes Angesicht schaue«. Während aber dem alttestamentlichen Frommen klar ist, daß niemand Gott wirklich von Angesicht schauen kann (man denke nur etwa an die Gottesbegegnung des Elia am Horeb), geht es im Neuen Testament um eine postmortale, eine eschatologische Erwartung: »Wir sehen jetzt durch einen Spiegel ein dunkles Bild; dann aber von Angesicht zu Angesicht« (1. Kor 13,12) oder »Wir wandeln im Glauben und nicht im Schauen« (2. Kor 5,7).

Für den alttestamentlichen Frommen war es ja keineswegs gleichgültig, ob er »im Kämmerlein« oder im Tempel betete, ob er an heiligem Ort weilte oder irgendwo in der Welt. Daher läßt sich die besondere religiöse Not des babylonischen Exils nur so verstehen, daß man vom ortsgebundenen Kultus, im Tempel zu Jerusalem, abgeschnitten war und keineswegs ohne weiteres darauf bauen konnte, auch auf fremdem, heidnischem Boden Gott begegnen und dienen zu können: »An den Wassern zu Babel saßen wir und weinten, wenn wir an Zion gedachten. Unsere Harfen hängten wir an die Weiden dort im Lande. Denn die uns gefangen hielten, hießen uns dort singen ... Wie könnten wir des Herrn Lied singen im fremden Lande?« (Ps 137,1-4). Die Erfahrung der Allgegenwart Gottes jedenfalls ist dem Psalmisten noch fremd (und ganz so unbekannt ist die von ihm beklagte Not auch heutigen Menschen nicht, die vielleicht ein Leben lang gern an den Gottesdiensten ihrer Gemeinde teilgenommen haben und nun durch Gebrechlichkeit oder Krankheit daran gehindert werden).

Wie anders dagegen die Seelenlage des Menschen, der im Zusammenhang des Requiems dieselben Worte spricht: Beklagt er, noch zu leben und deshalb vom »Schauen« des Herrn ausgeschlossen zu sein? Kann er es also kaum erwarten, zu Gott zu kommen? Sehnsucht nach Gott bedarf keiner Todesnähe, und mancher Mensch könnte sich, wenigstens zeitweilig, die Bitte des Liedes zu eigen machen: »Ich wollt, daß ich da-

heime wär und aller Welten Trost entbehr. Ich mein, daheim im Himmel-
reich, da ich Gott schaue ewiglich« (EKG 308,1-2, EG 517,1-2). Oder
wünscht er sich, daß die Qualen und Anfechtungen des Todeskampfes über-
wunden seien? Die letzte Einsamkeit eines jeden Menschen aktualisiert sich
in nichts so stark wie im Prozeß des Sterbens, und wie nicht nur bei Tieren
der Schrei nach Wasser der elementarste Hilferuf des ermatteten Leibes ist,
so ist der Schrei nach Gott zweifellos oft der allerletzte Schrei der Seele.

Oder beklagt der Psalmbeter die Gottverlassenheit gerade in und wegen seiner Todesnot? Nichts steht so gegen Gott und den Glauben an
Gott wie der Tod, den der Apostel Paulus Gottes »letzten Feind« nennt
(1. Kor 15,26); und derselbe Jesus, der in Gehorsam gegenüber seinem
göttlichen Auftrag freiwillig in den Tod geht, ruft doch in seiner letzten
Stunde: »Eli, Eli, lama asabtani« — »Mein Gott, mein Gott, warum hast
du mich verlassen?« (Mt 27,46, vgl. Ps 22,2). Man braucht auch gar nicht
hämische Feinde zu haben, die »täglich« sagen: »Wo ist nun dein Gott?«
— solche Stimmen kommen in der Tiefe von Leid, Not und Todesnähe
ganz von selber und aus einem selber.

Der Tractus-Text bricht mit dem 4. Vers des Psalms eigentümlich ab.
Der vollständige Psalm 42 hingegen, an den man Psalm 43 anzuhängen
hat, mündet in einen hoffnungsvollen Refrain: »Was betrübst du dich,
meine Seele, und bist so unruhig in mir? Harre auf Gott, denn ich werde
ihm noch danken, daß er meines Angesichts Hilfe und mein Gott ist«
(Ps 42,6 und 12 sowie 43,5). Aus der Sehnsucht nach Gott oder auch der
Erfahrung der Gottverlassenheit wird das Warten auf Gott, und als eine
gleichsam vorweggenommene gute Leidenserfahrung wird bezeugt, daß
aus »dem« Gott »mein« Gott geworden ist, oder, mit den Worten Hiobs:
»Ich hatte von dir nur vom Hörensagen vernommen; aber nun hat mein
Auge dich gesehen« (Hiob 42,5).

De profundis clamavi ad te, Domine: Domine, exaudi vocem meam.	Aus der Tiefe rufe ich zu dir, Herr: Herr, erhöre die Stimme mein.
Fiant aures tuae intendentes in orationem servi tui.	Es seien deine Ohren geneigt zum Gebet des Knechtes dein.
Si iniquitates observaveris, Domine: Domine, quis sustinebit?	Wenn bei Unrechtem du behaften würdest, Herr: Herr, wer würde bestehen?
Quia apud te propitiatio est, et propter legem tuam sustinui te, Domine.	Denn bei dir Vergebung ist, und wegen deines Gesetzes vertraue ich dir, Herr.

In diesem Teil des Tractus, der die ersten 4 Verse aus Psalm 130 aufgreift, wird das Thema Schuld und Vergebung angeschnitten, das innerhalb des Requiems eine zentrale Rolle spielt (wie bei der Deutung der Sequenz noch zu zeigen sein wird). Psalm 130 kann seinerseits als der exemplarische Bußpsalm bezeichnet werden, der eben deshalb als Grundlage des berühmten Luther-Liedes »Aus tiefer Not schrei ich zu dir« (EKG 195, EG 299, GL 163) diente.

»Aus der Tiefe« ruft der Beter, von dem wir sonst nichts Konkretes erfahren, zu Gott. Der originale hebräische Begriff meint die »Wassertiefen« (vgl. Jes 51,10, Hes 27,34, Ps 69,3.5), die ein Bild für die Abgeschiedenheit vom Lebensbereich und (hier treffen Requiem- und Urtextbedeutung einmal zusammen) somit Sinnbild des Totenreiches sind. Zugleich ist die Tiefe der Ort der Gottesferne und Gottverlassenheit. Schier unüberbrückbar erscheint dem Büßer die Kluft zwischen ihm, dem Sünder, und dem heiligen Gott, so daß diesen sogar auffordern muß, seine »Ohren zu neigen«.

Eine »confessio oris«, also ein ausgesprochenes Sündenbekenntnis freilich erfolgt überraschenderweise nicht, statt dessen folgt eine Verallgemeinerung: »Wenn du bei Unrecht behaften würdest, wer könnte bestehen?« Natürlich lautet die Antwort auf diese rhetorische Frage: »Niemand!« Dennoch klingt sie nicht so, als wolle sich der Beter hinter einem »wir sind doch alle Sünder« verstecken; eher bemüht er sich um ein indirektes Eingeständnis seiner Schuld. Darauf weist das lateinische Wort »observaveris« hin, das im hebräischen Urtext die Bedeutung von »anrechnen« hat. Man darf vermuten, daß hinter dem »Sünden Anrechnen« bzw. Nicht-Anrechnen nicht nur ein ganz direkt auf Gott bezogener Vorgang, sondern die Erfahrung eines indirekten kultischen Aktes steht: Der Priester, dem die Übertretungen »gebeichtet« wurden, spricht an Gottes statt den Sünder mit einem Vergebungswort von den Sünden los oder nicht los.

»Wer wird bestehen?« Es dürfte unter anderem diese Formulierung sein, welche die Verse aus Psalm 130 in besonderer Weise für das Requiem geeignet erscheinen lassen. Beim »Bestehen« geht es ja um »Leben oder Tod«, und im Kontext des Requiems heißt das: um »ewiges Leben« oder »ewigen Tod«. Diese elementare christliche Zusammenschau von Sünde und Tod basiert übrigens auf einer Aussage des Apostels Paulus, der in seinem Römerbrief schreibt: »Denn der Sünde Sold ist der Tod; die Gabe Gottes aber ist das ewige Leben in Christus Jesus, unserm Herrn.« (Röm 6,23)

Gottes Vergebung, die im nächsten Tractus-Vers erwähnt wird, ist also für jeden Menschen die Bedingung für das Eingehen in das ewige Leben und den Freispruch vom ewigen Tod. Doch ist dabei im Requiem-Kontext nicht an einzelne konkrete Verfehlungen, sondern an die ganze Schuld eines Lebens gedacht — der Tod macht endgültig, was ein Mensch getan und unterlassen hat.

Der lateinische Tractus-Text des Schlußsatzes weicht stark vom Urtext ab, den Luther mit »daß man dich fürchte« übersetzt. Dies läßt die Frage aufkommen, ob es denn wirklich der Sinn der Vergebung Gottes sein kann, daß man ihn fürchte. So kann es kaum gemeint sein. Es soll doch wohl eher betont werden, daß Vergebung keine »billige Gnade« (Bonhoeffer) ist, die jederzeit zu haben wäre, sondern daß sie die einzige und unverdiente Rettung vor dem verdienten Gericht des heiligen Gottes darstellt. Das legt auch die Fortsetzung des Psalmes nahe, die im Tractus zwar nicht mehr zu Wort kommt, aber doch wohl mitgedacht werden muß:

»Ich harre des Herrn, meine Seele harret, und ich hoffe auf sein Wort. Meine Seele wartet auf den Herrn mehr als die Wächter auf den Morgen; mehr als die Wächter auf den Morgen hoffe Israel auf den Herrn! Denn bei dem Herrn ist die Gnade und viel Erlösung bei ihm. Und er wird Israel erlösen aus allen seinen Sünden.«

Mit dem »Wort«, auf das der Büßer hofft, ist Gottes »Spruch« gemeint, und das Harren darauf ergibt nur dann Sinn, wenn offen ist, ob es ein Heilswort, ein Lösewort oder ein hartes Urteil sein wird. Und wenn »Nacht« ein Symbol für das Dunkel des Grabes und des Todes ist und »Morgen« für den »Morgenglanz der Ewigkeit« (vgl. EKG 349, EG 450, GL 668), dann ist endgültig klar, warum dieser Psalm in das Requiem aufgenommen wurde.

Sequenz

Die Sequenz »Dies irae« ist der umfangreichste und dominierende Teil innerhalb der Requiem-Kompositionen, nicht unbedingt aber auch im Zusammenhang einer vollständigen liturgischen Totenmesse mit Ordinarium und Proprium. Gleichwohl hat sie, gewiß nicht zuletzt durch ihre beeindruckenden Vertonungen, die Vorstellungen vom »Ende« am deutlichsten, und zwar eindeutig angstvoll, geprägt. Die ausgeprägte Gerichtsangst etwa der Menschen der Reformationszeit läßt sich angesichts dieser Texte, die ja bei jedem Totengedenken rezitiert wurden, gut nachvollziehen.

Dies irae, dies illa,	Tag des Zornes, jener Tag,
solvet saeculum in favilla,	auflösen wird er das All in Staub,
teste David et Sibylla.	wie bezeugt von David und Sibylla.
Quantus tremor est futurus,	Welch ein Zittern wird es geben,
quando judex est venturus,	wenn der Richter erscheinen wird,
cuncta stricte discussurus!	alles streng zu prüfen!

Eines muß heutigen Ohren sofort auffallen: Nach der einleitenden Bitte um ewige Ruhe für die Verstorbenen im Introitus wird in der Sequenz nicht etwa Klage über ihren Verlust laut. Des vergangenen irdischen Lebens wird mit keinem Wort als verlorenem Wert gedacht; nicht was hinter den Toten liegt, ist von Belang, sondern was ihnen bevorsteht. Deutlicher kann kaum zum Ausdruck gebracht werden, was über Jahrhunderte den christlichen Glauben und die christliche Frömmigkeit geprägt hat: Das irdische Leben ist lediglich ein Vorspiel für die Ewigkeit, eine Zeit der Pilgerschaft, der Prüfung und der Bewährung. Das Wichtigste kommt erst noch!

Aber nach dem Text des Requiems ist das Wichtigste nicht etwa der Himmel oder das Paradies, die ewige Seligkeit oder wie immer man all das positiv bezeichnen möchte, was heute Gegenstand christlicher Hoffnung ist. Es sind vielmehr biblische und außerbiblische Bilder des Weltunterganges, der allgemeinen Totenauferstehung, des Gerichts nach den Werken und des Gnadenurteils durch den Weltenrichter Christus, die zur Beschreibung der Zeit nach dem Tod herangezogen werden.

Dieser Tag Gottes, seines Gerichtes über sein Volk und die Völker, ist schon im Alten Testament bezeugt, so z.B. von dem Propheten Amos:

»Weh denen, die des Herrn Tag herbeiwünschen! Was soll er euch? Denn des Herrn Tag ist Finsternis und nicht Licht, gleichwie wenn jemand vor dem Löwen flieht und ein Bär begegnet ihm und er kommt in ein Haus und lehnt sich mit der Hand an die Wand, so sticht ihn eine Schlange. Ja, des Herrn Tag wird finster und nicht licht sein, dunkel und nicht hell.« (Am 5,18-20)

Die Sequenz führt jedoch nicht Amos, sondern David als Zeugen an und meint dabei vermutlich 2. Sam 22,5-16, wo Davids Vision des zürnenden Gottes beschrieben wird:

»Es hatten mich umfangen die Wogen des Todes, und die Fluten des Unheils erschreckten mich ... Die Erde bebte und wankte, die Grundfesten des Himmels bewegten sich und bebten, da er zornig war. Rauch stieg auf von seiner Nase und verzehrend Feuer aus seinem Munde, Flammen sprühten von ihm aus ... Er machte Finsternis ringsum zu seinem Zelt und schwarze, dicke Wolken. Aus dem Glanz vor ihm brach hervor flammendes Feuer. Der Herr donnerte vom Himmel, und der Höchste ließ seine Stimme erschallen. Er schoß seine Pfeile und streute sie aus, er sandte Blitze und jagte sie dahin.«

Darüber hinaus spielt der Sequenz-Text auf die »Sibylla« an: Die Oracula Sibyllina aus dem 2.-4. Jahrhundert n. Chr. sind eine apokryphe, jüdisch-christliche Sammlung von Orakelsprüchen, die das griechisch-römische Genre nachahmen und insbesondere Jenseitsgedanken darlegen.

So fremd uns der Gedanke eines zornigen, richtenden, die Welt vernichtenden Gottes sein mag, so sehr gilt es doch zwei Aspekte zu bedenken: Zum einen ist das Wissen um Gut und Böse eine elementare menschliche Fähigkeit, die zwar je nach Epoche und Kultur variieren kann, die aber existentiell bleibt. Dies hat — nach christlichem Verständnis — aber nur dann einen Sinn, wenn auch ein Richter oder ein »jüngstes Gericht« existiert, das gleichsam in letzter Instanz Schuld aufdeckt und verurteilt, denn: Nicht alle Schuld wird auf Erden gesühnt (auch wenn der alttestamentliche Gedanke der »Erbsünde«, d.h. der Weitergabe der Sünde der Väter an die Nachkommen bis in die dritte oder vierte Generation, die Linie der Verantwortung über das eigene Leben hinauszieht).

Zum anderen ist die Vorstellung, daß Himmel und Erde untergehen werden, eine im Zeitalter der Atombombe von niemandem mehr belächelte Vision, aber auch ein Symbol mit innerer Logik: Das ganz Neue setzt die Vernichtung des Alten voraus (dieser Gedanke lag übrigens vielen Tabula rasa-Lösungen menschlicher Erneuerungsbewegungen zugrunde — und mit ihm wurde so manche brutale »Säuberungsaktion« gerechtfertigt; und auch Science fiction-Romane setzen gerne voraus, daß nach einer wie immer gearteten Weltuntergangskatastrophe alle Menschen umkommen, bis auf die Romanhelden natürlich, die überleben und das ganz Neue beginnen — das meistens aber an einem Rückfall in alte Gewohnheiten scheitert).

Tuba mirum spargens	Die Posaune wird wunderlichen Laut
sonum	erschallen lassen
per sepulcra regionum	über der Gräber Reich,
coget omnes ante	zwingen wird sie alle vor den
thronum.	Richterthron.

Das Jüngste Gericht (»quando judex est futurus«), das dem Weltunter-
gang (»solvet saeculum in favilla«) folgt, setzt die allgemeine Totenauferstehung voraus. Sie wird mit dem »tuba mirum spargens sonum«
eingeleitet. Diese Gerichtsposaune wird auch von Paulus (»Denn es wird
die Posaune schallen, und die Toten werden auferstehen unverweslich,
und wir werden verwandelt werden«, 1. Kor 15,52) und in der sogenannten synoptischen Apokalypse bei Mt 24,31 erwähnt. Es handelt sich dabei aber nicht um eine der sieben Posaunen aus Offb 8,2, sondern wiederum um eine Vision aus IV. Esra 6,23: »Die Posaune wird mit Schall
ertönen; alle werden sie plötzlich hören und erschrecken.« In diesem
eher befremdlichen musikalischen Bild ist noch ein Anklang an die israelitische Landnahme, an den Heiligen Krieg und die Posaunen von Jeri-
cho enthalten, die im wahrsten Sinne des Wortes »erschütternd« wirkten
— und die gewiß nicht so schön klangen wie die Posaune in Mozarts
»Requiem«, eher schon wie der ergreifende Trompetenschall bei Berlioz
oder Verdi.

Mors stupebit et natura,	Der Tod wird erstarren und [auch] die Natur,
cum resurget creatura	wenn auferstehen wird die Kreatur,
judicanti responsura.	um vor dem Richter sich zu verantworten.
Liber scriptus proferetur,	Ein Buch, beschrieben, wird man hervorholen,
in quo totum continetur,	in welchem alles steht,
unde mundus judicetur.	aus ihm die Welt wird gerichtet werden.
Judex ergo cum sedebit,	Wird nun der Richter [zu Gericht] sitzen,
quidquid latet	was auch immer im Verborgenen war:
apparebit	es wird ans Licht kommen:
nil inultum remanebit.	nichts wird unvergolten bleiben.

Tod und Leben werden innehalten, zum Stillstand kommen und sich vor
dem Richter verantworten, der ein Buch hat, auf dessen Grundlage er
verurteilt oder freispricht. Diese Aussagen bedürfen kaum einer Erläute-
rung außer vielleicht der, daß neben dem Schrecken darüber, daß nichts

unvergolten bleiben wird, ja auch das Tröstliche seinen Platz hat, daß
nämlich im Gedächtnis Gottes nichts, auch keine Träne, verloren geht
und Gottes Maßstäbe sehr anders sein werden als die unseren (was Trost
und Schrecken zugleich erzeugen mag ...). Jesus meint in seinem Gleich-
nis vom großen Weltgericht diese Umkehrung der Werte, wenn er betont: »Was ihr getan habt einem unter diesen meinen geringsten Brü-
dern, das habt ihr mir getan« (Mt 25,40).

Quid sum miser tunc dicturus?	Was werde ich Elender dann sagen?
Quem patronem rogaturus,	Welchen Anwalt werde ich erbitten,
cum vix justus sit securus?	wenn kaum der Gerechte sicher sein kann?
Rex tremendae majestatis,	König von erzittern-lassender Majestät,
qui salvandos	der du die zur Rettung Bestimmten
salvas gratis,	errettest aus Gnade,
salva me, fons pietatis.	rette mich, Urquell der Milde.
Recordare, Jesu pie,	Gedenke, Jesus in Milde,
quod sum causa tuae viae:	daß ich bin der Grund für deinen Weg
	[auf die Erde]:
ne me perdas	auf daß du mich nicht verderbest an
illa die.	jenem Tage.
Quaerens me, sedisti lassus:	Mich suchend, hast du dich erschöpft:
Redemisti crucem	[mich] zu erlösen, das Kreuz
passus:	hast du erlitten:
Tantus labor non sit cassus.	Solch große Mühe nicht sei vergeblich.
Juste judex ultionis,	Gerechter Anwalt der Vergeltung
donum fac remissionis	schenke Vergebung
ante diem rationis.	vor dem Tag der Abrechnung.
Ingemisco tamquam reus:	Ich seufze wie ein Schuldiger:
Culpa rubet vultus meus:	Schuld läßt schamrot werden mein Gesicht:
supplicanti parce, Deus.	dem Sich-beugenden gewähre Schonung, Gott.
Qui Mariam absolvisti,	Der du Maria vergeben hast,
et latronem exaudisti,	und den Schächer erhörtest,
mihi quoque spem dedisti.	mir auch Hoffnung hast du geschenkt.
Preces meae non sunt dignae:	Meine Bitten — nicht sind sie es wert:
sed tu bonus fac benigne,	aber du Guter, laß Güte walten,
ne perenni cremer igne.	auf daß nicht für ewig ich brenne im Feuer.
Inter oves locum praesta,	Unter den Schafen einen Platz weise mir zu,
et ab hoedis me sequestra,	und von den Böcken mich laß sein getrennt,

statuens in parte dextra.	stelle mich auf die Seite zu deiner Rechten.
Confutatis maledictis flammis acribus addictis, voca me cum benedictis.	Wenn vergehen werden die Verdammten die den Flammen, den verzehrenden, ausgesetzt werden, [dann] rufe mich zu den Gesegneten.
Ora supplex et acclinis, cor contritum quasi cinis: gere curam mei finis.	Ich bitte unterwürfig und demütig, mit einem Herzen, das sich in Reue zerknirscht wie Asche: Nimm dich hilfreich meines Endes an.
Lacrymosa dies illa, qua resurget ex favilla judicandus homo reus.	Tränenreich ist jener Tag, an welchem auferstehen wird aus dem Staube zum Gericht der Mensch als Schuldiger.
Huic ergo parce, Deus: pie Jesu domine, dona eis requiem. Amen.	Ihm doch gewähre Schonung, o Gott: milder Jesus, o Herr, schenke ihnen Ruhe. Amen.

»Quid sum miser tunc dicturus? Quem patronum rogaturus?« Nun wird das Gericht nach den Werken des Menschen, das für jeden schrecklich ausgehen muß, kontrapunktiert durch die Rettung aus Gnade. Auch in den biblischen Schriften stehen diese beiden Vorstellungen vom Gericht »nach den Werken« und dem »Gnadenurteil« in unausgeglichener Spannung nebeneinander: Der Fürsprecher ist der Richter selbst, denn Gott hat Christus das Gericht übertragen, »Rex tremendae majestatis, qui salvandos salvas gratis«. Mit der Gnadenbotschaft vermischt sich jedoch die Prädestinationstheorie, eine seit dem Kirchenvater Augustinus (354-430) verbreitete theologische Lehre, nach der die Erwählung der Menschen zur Seligkeit oder zur Verdammnis vor aller Zeit beschlossen sei: Nicht alle Menschen werden gerettet, sondern nur die »salvandos«, d.h. die zur Rettung Vorherbestimmten. Und so bleibt das abschließende Urteil noch in der Schwebe — was zur erneuten Anrufung des gnädigen Jesus (»pie Jesu«) führt. Dessen Weg auf Erden hatte ja das Ziel, die Menschen nicht in Ewigkeit verderben zu lassen.

Auffällig ist die Ich-Form all dieser Sätze am Schluß der Sequenz. Man kann dies so verstehen, daß die Trauernden sich angesichts eines aktuellen Todes auf den Tod und das Gericht vorbereiten, sich darauf einstellen und sich dafür öffnen oder daß sie sich gleichsam mit dem Verstorbenen identifizieren und ihm noch einmal ihre Stimme des Bittens und Flehens leihen. Mit diesem Flehen werden implizit zwei Bedingungen des kirchlichen Bußsakramentes erfüllt: Die »confessio oris«, das ausgesprochene Sündenbekenntnis (»Ingemisco tanquam reus«), und die »contritio cordis«, die Reue (»culpa rubet vultus meus«). Zwei biblische Extremfälle für Gnade bzw. Absolution (die nach der ehrlichen Beichte erfolgt) werden sogleich angeführt: Die Prostituierte Maria (der »viel vergeben wurde«, vgl. Lk 7,47) und der reuige Sünder der letzten Stunde, der Schächer am Kreuz (»heute wirst du mit mir im Paradiese sein«, vgl. Lk 23,43) werden, so kann man es verstehen, sowohl Jesus als auch den stellvertretend Betenden in Erinnerung gerufen. Sie mögen selbst dem Hoffnungslosesten noch Hoffnung vermitteln: »mihi quoque spem dedisti«.

Das Bild von den Schafen und Böcken, aufgenommen im »confutatis maledictis«, hält aber beharrlich die Scheidung in Verdammte und Gerettete aufrecht und erzeugt so die in der Tat einzig mögliche Einstellung zum Jüngsten Gericht, nämlich die des demütigen Bittens (»supplicanti parce Deus — preces meae non sunt dignae ...«).

Wir sind heute davon überzeugt: Glaube läßt sich nicht durch Repression und Einschüchterung erzeugen oder mehren, auch wenn Kirchen und außerkirchliche Gruppen dies bis auf den heutigen Tag immer wieder versucht haben. Das Bestreben, mit Drohgebärden Macht über die Seelen auszuüben, hat dem christlichen Glauben sehr geschadet und ihm harte säkulare Kritik eingebracht. Man kann vor diesem Hintergrund gut verstehen, daß die »Entdeckung« des gnädigen Gottes für Luther und seine Zeitgenossen eine wahre Erlösung gewesen sein muß.

Eine andere Frage ist freilich, ob mit der Brandmarkung der Gerichtsangst der Glaube an eine letzte Instanz, an ein Jüngstes Gericht hinfällig werden muß oder werden darf. Viele Jahrhunderte lang war es doch eine Selbstverständlichkeit, daß sich jeder Mensch, gleich welchen Ranges, einmal vor seinem ewigen Richter verantworten muß. Welche Folgen hat es nun, wenn diese Gewißheit abhanden gekommen ist? Man mag mit Recht einwenden: Dieser Glaube hat aber schreckliche Untaten von Menschen und Mächten an Menschen nicht verhindert. Besonders schrecklich jedoch waren in der Geschichte jene Verbrechen, die daraus resultierten, daß Menschen sein wollten wie Gott. Die Bibel bezeichnet ja genau dies als die eigentliche Sünde. Wo der Mensch sein will wie Gott, da ist er sich auch selber letzte Instanz, akzeptiert keinen letzten Richter mehr. Schon manche Ideologien und darauf basierende politische Mächte haben entsetzliche Beispiele dafür geliefert, was geschehen kann, wenn Menschen sich selbst zu »Herren«- oder Supermenschen aufwerfen. Und so könnten auf dem Grabstein eines von uns selbst herbeigeführten Weltuntergangs die folgenden Worte stehen: »Jeder wollte nur das Beste — für sich selber.«

Offertorium

Die Kommentierung des Offertoriums ruft noch einmal besonders in Erinnerung, daß es sich bei dem »Requiem« um eine Meßliturgie (Abendmahlsliturgie) handelt. Das heißt, ganz elementar gesprochen, daß das
Sterben des Menschen in Zusammenhang gebracht wird mit dem Leiden
und Sterben Jesu Christi. Das Abendmahl deutet dieses Sterben ja immer
wieder im Sinne von »Für euch gestorben«. Im Offertorium klingt —
endlich, möchte man sagen — Hoffnung und Heil an. Der für die Menschen Gestorbene wird auch der sein, dem das Endgericht übertragen ist:
Jesus Christus, Richter und zugleich Retter!

Domine Jesu Christe,	Herr Jesus Christus,
rex gloriae,	König der Herrlichkeit,
libera animas omnium fidelium	befreie die Seelen aller Gläubigen,
defunctorum	die verstorben sind,
de poenis infernis	von den Strafen der Hölle
et de profundo lacu:	und vom abgründigen See:
libera eos de ore leonis,	befreie sie aus dem Rachen des Löwen,
ne absorbeat eas	auf daß nicht verschlinge sie die
tartarus,	Unterwelt,
ne cadant in obscurum:	auf daß sie nicht fallen ins Dunkle:
sed signifer sanctus Michael	sondern der Heilige Michael,
	der Bannerträger,
repraesentet eas	geleite sie
in lucem sanctam,	in das heilige Licht,
quam olim Abrahae promisisti	welches einst dem Abraham du
et semini eius.	versprochen und seinem Samen.

Das Offertorium, d.h. das Darbringungsgebet, steht ganz nahe an den
Wandlungsworten des Abendmahls und bittet: »Erlöse die Seelen aller
verstorbenen Gläubigen von den Höllenstrafen« (»de poenis infernis«)
und vom »See des Vergessens« (»profundo lacu«), also einerseits von den
»Durchgangsqualen«, andererseits von der »ewigen Vernichtung«, dem
»Untergang«.
    Das Thema »Hölle« ist für uns heute ja sehr negativ besetzt: »Hölle«
gilt als Inbegriff geistlicher Drohung und kirchlicher Machtausübung
durch Angstvermittlung. Man wird behaupten dürfen: Das Symbol
»Hölle« ist zum Klischee verkommen, wenn nicht gar zum Witzmotiv,
weil das echte, ursprüngliche Motiv nicht mehr verstanden und das Bild

nicht mehr als Bild wahrgenommen wird, bei dem es um Läuterung des Verstorbenen für die Ewigkeit geht, die verglichen wird mit der Läuterung des Goldes im Feuer (die an die »Zauberflöte« denken läßt). Dabei schmilzt das Vergängliche und Unreine dahin, das Ewige aber bleibt (vgl. 1. Kor 3,12-15). Besonders fragwürdig bzw. infragegestellt wurde das Bild von der Reformation, weil seinerzeit die Hölle bzw. das Fegefeuer, der Durchgang vom Tod zum ewigen Leben, sozusagen in kirchliche Regie übernommen worden war. Hier konnten Höllenstrafen erlassen oder auferlegt werden, hier halfen Ablaß, das Lesen von Seelenmessen oder auch nur Geld für deren Lesung, sich der Hölle zu entziehen, hier konnte Ausgleich durch den »Schatz der guten Werke«, besonders der Heiligen, geschaffen werden. Dieser »Tauschhandel« in Sachen Höllenstrafen muß freilich gut unterschieden werden vom Verfügen über das ewige Gericht, das sich die Kirchen nie angemaßt haben, auch wenn beides in der Praxis der Gläubigen immer wieder durcheinandergeraten ist.

Das, was mit »Hölle« umschrieben werden soll, ist aber weniger lächerlich als die vielen ironisch-witzigen zeitgenössischen Darstellungen. Es gehört zu den tiefsten Wesenszügen jeder Religion, ja des Menschlichen überhaupt, daß man an eine ausgleichende Gerechtigkeit, Klärung, eine Ent-Scheidung zwischen Gut und Böse, Glück und Unglück am Ende der Zeit glaubt. Man muß es schon als eine Bagatellisierung des Todes und der Ewigkeit bezeichnen, wenn in Jenseitsvorstellungen wie z.B. der von der Reinkarnation oder den sich auf Berichte von Grenzerfahrungen Reanimierter stützenden Jenseitserwartungen so etwas wie ein »Durchgang«, eine Läuterung, ein Gericht überhaupt nicht mehr vorkommen. Der Gedanke des Gerichts nach den Werken, d.h. eines Urteils aufgrund von Taten und Verhaltensweisen — statt der Rettung »allein aus Gnaden« (»sola gratia«) — steht, so glaube ich, jedem Menschen von Natur aus viel näher als das reformatorische »sola gratia«. Man stelle sich nur einmal vor, man begegnet etwa einem notorischen Schwerverbrecher oder seinem eigenen schlimmsten Feind im Himmel, und der hat nicht einmal eine gewisse Einsicht in die Schwere seiner Verbrechen gewonnen — und Einsichten können »höllisch« weh tun ...

Im Offertorium begegnen wir einer Anhäufung von Höllen-, Jenseits- und Ewigkeitsbildern verschiedener Herkunft: Aus dem »profundo lacu«, dem Fluß oder See mit dem Namen »Lethe« trinken nach griechischer Mythologie die Seelen der Verstorbenen das »Vergessen« (griech.: Lethe) und verlieren so ihre Vergangenheit, ihre Lebensgeschichte und ihre Individualität. Vor dem »ore leonis«, dem Rachen des Löwen, sollen sie gerettet werden: eine Vorstellung, die auf »Christi Leidenspsalm«, also den Psalm 22 (»Mein Gott, warum hast du mich verlassen«) verweist; dort heißt es im Vers 22: »Hilf mir aus dem Rachen des Löwen«. In der Bibel wird der Löwe — ganz anders als sonst in der Antike, wo er als positives Symbol für Stärke und Macht fungiert — fast immer als Inbegriff des tödlichen Schreckens, des unentrinnbaren Verderbens eingesetzt. Ein Beispiel dafür ist die bekannte Geschichte vom Propheten Daniel, der in die »Löwengrube« geworfen und daraus einzig durch Gottes Macht errettet wird. Eine letzte Steigerung erfährt das negative Löwenbild in 1. Petr 5,8, wo es heißt: »der Teufel geht umher wie ein brüllender Löwe und sucht, wen er verschlinge«. Tod und Teufel dürften im Requiem-Zitat vom »ore leonis« zusammengedacht worden sein.

Der »Tartarus« ist gemäß griechischer Mythologie der Abgrund, in den Zeus seine Feinde, besonders die Titanen, stürzte. Nach Homer war er so weit unter der Unterwelt wie der Himmel über der Erde. Später — und so auch in unserem Requiem-Zitat — wird vom Tartarus allgemein als dem tiefsten Teil der Unterwelt gesprochen. Der »Fall ins Dunkle«, ins Chaos ist eine Erinnerung an den der Schöpfung vorausgehenden »Engelsturz« (Offb 12,7), weshalb unmittelbar darauf der Erzengel Michael erwähnt wird, welcher seinerzeit Luzifer besiegt hat und nun den Verstorbenen »ins heilige Licht« hineinversetzt. Es folgt ein weiteres positives Bild, der Übergang vom Tod ins Leben: »de morte transire ad vitam, quam olim Abrahae promisisti«. Die hier zitierte Verheißung spielt auf 1. Mose 12,1-3 an:

»Und der HERR sprach zu Abram: Geh aus deinem Vaterland und von deiner Verwandtschaft und aus deines Vaters Hause in ein Land, das ich dir zeigen will. Und ich will dich zum großen Volk machen und will dich segnen und dir einen großen Namen machen, und du sollst ein Segen sein. Ich will segnen, die dich segnen, und verfluchen, die dich verfluchen; und in dir sollen gesegnet werden alle Geschlechter auf Erden.«

Freilich geht es dort um die typisch alttestamentliche Vorstellung vom ewigen Leben, nämlich viele Nachkommen zu haben — eine sehr verbreitete und plausible Ewigkeitshoffnung. In seinen Kindern weiterzuleben, das drückt bis heute eine vitale Hoffnung des Individuums über den Tod hinaus aus. Im Kontext des Requiems wird man freilich die Anspielung auf Abraham und das ihm versprochene »ewige Leben« noch etwas anders hören und deuten müssen: Nach christlichem Glauben hat sich diese Verheißung an Abraham, den »Vater des Glaubens«, im Abraham-Nachkommen Jesus Christus erfüllt — und Christus repräsentiert das ewige Leben als Leben in einer neuen Welt, im Reich Gottes.

Hostias et preces tibi,	Opfergaben und Gebete dir,
Domine, laudis offerimus:	Herr, zum Lob, bringen wir dar:
tu suscipe pro animabus illis,	du nimm sie auf für die Seelen jener,
quarum hodie memoriam facimus:	deren heute wir gedenken:
fac eas, Domine,	gib, daß sie, Herr,
de morte transire ad vitam,	vom Tode hinübergehen zu dem Leben,
quam olim Abrahae	welches einst dem Abraham
promisisti et semini eius.	du versprochen und seinem Samen.

Dies alles wird gebetet im Kontext des Abendmahls. Abendmahl bzw. Eucharistie aber heißt nach römisch-katholischem Glauben ja zweierlei: die Repräsentation des einmaligen blutigen Opfers Jesu Christi für alle Menschen zu deren Erlösung vom ewigen Tod — und die Präsentation des wiederholbaren unblutigen Opfers der Kirche durch den Priester (»hostias et preces tibi domine laudis offerimus«: wir bringen dar). Jesus hat zwar fast alles für das ewige Leben der »defuncti animae« getan, die Kirche kann dies aber in gewisser Weise ergänzen, sie kann für die Toten etwas tun. Und oft genug ist deshalb die ganze Totenmesse als »Etwas-für-den-Toten-Tun« bzw. »Etwas-für-ihn-Bezahlen« verstanden worden — eine durchaus verständliche Trauerreaktion! Daß hier gleichwohl Mißdeutung und Mißbrauch naheliegen, braucht kaum erwähnt zu werden. Immerhin hat nicht nur die Kirche, sondern auch mancher Komponist auf diese Weise gelegentlich Geld verdient!

Vom »Etwas-Tun« für das ewige Schicksal der Toten sollte freilich deutlich unterschieden werden die — früh bezeugte — Praxis des Totengedächtnisses (vgl. auch den Abendmahlstext) vor Gott in der versammelten Gemeinde.

Sanctus
(vgl. die Erläuterungen im Kapitel »Messe«)

Agnus Dei

Zum »Agnus Dei« soll im Zusammenhang des Requiems — über das Grundlegende hinaus, was innerhalb der Messe besprochen wurde — nur Folgendes ergänzt werden: Das Agnus Dei wurde früher vom Klerus und der Gemeinde gesungen, und zwar solange, bis alles Brot gebrochen war (in der griechischen Liturgie trug das erste gebrochene Stück Brot übrigens die Bezeichnung »Lamm«). Nach der Vereinfachung des Brotbrechens kam es zur Begrenzung auf die drei Anrufungen des Lammes. Solange der Gesang während des Brotbrechens ertönte, schloß das »Agnus Dei« stets litaneiartig mit »miserere nobis«. Nach dem Verschwinden des Brechungsritus wurde die 3. Bitte im Hinblick auf den sich anschließenden Friedenskuß unter den Teilnehmern in »dona nobis pacem« abgewandelt. Seit dem 10./11. Jahrhundert ist in Totenmessen an dieser Stelle das »Dona eis requiem (sempiternam)« bezeugt.

Communio

Lux aeterna luceat eis, Domine: cum sanctis tuis in aeternum, quia pius es.	Das ewige Licht leuchte ihnen, Herr: mit den Heiligen dein in Ewigkeit, denn gütig bist du.

Wir begegnen im letzten Teil des eigentlichen Requiems noch einmal den Anfangsworten, »Requiem aeternam ...« (im Responsorium) und »Lux aeterna ...« (in der Communio; daher war Süßmayr bei der Ergänzung des »Requiems« von Mozart auch gut beraten, an dieser Stelle auf die Vertonung des Anfangs zurückzugreifen).

Die »Communio« ist ein Teil des großen Abendmahlgebetes. In diesem Gebetsteil nach der Wandlung bzw. nach den Einsetzungsworten spielt das »Gedächtnis des Sterbens Jesu Christi« eine besondere Rolle: »Solches tut zu meinem Gedächtnis«, heißt es in den biblischen Einsetzungstexten. Möglicherweise ist aber auch gemeint: »Solches tut, damit Gott meiner gedenkt.« In diesen Zusammenhang wird das Gedächtnis der »defuncti« vor Gott gestellt. Die früher praktizierte namentliche Erwähnung von Verstorbenen an dieser Gebetsstelle war übrigens daran gebunden, daß sie nicht mit Kirchenstrafen belegt waren, sondern im kirchlichen Frieden hinübergingen. Offenbar haben sie — ähnlich wie die Märtyrer — schon sofort nach ihrem Tod an der ewigen Seligkeit teil. Diese Vorstellung würde sich natürlich mit der von der allgemeinen Totenauferstehung am »Jüngsten Tage« reiben — aber was besagen solche Zeitangaben für die »Ewigkeit«, also für einen Bereich jenseits der uns vertrauten Gesetze von Raum und Zeit?

Das Stück endet mit »quia pius es«. Die Mehrdeutigkeit des lateinischen Wortes »pius« bringt hier zum Ausdruck, daß die »Treue« Gottes in seiner »Güte« besteht: Darin ist Gott sich selber treu, daß er sich den Menschen barmherzig zuwendet.

Responsorium

Libera me, Domine,	Rette mich, Herr,
de morte aeterna,	vom Tode, dem ewigen,
in die ille tremenda,	an jenem Tage des Schreckens,
quando coeli movendi	wenn Himmel und Erde
sunt et terra,	ins Wanken kommen,
Dum veneris judicare saeculum	wenn du kommen wirst zu richten
per ignem.	das All durch Feuer.
Tremens factus sum ego et timeo,	In Zittern gerate ich und Furcht,
dum discussio venerit	wenn die Prüfung kommt
atque ventura ira.	und es naht der Zorn.
Dies irae, dies illa,	Ein Tag des Zorns ist jener Tag,
calamitatis et miseriae,	des Unheils und des Elends,
dies magna et amara valde.	ein Tag so groß und so bitter gar.
Requiem aeternam dona eis,	Ruhe, ewige, gib ihnen,
Domine:	Herr:
et lux perpetua luceat eis.	und Licht für immer leuchte ihnen.

Wie schon in den einleitenden Ausführungen zur Geschichte des Requiems erwähnt, folgt in einigen Vertonungen auf das Agnus Dei das »Responsorium«. Ursprünglich wurde damit ein »Kehrvers« (beispielsweise ein »gloria patri«) bezeichnet, mit dem die Gemeinde auf die (Psalm-)Verse des Vorsängers antwortete. Später wurde der Begriff erweitert und meinte einen (Psalm-)Gesang als »Antwort« etwa auf eine Schriftlesung.

Das Libera me der Totenmesse ist ein um Absolution bittendes Gebet, das auf die Befreiung vom Fegefeuer zielt. Der Text dieser Sequenz könnte von Thomas von Celano (gest. 1225) stammen bzw. wie der Dies irae-Text von ihm redigiert worden sein. Aufgrund der inhaltlichen Parallelität des Libera me mit dem Dies irae und der Tatsache, daß die Herkunft des Dies irae unbekannt ist, läßt sich vermuten, daß die Dies irae-Sequenz nichts weiter als eine Paraphrase des Libera me ist — weshalb an dieser Stelle auch nicht weiter auf den Text des Libera me eingegangen, sondern auf die Auslegungen zum Dies irae verwiesen werden soll.

Geleitwort am Grabe

Während des Auszuges aus der Kirche mit dem sich anschließenden
Gang zum Grab mit dem Sarg des Verstorbenen kann das »In paradisum« gesungen werden. Es entspricht liturgisch in etwa dem Schlußsatz
im Gottesdienst, dem Segensspruch »Geht hin in Frieden«, und man
könnte dieses Stück deshalb als »Aussegnung« bezeichnen. Daß die Ge-
leitworte zum Grab nur selten in Requiem-Kompositionen vertont wurden, hat seinen Grund darin, daß sie ja nicht mehr zur Totenmesse ge-
hörten und dort demnach auch nicht aufgeführt werden könnten. Andererseits soll durch die folgende Kommentierung deutlich werden, warum
das In paradisum von einigen Komponisten so geschätzt wurde und sie
sich über diese liturgische Schranke hinwegsetzten.

Nach den Schrecken des Dies irae bzw. des Libera me ist man über die
geradezu milden Worte und lichten Bilder des In paradisum erstaunt.
Hat der Verstorbene, wenn er aus der Kirche getragen wird, denn schon
alles »Schlimme« hinter sich? Drei Hinweise mögen diese absichtlich
naiv gestellte Frage beantworten.

Erstens: Mit dem, worum es im Requiem eigentlich geht, also mit dem
Tod und der Ewigkeit, endet unsere Raum-Zeit-Vorstellung und ihre Logik. Nach einem »Wann« und »Wo« des Lebens nach dem Tode zu fragen wäre daher sinnlos und absurd.

Zweitens: Die im In paradisum aufklingenden Jenseits-Verheißungen
sind selbstverständlich nicht die einzigen, die in einer Totenmesse ausgesprochen werden. Noch einmal muß daran erinnert werden, daß im musikalischen Requiem ausschließlich das Ordinarium dieser liturgischen
Messe vertont wird. Lesungen, Lieder, Gebete und Predigt können, je
nach Auswahl und Akzent, durchaus schon vor dem In paradisum lichte
Hoffnungsbilder des christlichen Glaubens in Worte fassen.

Drittens: Als Gegenreaktion auf die Angsterzeugung der Kirche mit
dem Thema »Tod und Ewigkeit« stehen wir heute in der Versuchung,
in ein anderes Extrem zu verfallen und nur noch vom »lieben« Gott und
in schönen Jenseitsbildern zu sprechen. Damit aber geben wir die Ambiva-
lenz preis, die seit eh und je dem Thema »Tod und Ewigkeit« bzw. den dazu gehörenden Symbolen eignete. Totgeschwiegene Angst — Angst vor
meiner Endlichkeit und Endgültigkeit, vor meiner Verantwortung für mein
Böses und Liebloses, vor meiner totalen Passivität im Sterben und Tod —
ist letztlich nur verdrängte Angst, die noch dazu an andere »Jenseitsagentu-
ren« ausgeliefert werden kann, die mir um so repressiver ihre »Deutungen«
aufdrücken mögen (wie es z.B. der Okkultismus zu tun pflegt).

Symbole der Hoffnung — sie stehen im Mittelpunkt des In paradisum. Dabei scheint mir erwähnenswert, daß es weder in der Bibel noch in der Liturgie eine einzige richtige bzw. rechtgläubige Ewigkeitshoffnung gibt. Und auch das »In paradisum« macht ungenierten Gebrauch vom Nebeneinanderstellen verschiedener Bilder.

In paradisum deducant	Ins Paradies mögen geleiten
(te) angeli	(dich) die Engel

Ein Bild für die Ewigkeit, das an den allerersten Anfang denken läßt: Adam und Eva im Paradies. Der Begriff und die Vorstellung vom »Paradies« stammen aber nicht ursprünglich aus dem alttestamentlichen Glauben, sondern sind iranisch-babylonischer Herkunft (das altiranische Wort »pairi-daeza« meint ebenso wie das babylonische »pardisu« einen umzäunten Park). Erst sekundär wurde der »Garten Eden« mit dem Paradies gleichgesetzt.

Natürlich schwingt in diesem Hoffnungsbild das mit, was für die Nomaden dieser Zeit der Himmel auf Erden gewesen sein muß: eine Oase in der Wüste, ein abgegrenzter, eingezäunter Bereich, in dem Wasser, Nahrung, Leben und Fruchtbarkeit in Fülle vorhanden sind, ohne daß man sich dafür »abrackern« muß. Das Leben — ein Geschenk. Der Mensch ist versorgt wie ein Kind an der Mutterbrust oder gar noch im Mutterleib, oder, mit Psalm 23 ausgedrückt: »Der Herr ist mein Hirte, mir wird nichts mangeln; er weidet mich auf einer grünen Aue und führet mich zum frischen Wasser«. Die — insbesondere leiblichen — Grundbedürfnisse des Menschen sind für immer gestillt, der Kampf ums Überleben zu Ende. Welch eine Verheißung für Menschen, denen, später im Text, der »arme« Lazarus (vgl. Lk 16,19-31) vorgestellt wird, weil sie selber arm sind! Auch daß die Engel die Menschen ins Paradies geleiten, dürfte der Lazarus-Geschichte entnommen sein; sie, die das »verlorene« Paradies umstellen und den Eingang dorthin auf Gottes Befehl versperren (vgl. 1. Mose 3,23ff.), sie allein können auch wieder ins Paradies führen. Übrigens ist in der Lazarus-Geschichte (siehe unten) vom »Paradies« im engeren Sinn nicht die Rede. Lazarus kommt nach seinem (Hunger-?) Tod »in Abrahams Schoß« — ein Beispiel dafür, wie die christliche Kirche auch in ihrer Liturgie den jüdischen Glauben nicht immer ganz legal beerbt hat ...

Hinter dem Hoffnungssymbol »Paradies« steht die Idee, daß das Ende wieder ganz an den Anfang führe (die »restitutio ad integrum«), in eine

Welt als die Natur, als die Schöpfung, wie sie eigentlich gedacht war und
somit kein Hoffnungsgespinst ausschließlich nach dem Muster »alles
ganz anders«, sondern Erfüllung dessen, worauf alles angelegt war.

in tuo adventu suscipiant	bei deiner Ankunft mögen empfangen
te martyres,	dich die Märtyrer,
et perducant te	und sie mögen führen dich
in civitatem sanctam Jerusalem.	in die heilige Stadt Jerusalem.

Mit einem Schlage sind wir weit vom Paradies entfernt: Die Welt — ein
Kampfplatz zwischen Gott und dem Teufel, zwischen den Mächten des
Lichtes und der Finsternis, ein Kampfplatz, auf dem Menschen zu Mär-
tyrern, zu Blutzeugen der Wahrheit wurden. Die Märtyrer sind nach
kirchlicher Lehre zum Lohn für ihr Opfer ohne Fegefeuer in den Himmel gekommen und können die Verstorbenen nun empfangen (man
muß dabei unwillkürlich an die übereinstimmenden Berichte klinisch
Toter und Wiederbelebter denken, die von einem freundlichen »Abge-
holtwerden« zu erzählen wissen).

Nicht ins Paradies aber führen die Märtyrer den Verstorbenen, sondern in die Heilige Stadt Jerusalem. Der Zusammenhang von »Märtyrer«
und »Jerusalem« ist natürlich nicht zufällig: Die Stadt ist das Symbol für
die societas, für das Zusammenleben der Menschen und die damit gege-
benen Auseinandersetzungen um Macht und Wahrheit und Liebe. Ein
Märtyrer in der »Natur« wäre eine unsinnige Vorstellung. Während man
in der Natur Hungers stirbt, stirbt man in der Stadt am Mitmenschen.
Auf der anderen Seite wäre eine Ewigkeitshoffnung auf eine »einsame Insel« (die »Insel der Seligen«) eine fragwürdige Hoffnung. Das neue Jerusalem steht daher für eine unter Gottes Liebe gelingende Mitmenschlichkeit, mit Offb 21 gesprochen:

»Und ich hörte eine große Stimme von dem Thron her, die sprach: Siehe
da, die Hütte Gottes bei den Menschen! Und er wird bei ihnen wohnen,
und sie werden sein Volk sein, und er selbst, Gott mit ihnen, wird ihr
Gott sein; und Gott wird abwischen alle Tränen von ihren Augen, und
der Tod wird nicht mehr sein, noch Leid noch Geschrei noch Schmerz
wird mehr sein; denn das Erste ist vergangen. Und der auf dem Thron
saß, sprach: Siehe, ich mache alles neu!
Und er führte mich hin im Geist auf einen großen und hohen Berg
und zeigte mir die heilige Stadt Jerusalem herniederkommen aus dem

Himmel von Gott, die hatte die Herrlichkeit Gottes; ihr Licht war gleich dem alleredelsten Stein, einen Jaspis, klar wie Kristall; sie hatte eine große und hohe Mauer und hatte zwölf Tore und auf den Toren zwölf Engel und Namen darauf geschrieben, nämlich die Namen der zwölf Stämme der Israeliten.«

Dem »Zurück zur Natur«, einem alten und immer neu wiederbelebten Traum der Menschheit, steht hier also bemerkenswerterweise einmal die Stadt als Hoffnungssymbol gegenüber: Jerusalem als das Gegenstück zu Babylon, und mit beiden Städten ein Stück Wirklichkeit, das uns heute mehr prägt als alles andere.

Chorus angelorem te suscipiat, et cum Lazaro quondam paupere aeternam habeas requiem.	Der Chor der Engel dich nehme auf, und mit Lazarus, dem damals armen, ewig mögest du haben Ruhe.

Wir betrachten ein »Geleitwort« — einen Gruß, einen Wunsch für die letzte Reise. Dazu gehört es, daß auch die »Ankunft« antizipiert wird: »te suscipiat«. Das Geleitwort nimmt dabei eine der auffällig wenigen neutestamentlichen Ausmalungen des »Jenseits« auf: die Lazarus-Geschichte.

»Es war aber ein reicher Mann, der kleidete sich in Purpur und kostbares Leinen und lebte alle Tage herrlich und in Freuden. Es war aber ein Armer mit Namen Lazarus, der lag vor seiner Tür voll von Geschwüren und begehrte, sich zu sättigen mit dem, was von des Reichen Tisch fiel; dazu kamen auch die Hunde und leckten seine Geschwüre. Es begab sich aber, daß der Arme starb, und er wurde von den Engeln getragen in Abrahams Schoß. Der Reiche aber starb auch und wurde begraben. Als er nun in der Hölle war, hob er seine Augen auf in seiner Qual und sah Abraham von ferne und Lazarus in seinem Schoß. Und er rief: Vater Abraham, erbarme dich meiner und sende Lazarus, damit er die Spitze seines Fingers ins Wasser tauche und mir die Zunge kühle; denn ich leide Pein in diesen Flammen. Abraham aber sprach: Gedenke, Sohn, daß du dein Gutes empfangen hast in deinem Leben, Lazarus dagegen hat Böses empfangen; nun wird er hier getröstet, und du wirst gepeinigt. Und überdies besteht zwischen uns und euch eine große Kluft, daß niemand, der von hier zu euch hinüber will, dorthin kommen kann und auch nie-

*mand von dort zu uns herüber. Da sprach er: So bitte ich dich, Vater,
daß du ihn sendest in meines Vaters Haus; denn ich habe noch fünf Brüder, die soll er warnen, damit sie nicht auch kommen an diesen Ort der
Qual. Abraham sprach: Sie haben Mose und die Propheten; die sollen sie
hören. Er aber sprach: Nein, Vater Abraham, sondern wenn einer von
den Toten zu ihnen ginge, so würden sie Buße tun. Er sprach zu ihm:
Hören sie Mose und die Propheten nicht, so werden sie sich auch nicht
überzeugen lassen, wenn jemand von den Toten auferstünde.«* (Lk
16,19ff.)

Im Munde Jesu ist diese Geschichte — neben einer Äußerung über das
Heiraten im Himmel (Mt 22,30) — die einzige derartige »Jenseits-
Schilderung«. Dazu ist jedoch einschränkend zu sagen, daß die eigentliche »Schilderung« des Jenseits, ja, das ganze Lazarus-Gleichnis keine ori-
ginäre Schöpfung Jesu ist. Jesus greift hier vielmehr einen sehr verbreiteten Erzählstoff auf, den das Judentum aus ägyptischen Überlieferungen
übernommen hatte. Lediglich die Pointe des Gleichnisses (Vers 27ff.)
dürfte eine authentische Aussage Jesu sein. Solche kritische Sicht dürfen
wir freilich für den Geleitwort-Text nicht voraussetzen. Hier wird ganz
gewiß Christus für die Bezeugung eines ewigen Lebens in Anspruch genommen — und so wie dieses dem Lazarus zuteil wurde, so darf es auch
für den jetzt gerade Verschiedenen erhofft werden. Auf die der ursprünglichen Lazarus-Geschichte innewohnende Pointe des gerechten Aus-
gleichs im Jenseits (auf Erden arm — im Himmel reich) dürfte dabei
nicht allzu viel Gewicht gelegt worden sein, und die Aufnahme »in
Abrahams Schoß« wird ganz unterschlagen.

Nicht Abraham, sondern der »chorus angelorum« empfängt »drüben«
den Verstorbenen. Man könnte auf den ersten Blick meinen, hier sei von
einer Aufnahme in den »Chor« die Rede. Muß folglich in der Ewigkeit
gesungen werden, und zwar laut EKG 238,6, EG 330,7 »viel tausend Hal-
lelujas«? Die Reaktion des »Bayern im Himmel« hat sich herumgespro-
chen — aber läßt sich denn auch Positives, Sinnvolles und vor allem
Schönes, Beglückendes über diese »Choraufnahme« ausdenken? Nun,
das lateinische Wort »chorus« meint zunächst einmal keineswegs das,
was wir mit einem »Chor« bezeichnen, nämlich eine Singgemeinschaft.
Man könnte diese Stelle durchaus auch übersetzen mit: »die Engelschar
nehme dich auf«. Andererseits glaubt man zu wissen: Engel singen! Sie
singen nicht nur, aber auch und viel! Doch woher kommt eigentlich diese Vorstellung, daß im Himmel gesungen wird und daß Himmelschöre
und Kirchenchöre die gleichen Melodien, Rhythmen und Tonarten an-

stimmen? Und überhaupt: Warum gerade zur Ehre Gottes singen und nicht etwas anderes tun? Chorsänger kennen gewiß das bekannte Gedicht von Martin Luther »Wer die Musik sich erkiest«, vielleicht in der Vertonung von Hugo Distler:

> »Wer die Musik sich erkiest,
> hat ein himmlisch Gut bekommen,
> denn ihr erster Ursprung ist
> von dem Himmel selbst genommen.
> Weil die Engel insgemein
> selbsten Musikanten sein.
>
> Wenn einst in der letzten Zeit
> alle Ding' wie Rauch vergehen,
> bleibet in der Ewigkeit
> doch die Musik noch bestehen.
> Weil die Engel insgemein
> selbsten Musikanten sein.«

Woher also stammen solche »Phantasien«? Nun, schon die griechischen Philosophen Pythagoras und Plato gaben sich Spekulationen über den Zusammenhang von Himmel und Erde hin, die später der Kirchenvater Augustinus quasi christlich umgetauft hat und von der nebst anderen »Musiktheologen« auch Martin Luther zu berichten wußte. Vereinfacht skizziert war man der Ansicht, daß die Urgesetze der Schöpfung, also die »harmonischen« Strukturen des Weltalls, die Gesetze der Musik (genauer: der musikalischen Harmonien), und die inneren Gesetze der Seele identisch seien und deshalb das »Zählen der Seele«, wie man das Musik-Erleben bisweilen charakterisiert hat, also das Nachvollziehen von Musik, direkt Anteil am Göttlichen, am Ewigen habe. Ja, Musik wird in dieser Vorstellung gar nicht von Menschen erfunden, sondern sie klingt geheimnisvoll in den ewigen Sphären des Alls und wird auf Erden nur nachgeschaffen. Darum ist Musik das einzige in der ganzen Schöpfung, das bleibt — sie ist der Vorschein des Ewigen. Das ist eine faszinierende Spekulation, aber kein moderner Wissenschaftler wird sie heute mehr bestätigen wollen. Freilich hat sie bis in unser Jahrhundert hinein eher indirekt viele Werturteile über »harmonische« und deshalb »schöne« Musik und insbesondere Kirchenmusik geprägt.[9]

Dennoch: Singen und Musizieren im Himmel — das ist ein Bild, das sich zur Darstellung und Konkretisierung der Ewigkeit besser eignet als z.B. Bilder malen oder Sport treiben (obwohl das mancher Leser anders sehen mag ...). Freilich, eines haben diese Tätigkeiten gemeinsam: Es geht ums Spielen. Arbeiten, Leistung bringen, Normen und Gebote erfüllen, Sich-Abrackern, um irgendwie gut dazustehen — das alles ist im Himmel passé. Nun eignet der Musik aber im Unterschied etwa zum Sporttreiben noch etwas anderes: Sie ist wohl das kreativste, geistvollste Spiel, und sie nimmt beinahe alles, was der Mensch ist und kann, zugleich in Anspruch: Leib, Seele, Geist, Sinne, Mitmenschlichkeit. Und da sie aus nichts Materiellem besteht, nichts Vorhandenes nachbildet und nur »da« ist, wenn sie erklingt, ahmt sie wie nichts anderes das Spiel Gottes nach, das Schöpfungsspiel. Das also könnte der Vergleichspunkt sein: Im Himmel werden wir mit Gott zusammen »Schöpfung spielen«. Keine Spur von Langeweile, eine musikalische Erfindung nach der anderen, eine schöner als die andere.

Nein, es ist hier und jetzt in keiner Weise vorstellbar, daß es einmal nichts mehr zu leisten, zu kritisieren, zu bezweifeln, zu betrauern, zu verschmerzen, zu vermissen, zu bekämpfen, zu besorgen, zu befürchten geben soll. Genau das aber ist gemeint mit dem »neuen Lied«, das gewiß nicht nur aus dem einen Wort »Halleluja« bestehen wird. Und doch — ist nicht auch schon hier und jetzt jedes von Herzen kommende Halleluja, es sei im Herzen gesummt oder im Gottesdienst gesungen, auch ein Stückchen »Himmel auf Erden«?

DEUTUNG UND BEDEUTUNG

Es dürfte außer Diskussion stehen, daß man die großen, berühmten Requiem-Kompositionen immer wieder aufführen wird, allein schon der herausragenden Musik wegen. Aber das schließt ja nicht aus, sich darüber Gedanken zu machen, welche Intentionen man mit solchen Aufführungen verbinden könnte — und welche nicht. Um mit dem eher Kritischen zu beginnen: Eine gottesdienstliche Verwendung des Requiems könnte ich mir für unsere Zeit nicht einmal mehr in einer katholischen Kirchengemeinde, geschweige denn in einer evangelischen vorstellen. Insbesondere der Text des Dies irae hat doch eine sehr düstere Bedeutungs-Spur hinterlassen. Und speziell für Protestanten dürften darüber hinaus weitere Aspekte des Requiem-Textes schwer nachvollziehbar sein: allgemein die überdeutliche Betonung der Heilsanstalt Kirche mit ihrer Macht über die Höllenstrafen einerseits und die Möglichkeit des kirchlichen Einwirkens auf das ewige Geschick einer »armen Seele« andererseits. Zwar wird die Deutung des Abendmahles als »Opfergabe der Kirche« heute auf beiden konfessionellen Seiten nicht mehr so eng und dogmatisch gesehen, das ändert aber nichts daran, daß die Eucharistie auch in unserer Zeit noch zu den kirchentrennenden Faktoren gehört. Würde man jedoch den Mittelpunkt der Totenmesse, eben das »Opfermahl«, aus der Feier herausnehmen bzw. uminterpretieren, bekämen die Schreckensvisionen des Jüngsten Gerichtes einen noch schärferen Akzent. Und tatsächlich spielt die integrale Aufführung einer vollständigen Requiem-Vertonung zum konkreten Anlaß einer Trauerfeier in der kirchenmusikalischen Realität und Praxis keine Rolle mehr.

Dem Kirchenkonzert mit einer Requiem-Komposition, etwa im »Trauermonat« November, läßt sich zweifellos einiges Positive und Sinnvolle abgewinnen. Man wird zwar nicht mehr pauschal behaupten können, daß das Thema »Sterben und Tod« in unserer Zeit, mehr als zu anderen Zeiten, tabu sei. Befaßt man sich aber genauer mit Büchern und Fernseh- oder Radiosendungen zum Thema, so wird man sehr bald etwas Eigenartiges feststellen: Es geht dabei fast ausschließlich um das Sterben, genauer: um den Vorgang des Sterbens. Unter den Fragestellungen »natürlicher« Tod, Sterbehilfe, Sterbephasen, Recht auf Sterben usw. wird eifrig und ernsthaft diskutiert. Eigentümlich ausgespart bleibt in der aktuellen Diskussion aber der Tod als Inbegriff menschlicher Vergänglichkeit und Endgültigkeit. Man könnte behaupten, die »klassischen« Mahnthemen des alten »Memento mori« (»Bedenke, daß du sterben mußt«) seien einem modernen »Memento modum moriendi« gewichen: »Bedenke (rechtzeitig), wie du zu sterben gedenkst!« Daß dabei der Sterbemodus fast zu einem Marktartikel gemacht, jedenfalls aber als eine in die eigene Regie zu nehmende Aktivität suggeriert wird, ist eines der problematischen Randphänomene des Umgangs mit diesem Thema.

All diesen Varianten der Todesverdrängung würde das Requiem Widerstand entgegensetzen, denn jede Aufführung eines Requiems ist ein — vielleicht notwendiger — Angriff auf unseren Unsterblichkeits- und Unschuldswahn. Und vielleicht mag, wo der Intellekt zurückweist, was er da verbal in Worten vernimmt, die Seele sich vermittels der musikalischen Botschaft doch für letzte Fragen öffnen, die ja auch bei uns nicht einfach »erledigt«, sondern eher verdrängt sind.

Selbst wenn man den konkreten Deutungen von Tod und Jenseits im Requiem-Text nicht zustimmen könnte — es begegnet uns hier doch unüberhörbar eine Deutung von Leben und Tod, die uns heute darin erschüttern könnte und sollte, daß wir in oft platter Oberflächlichkeit, in unreflektiertem Hedonismus und alles-verschlingendem Materialismus meinen, wir wüßten sehr wohl, was das Leben ist, lediglich der Tod sei die einzige unbekannte Größe, und daß es demnach vor allem darauf ankomme, »etwas vom Leben zu haben«. Ich behaupte, daß wir weder den Sinn des Todes noch den Sinn des Lebens kennen und beides für uns unverfügbar ist — es sei denn, wir suchten im Glauben Antworten. Der Requiem-Text repräsentiert nun eine mögliche Interpretation von Leben, Tod und Ewigkeit. Und auch wenn nicht nur Agnostiker, sondern auch Glaubende nicht alle seine Aussagen im einzelnen nachvollziehen können, in einem Punkt zumindest haben diese Textaussagen etwas ganz Entscheidendes zu verkünden: Der Mensch steht im Leben und im Sterben in Beziehung zu Gott (Röm 14,7-9: »Unser keiner lebt sich selber und keiner stirbt sich selber«). Und ich meine: Selbst zu dem furchtbaren Richtergott in Beziehung zu stehen ist noch besser als die tödliche Beziehungslosigkeit, zu der wir uns als moderne Menschen oft verdammt wähnen. Es ist nicht nur ein Wortspiel, sondern tiefe Wahrheit, wenn man die Frage nach einem etwaigen »Jenseits« in der einen Aussage zusammenfaßt: Gott ist mein Jenseits.

Natürlich vermitteln manche Requiem-Kompositionen auch einfach emotional Berührendes, Feierliches, Erschütterndes, Tröstliches, Erhebendes. Vielleicht darf man sogar behaupten: Jedes Erklingen eines Requiems ist so etwas wie eine Wiederholung dessen, was Orpheus tat, als er durch seinen Gesang die Mächte der Unterwelt bezauberte, um Eurydike vom Tod zu befreien: Musik gegen den Tod. Wenn der christliche Glaube sich an der Auferstehung Jesu Christi entzündet hat, so darf man füglich behaupten, daß die christliche Musik sozusagen mit »Ostern« beginnt und an und für sich so etwas wie ein Gegen-Satz zum Tod ist.

Aber: Wir denken über Requiem-Vertonungen nach und nicht über »Kuschelmusik« in der Umgebung von Tod und Trauer. Die Requiem-Komponisten haben sich etwas dabei gedacht, daß sie gerade diesen Text vertonten und keine andere Musik zum Thema Tod und Trauer schrieben — was natürlich auch geschah (vgl. u.a. Samuel Scheidts »Courante dolorosa«, John Dowlands »Lachrimae«, Wolfgang Amadeus Mozarts »Maurerische Trauermusik« KV 477, Franz Schuberts Streichquartett »Der Tod und das Mädchen«, Maurice Ravels »Pavane pour une Infante defunte«, Gustav Mahlers »Todtenfeier«, Alban Bergs Violinkonzert, Karl Amadeus Hartmanns »Concerto funebre« und »Versuch eines Requiems«/1. Sinfonie, Paul Hindemiths Trauermusik für Viola und

Streichorchester, Benjamin Brittens »Sinfonia da requiem« oder Witold Lutoslawskis Trauermusik für Streichorchester u.v.a.). Wer also ein Requiem aufführt, sollte deshalb grundsätzlich nicht hinter den Intentionen des Komponisten zurückbleiben.

MAGNIFICAT

GESCHICHTE

»Magnificat« — so lautet das erste Wort eines Textes, der in der Kirchenmusik eine ganz besondere Rolle spielt. Es ist ein bekannter Text aus dem Neuen Testament, er steht im Lukasevangelium, Kapitel 1, Vers 46-55. In der Luther-Bibel ist dieser Text überschrieben mit »Marias Lobgesang«, und er beginnt dort mit den Worten: »Meine Seele erhebt den Herrn, und mein Geist freut sich Gottes, meines Heilandes«. In der römischen Liturgie wird das Magnificat auch als »Canticum Beatae Mariae Virginis« bezeichnet. Sowohl in lateinischer als auch in deutscher Übersetzung sind diese Verse unzählige Male vertont worden. Warum aber haben ausgerechnet diese Worte solch eine immense kirchenmusikalische Bedeutung erlangt?

Zunächst mag dies darin begründet sein, daß es sich bei ihnen um eines der drei neutestamentlichen »Cantica« handelt. »Canticum« heißt »Lied«; auch die beiden anderen neutestamentlichen »Cantica« stammen aus den Anfangskapiteln des Lukasevangeliums: der Lobgesang des Zacharias, das sogenannte »Benedictus«, Lk 1,67-79, und das Gebet des greisen Simeon, das »Nunc dimittis«, Lk 2,29-30, die man durchaus auch als neutestamentliche »Psalmen« bezeichnen kann. Wer die alttestamentlichen Psalmen ein wenig kennt, wird beim Lesen dieser drei neutestamentlichen Cantica spontan merken: Das sind nach Form und Inhalt ganz analoge Gebilde. So wundert es nicht, daß das Magnificat schon recht früh Eingang in die gottesdienstliche Liturgie fand. Niemand weiß genau wann; fest steht nur, daß Benedikt von Nursia (geb. um 480, gest. nach 543), der Gründer des berühmten Benediktinerordens, in seiner »Regula Benedicti« ein »canticum de Evangelio« erwähnt.

In den Gottesdienstordnungen der orthodoxen Kirchen hat das Magnificat seinen festen Platz im Morgen- bzw. im Nachtgebet; im lateinischen Westen aber steht es seit alters an gewichtiger Stelle im abendlichen Stundengebet, d.h. in der Vesper. Die Reformation behielt nicht nur den Vespergottesdienst, sondern auch die Wertschätzung des Magnificat bei, so daß dieser liturgische Text auch »evangelischen Ohren« wohlvertraut ist, zumal er berühmten protestantischen Kirchenkomponisten Anlaß zu großartigen Vertonungen gab.

Mindestens ebenso stark dürfte aber zur Bekanntheit des Magnificat beigetragen haben, daß es ein Text aus der lukanischen Weihnachtsgeschichte ist: Es ist das Lied der schwangeren Maria, das sie anstimmt, als sie ihre Verwandte Elisabeth besucht und von ihr als »Mutter des Herrn« gepriesen wird. Nähme man die Aussagen des Magnificat ganz für sich, ohne den weihnachtlichen Kontext, würden sie freilich kaum erkennen lassen, daß hier Maria in Jubel ausbricht und warum sie es tut. Daß es aber ein Lied Marias ist — einer Frau, von der in der Bibel nur wenige Äußerungen überliefert sind —, hat im Zusammenhang der Marienverehrung eminent zur Wertschätzung dieser Worte beigetragen. Allerdings fiel diese konfessionell durchaus kontrovers aus: Während katholische Theologen lange Zeit die Aussage von Lk 1,48 (»quia respexit humilitatem ancillae suae«) als die spezifische und geradezu heilswirkende Tugend der Maria priesen, indem sie »humilitas« als »Demut« bzw. »Selbsterniedrigung« interpretierten, übersetzte und deutete Luther diese »humilitas« als gleichsam »objektive« Niedrigkeit, bezogen auf den niedrigen »Stand« dieser »Magd«, die Gott erwählt hat, weil er sich mit Jesus Christus in die »Niedrigkeit« begeben will. Das ist exegetisch treffender, denn das »tapeinosis« im griechischen Urtext meint, so argumentiert Luther, den Stand der Erniedrigung, das Erniedrigtsein, nicht die Selbsterniedrigung.

Während (Kirchen-) Männer jahrhundertelang meinten, über die Interpretation der Bibel allein befinden zu können, nehmen in unserer Zeit ganz zu Recht Frauen diesen Text in besonderer Weise für sich in Anspruch und betonen seine geradezu revolutionären Aussagen (etwa jenes »Er stößet die Gewaltigen vom Stuhl und erhöhet die Niedrigen«, was ja kaum anders als politisch verstanden werden kann) — Aussagen aus dem Munde einer Frau, und dies in einer Zeit, in der das Patriarchat noch selbstverständlich und nicht in Frage gestellt war und in der es Frauen ganz und gar nicht zukam, sich in Politik »einzumischen«!

Fassen wir den dreifachen »Sitz im Leben« des Magnificat-Textes noch einmal zusammen:
— In seinem ursprünglichen biblischen Zusammenhang ist das Magnificat ein Bestandteil der Weihnachtsgeschichte und hat von daher reichlich zu Vertonungen Anlaß gegeben.

— Als »Canticum Beatae Mariae Virginis« ist es, innerhalb seines engeren Kontextes des Besuches Marias bei Elisabeth, ein Evangelienle-
sungstext im Rahmen eines Marienfestes, nämlich der »Heimsuchung
Marias«.

— Als neutestamentlicher »Psalm« (canticum) schließlich ist dieser Text
in allen christlichen Kirchen ein wesentlicher Bestandteil der Liturgie, für die westlichen Kirchen insbesondere des Vespergottesdien-
stes.

VERTONUNGEN

Das zunächst einstimmige Magnificat begegnet von Anfang an in der
Form der Psalmodie, wobei eine der acht »Psalmtöne« genannten Melodien verwendet werden konnte. In verschiedenen Psalmtönen sind auch
die mehrstimmigen Vertonungen des Magnificat, die etwa ab dem 15.
Jahrhundert bezeugt sind, gehalten. Daher finden sich vor Magnificat-Vertonungen oft Hinweise auf den verwendeten Psalmton wie etwa
»Magnificat octavi toni«. Noch Johann Sebastian Bach läßt in allen seinen Magnificat-Kompositionen den neunten Psalmton erklingen.

Eine Eigenart der Magnificat-Vertonungen muß sich schon vor 1500
herauskristallisiert haben: Man setzte nur die geradzahligen Verse mehrstimmig, während die ungeraden Verse dem einstimmigen Choralgesang
überlassen blieben. Dadurch erhielt der 1. Vers »Magnificat anima mea
dominum« den Charakter einer Intonation, einstimmig gesungen, auf
die dann die Kantorei mehrstimmig antwortete »et exultavit spiritus
meus ...«. Daraus erklärt es sich, daß fast alle mehrstimmigen Vertonungen des Magnificat aus dem 16. Jahrhundert mit dem 2. Vers beginnen. Der versweise Wechsel zwischen Ein- und Mehrstimmigkeit wird
später in allerlei Variationen durchgeführt.

Zu den ältesten mehrstimmigen Vertonungen des Magnificat gehören
dreistimmige Kompositionen von Guillaume Dufay und John Dunstable
im Fauxbourdonsatz. Auch Josquin Desprez, Orlando di Lasso, Giovanni Pierluigi da Palestrina und viele Komponisten des 17. Jahrhunderts
haben wunderbare Werke hinterlassen, die sich entweder als Choralbear-
beitungen auf die liturgischen Psalmformeln stützen oder aber als »Parodien« auf mehrstimmige Madrigal- oder Motettenvorlagen. Aus der Fülle

von Vertonungen der Barockzeit seien die folgenden besonders bekannten Werke hervorgehoben: Claudio Monteverdis siebenstimmiges Magnificat mit konzertierenden Instrumenten aus der »Marienvesper«, bei dem die erste Verszeile, präziser gesagt: lediglich das Wort »magnificat«, wie eine Intonation einstimmig vorgetragen wird, worauf dann — das »Groß-Machen« sinnfällig werden lassend — der siebenstimmige Chor die vollständige Verszeile ertönen läßt. Durch den ganzen Satz hindurch erklingt stets aufs neue der 1. Psalmton Vers für Vers in verschiedenen Stimmen, wobei jeder Vers als eine in sich geschlossene Einheit konzipiert ist.

Heinrich Schütz hat den Magnificat-Text viermal vertont, dreimal den deutschen Text (SWV 344, solistisch-konzertierend; SWV 426, vierstimmig; SWV 494, für Doppelchor) und einmal den lateinischen (SWV 468, für drei Chöre und zwei Capellchöre ad libitum). Der 87jährige Schütz hat seinen — ausdrücklich von ihm selbst so bezeichneten — »Schwanengesang«, die mehrchörige Vertonung des 119. und 100. Psalmes, und damit auch sein musikalisches Leben mit einem Magnificat beschlossen. Martin Gregor-Dellin schreibt darüber:

»Endlich das Magnificat: Achtelschläge bei 'Er übet Gewalt', kräftige, drängende Tonschritte bei 'Er stößet — er stößet — die Gewaltigen vom Stuhl', eine Abwärtsbewegung bis zu einer Oktave, wenn der Sopran sich über 'die Niedrigen' beugt, und der Septimenakkord, der sich der 'Hungrigen' erbarmt. Von den fein abgestuften Tonart-Terrassen führen Reizakkorde und wegblendende Winkelschritte so oft in scheinbar unbegangenes Gelände, daß der Grad von Redundanz — vereinfachend gesagt: der Voraushörbarkeit —, könnte man ihn exakt ermitteln, beinah gleich Null wäre. Da gibt es keine Verlegenheits-Auflösungen, und nirgendwo wird mit der großen Terz abgekanzelt. Schließlich wendet sich nach einer kurzen, hörbaren Zäsur, die alle Ausführenden von selbst zu einer deutlichen Steigerung der Dynamik mahnen müßte, alles ins schlicht-großartige 'Ehre sei dem Vater', mit dessen 'venezianischer' Großflächigkeit und Farbenpracht der alte Schütz frischen Atems noch einmal in seine Jugend zurückgekehrt. Es ist, als reichten sich in diesen letzten Klängen Palestrina, Gabrieli und Monteverdi über seinem Haupt die Hände, eine andre Dreieinigkeit der Geister, während im Lob der Dreieinigkeit Gottes und dem großbogigen 'von Ewigkeit zu Ewigkeit' sich schon auf Seitenwegen das Amen vorbereitet: ein Amen, zu dem, fast unbemerkt, zuerst die Soprane hell und leicht vorauseilen und das sich dann zweimal, jeweils bei einem großen Atemschluß, wie ein Blick

durch Wolken mit Dur-Winken ankündigt — bis dann mit allen Stimmen weit oben, die ganze Kraft noch einmal in zwei Silben zusammengenommen, das letzte und endgültige Amen angesetzt wird. Wen dieses Amen nicht rührt, den rührt nichts mehr. Unter die letzte Zeile der zweiten Baßstimme setzte der Uralte mit zitternder Hand das Wort: FINIS.« (Heinrich Schütz. Sein Leben, sein Werk, seine Zeit, München 1984, S. 375ff.)

Erhabenheit und Würde strahlt Dietrich Buxtehudes Magnificat (dessen Authentizität allerdings in Frage gestellt wurde) aus, während viele andere Vertonungen dieser Zeit, so z.B. Tomaso Albinonis oder Antonio Vivaldis Magnificat in g-Moll, eher schlichte Fröhlichkeit vermitteln.

Johann Sebastian Bachs Magnificat (BWV 243 und 243a) gehört zweifellos zu den schönsten und tiefsten Schöpfungen über unseren Text. Zwischen die einzelnen Verse hat Bach bei der Erstfassung (BWV 243a) Liedstrophen eingefügt, ein Verfahren, das ursprünglich beim einstimmigen Gesang des Magnificat praktiziert wurde, im 17. Jahrhundert aber auch auf mehrstimmige Vertonungen übertragen wurde. Bach gab dieser Brauch Gelegenheit, sein Magnificat sozusagen überdeutlich der Weihnachtsbotschaft zuzuordnen, sind doch alle vier Einlagesätze inhaltlich klar auf Weihnachten bezogen, weshalb sich das Stück auch besonders gut als weihnachtliches Konzert eignet.

Man müßte Zeile für Zeile kommentieren, um dem Reichtum dieses Werkes gerecht zu werden. Stellvertretend für so viele andere ergreifende Textausdeutungen soll hier das Duett »Et misericordia« erwähnt werden: Zusammen mit gedämpften Streichinstrumenten und zwei Querflöten wird im wiegenden Siziliano-Rhythmus ein Klangbild von Gottes Barmherzigkeit, ja Weichheit, gemalt. Wie Faustschläge mit ausgerecktem Arm ertönen dagegen die Worte »fecit potentiam in bracchio suo«, Schläge, die die »superbos«, die Stolzen, zerstreuen, vereinzeln, auf sich selbst zurückwerfen: Jede der vier Chorstimmen muß das »dispersit« ohne die anderen, also »vereinzelt« singen.

Ein ganz besonders reizvoller Vergleich ergibt sich, wenn man das Magnificat des Vaters neben das des ältesten Sohnes Carl Philipp Emanuel (Wq 215) stellt. Neben vielen Parallelen, die den Respekt des Sohnes für den Vater bezeugen, gibt es auch deutlich kontrastierende Herangehensweisen: Im »Suscepit Israel« bringt der Vater in seiner Vertonung überdeutlich die Treue Gottes in der Heilsgeschichte zum Ausdruck, während der Sohn es sich nicht nehmen läßt, die im Wort »misericordias« enthaltene Gemütsregung auszudeuten. Carl Philipp Emanuel

Bachs Magnificat ist wahrlich eine meisterhafte Komposition, die es verdiente, häufiger zu Gehör gebracht zu werden.

Erwähnt sei schließlich noch, daß Johann Sebastian Bach mit seiner Kantate BWV 10 zum Fest Mariae Heimsuchung auch ein deutsches Magnificat geschaffen hat, das im 5. Satz wie auch in BWV 243 die alte gregorianische Melodie des Magnificat verwendet.

Selbstverständlich enthält jede Vertonung der Vespergottesdienst-Liturgie ein Magnificat, weshalb von Wolfgang Amadeus Mozart mehrere Magnificat-Kompositionen überliefert sind, unter denen diejenige aus KV 339 (»Vesperae solennes de confessore«) wohl die bedeutendste sein dürfte.

Schon seit dem Ende des 18. Jahrhunderts ging die Zahl der Magnificat-Kompositionen zurück. Allgemein bekannt sind noch Felix Mendelssohn Bartholdys deutsche Textfassung in op. 69,3 für Doppelchor, Hugo Distlers Magnificat für Solosopran und Chor, in dem der Chor eine Strophe aus den Choralvariationen über »Es ist ein Ros' entsprungen« singt (»Wir bitten dich von Herzen«) und das Magnificat so in seine »Weihnachtsgeschichte« eingebettet wird, oder Ralph Vaughan-Williams' leicht »süßliches« Magnificat, das mit Krzysztof Pendereckis und Goffredo Petrassis eher zeitgemäßen Werken wenig gemein hat.

KOMMENTAR

Form, Herkunft, Kontext

Jedem Bibelleser und jedem Musiker wird der Magnificat-Text seiner Form nach bekannt vorkommen: Er ist ganz wie die alttestamentlichen Psalmen gestaltet. Die Gattung »Psalmen« hat ja nicht mit den uns bekannten Psalmen 1-150 aufgehört zu existieren, sondern sie ist vielfach fortgesetzt worden — bis in die neutestamentliche Zeit hinein. Das beweisen z.B. die erst 1947 entdeckten und aus der Zeit zwischen dem 2. Jahrhundert vor Christus bis in das 1. Jahrhundert nach Christus stammenden Qumran-Texte, unter denen sich ebenfalls psalmenartige Loblieder befinden. Das Magnificat ist also ein neutestamentlicher Psalm, was zweierlei bedeutet: Erstens ist dieser Text damit von vornherein als ein zu singender gedacht, und zweitens schließt sich deshalb

ÜBERSETZUNG

Magnificat   anima mea   dominum;
Groß macht die Seele   mein den Herrn;

et   exultavit   spiritus meus* in deo, salutari   meo.
und es freut sich mein* Geist   an Gott, dem Retter mein.

Quia respexit   humilitatem ancillae* suae:
Denn angesehen hat er die Niedrigkeit seiner Magd*:

ecce enim ex hoc   beatam me   dicent omnes
                                                   generationes
siehe doch, von nun an selig   mich werden preisen alle
                                                   Generationen,

quia fecit   mihi   magna,
denn getan hat er an mir Großes,

qui potens est et   sanctum   nomen eius,
der mächtig ist und heilig der Name   sein,

et   misericordia eius*   a   progenie
und seine* Barmherzigkeit [waltet] von Geschlecht

in progenies   timentibus eum*.
zu Geschlecht über die ihn* Fürchtenden.

Fecit   potentiam in   bracchio suo,
Ausgeübt hat er Macht   mit dem Arme   sein,

dispersit   superbos   mente   cordis sui*.
zerstreut hat er die, die stolz sind in den Gedanken ihrer* Herzen.

Deposuit   potentes de   sede
Gestürzt hat er die Mächtigen vom Stuhl

et   exaltavit   humiles.
und erhoben die Niedrigen.

Esurientes   implevit   bonis
Hungernde hat er gefüllt mit Gütern

et   divites dimisit   inanes.
und die Reichen ausgehen lassen leer.

Suscepit   Israel, puerum* suum,
Gestützt hat er Israel, seinen Knecht*,

recordatus   misericordiae suae*,
eingedenk seiner* Barmherzigkeit,

sicut   locutus est ad   patres nostros*
wie er verheißen hat unseren* Vorvätern

Abraham et   semini eius*   in saecula.
Abraham und seinem* Samen für alle Zeit.

Gloria   patri et   filio   et   spiritui* sancto.
Ehre dem Vater und dem Sohne und dem Heiligen Geist*.

Sicut erat in principio et nunc et semper
Wie es war im Anfang   so jetzt und immerdar

et   in   saecula   saeculorum
und bis in die Zeitalter der Zeitalter [d.h. in alle Ewigkeit]

Amen.
Amen.

im liturgischen Gebrauch wie an die alttestamentlichen Psalmtexte auch an ihn ein »Gloria Patri« an.

Ein besonders auffallendes Merkmal von Psalmen ist der sogenannte synonyme Parallelismus membrorum (inhaltlich gleichlautende Doppelaussagen), von dem man behaupten könnte, er sei das Äquivalent zu dem, was wir als Klangreim kennen:

> *Meine Seele erhebt den Herrn*
> *und mein Geist freut sich Gottes.*

Ganz ähnlich klingt Psalm 103:

> *Lobe den Herrn, meine Seele,*
> *und was in mir ist, seinen heiligen Namen!*

Dieses Grundschema kann dann reichlich variiert werden, z.B. durch Verwendung des Gegenteils zum ersten Versteil im zweiten (antithetischer Parallelismus membrorum):

> *Die Hungrigen füllt er mit Gütern*
> *und läßt die Reichen leer ausgehen.*

Auch das ist uns aus anderen Psalmen bekannt, z.B. aus Ps 1,6:

> *Denn der Herr kennt den Weg der Gerechten,*
> *aber der Gottlosen Weg vergeht.*

Typisch ist sodann die Gliederung dieses Dankpsalmes:
a) Vers 46-47: Lobpreis: »Meine Seele erhebt den Herrn«.
b) Vers 48-50: Begründung des Lobes aus einer individuellen Erfahrung heraus: »denn er hat die Niedrigkeit seiner Magd angesehen«.
c) Vers 51-55: Einbettung dieser Erfahrung in die vorgegebene Glaubenstradition: »Er übt Gewalt mit seinem Arm ... er gedenkt der Barmherzigkeit ... wie er geredet hat zu unseren Vätern«.

Wieder ziehen wir den Vergleich zu Psalm 103, um zu demonstrieren, wie sehr das Magnificat anderen alttestamentlichen Psalmen nach Form und Inhalt verwandt ist (vgl. auch Psalm 111):
a) »Lobe den Herrn, meine Seele«
b) »der dir alle deine Sünde vergibt (vergeben hat) und heilet alle deine Gebrechen (geheilt hat)«

c) »Der Herrn schafft Gerechtigkeit und Recht / allen, die Unrecht leiden. Er hat seine Wege Mose wissen lassen, / die Kinder Israel sein Tun«

Aus diesem dreiteiligen Schema fällt im Magnificat deutlich Vers 48b heraus: »Siehe, von nun an werden mich selig preisen alle Kindeskinder.« Während die anderen Verse zurückblicken, wird hier ein Ausblick auf das zukünftige Schicksal Marias gegeben. Man geht deshalb davon aus, daß mit Vers 48b eine Parenthese, ein Einschub vorliegt, mit dem Lukas den Magnificat-Text, der kein ursprünglicher Bestandteil der Erzählung von der Begegnung Marias mit Elisabeth war, noch enger an diesen Kontext anbinden wollte.

Einig ist sich die Wissenschaft darüber, daß der Magnificat-Text weder von Lukas selber gedichtet noch von Maria in der beschriebenen Situation gesungen wurde, da er die späteren Ereignisse vorausnimmt. Der bekannte jüdische Gelehrte Schalom Ben-Chorin vermutet allerdings, daß das Magnificat im Zusammenhang mit der wirklichen, orientalischen Jüdin Mirjam entstanden sein könnte: »Ein junges Mädchen, das in entsprechender Umgebung aufgewachsen ist, kennt viele Bibelsprüche, selbst wenn es nicht lesen und nicht schreiben kann. Es handelt sich um Verse, die in der Liturgie der Synagoge von Nazareth oft wiederkehrten, die bei häuslichen Andachten am Sabbath und an Festen erklungen sind. (...) Selbstverständlich können wir uns nicht eine so gut durchkomponierte Aneinanderreihung von hebräischen Bibelversen als authentische Äußerung der jungen Mirjam vorstellen, wohl aber liegt es durchaus in der Situation, daß die beiden Frauen, die alte und die junge, einander mit Worten aus der hebräischen Bibel begrüßen.« (Schalom Ben-Chorin, Mutter Mirjam. Maria in jüdischer Sicht, München 1982, S. 57f.) Zwei weitere Hypothesen über die Herkunft des Magnificats sind ebenso einleuchtend: Es könnte ursprünglich ein jüdisches Preislied auf den Rettergott (im Rahmen zeitgenössischer Psalmenimitationen) oder ein Text aus dem Umkreis der Verehrer Johannes des Täufers gewesen sein. Die letztgenannte Hypothese geht davon aus, daß nicht Maria, sondern — wie im lukanischen Kontext eigentlich vorauszusetzen — Elisabeth, die Mutter Johannes des Täufers, weiter das Wort hat und das Magnificat »vom Geiste erfüllt« (Vers 41b) ausruft.

In seiner uns bekannten Gestalt und erst recht als vertonter Text ist das Magnificat aber eindeutig in den »vorweihnachtlichen« Rahmen des Lukasevangeliums gesetzt und aus diesem Kontext heraus zu interpretieren. Damit aber ist eine Entscheidung getroffen, die nicht erst die moderne Bibelforschung, sondern bereits einige Kopisten in der Al-

ten Kirche in Frage stellten: daß es Marias Lied ist. Schon recht frühe
Handschriften gingen davon aus, daß es durchaus sinnvoll sei, das Magnificat als Elisabeths Lied zu betrachten, denn Elisabeth ist jene alte Frau,
die wider Erwarten noch ein Kind empfängt und damit in einer Reihe
mit Sara und Hanna zu stehen kommt. Die Letztere, Hanna, aber bricht
angesichts der Erhörung ihres Flehens um ein Kind in die folgende Worte aus:

> Mein Herz ist fröhlich in dem Herrn,
> mein Haupt ist erhöht in dem Herrn.
> Mein Mund hat sich weit aufgetan wider meine Feinde,
> denn ich freue mich deines Heils. ...
>
> Der Bogen der Starken ist zerbrochen,
> und die Schwachen sind umgürtet mit Stärke.
> Die da satt waren, müssen um Brot dienen,
> und die Hunger litten, hungert nicht mehr.
> Die Unfruchtbare hat sieben geboren,
> und die viele Kinder hatte, welkt dahin.
> Der Herr tötet und macht lebendig,
> führt hinab zu den Toten und wieder herauf.
> Der Herr macht arm und macht reich;
> er erniedrigt und erhöht.
> Er hebt auf den Dürftigen aus dem Staub
> und erhöht den Armen aus der Asche,
> daß er ihn setze unter die Fürsten
> und den Thron der Ehre erben lasse.
> (1. Sam 2,1-10, in Auswahl zitiert)

Da gibt es unbestreitbar viele geradezu verblüffende Ähnlichkeiten mit
dem Magnificat, die zu keiner Zeit und gewiß auch nicht von Lukas
übersehen wurden. Wenn dennoch nahezu alle anderen Handschriften
den Text mit: »Und Maria sprach« einleiten, dann kann man mit Sicherheit davon ausgehen, daß zumindest Lukas selber es so und nicht anders
gesehen hat: Das Magnificat ist Marias Lied!
   Maria hat als Verlobte des Joseph durch den Engel Gabriel die Botschaft empfangen, daß sie schwanger werden wird und ihr Kind »Gottes
Sohn« sein werde. »Siehe, ich bin des Herrn Magd; mir geschehe, wie du
gesagt hast«, ist, nach zweifelnden Fragen, ihre Reaktion. Als weiteres
Zeichen für den Wahrheitsgehalt dieser Ankündigung gilt der skepti-

schen Maria der Hinweis, daß auch Elisabeth, ihre Verwandte, trotz ihres hohen Alters ebenfalls schwanger sei (Lk 1,26-38), denn »bei Gott ist
kein Ding unmöglich«. Maria macht sich »eilends« auf, ihre Verwandte
zu besuchen, bei der sie dann drei Monate bleibt. Elisabeth preist Maria
selig (Lk 1,45), weil sie »geglaubt« hat (anders als Elisabeths Mann Zacharias), und sie ordnet sich und ihr erwartetes Kind eindeutig der »Mutter
meines Herrn« (Lk 1,43) unter. Obwohl es der Erzählzusammenhang nahelegt, daß Maria ihr Lied daraufhin spontan in Anwesenheit von Elisabeth anstimmt, muß man von der Sache her ihr Magnificat doch darüber
hinaus als ihre Antwort auf das Ganze der Ankündigung der Geburt verstehen.

Einzelauslegung

Wir werden in den folgenden Einzelauslegungen neben der wörtlichen
Übersetzung diejenige der Luther-Bibel heranziehen, da dieser Text die
Vorlage vieler Magnificat-Vertonungen bildet. Wesentliche Abweichungen zwischen dem lateinischen, dem Luther- und dem griechischen Urtext werden gesondert vermerkt.

Magnificat anima mea dominum; et exultavit spiritus meus in deo, salutari meo.	Groß macht die Seele mein den Herrn; und es freut sich mein Geist an Gott, dem Retter mein.

Vers 46b: Meine Seele erhebt den Herrn,
Vers 47: und mein Geist freut sich Gottes, meines Heilandes;

Sowohl im griechischen Urtext (»megalynei«) als auch in der lateinischen Übersetzung (»magnificat«) bedeutet das erste Wort: »macht
groß«; damit wird sofort eine besondere Sinn-Dimension dieses ganzen
Liedes entworfen: Es geht um die Antithetik von Größe und Niedrigkeit: Maria macht Gott groß, Gott sieht ihre Niedrigkeit an; Gott stößt
die Großen vom Thron und erhebt die Niedrigen. Während »Seele« und
»Geist« hier eher synonym zu verstehen sind — wir würden sagen: das
Innere oder das Herz der Maria —, haben »großmachen« und »sich freu-
en« (wörtlich: »jubeln«) ihre eigenen bemerkenswerten Akzente, gerade
weil sie durch den Parallelismus so eng verbunden sind: Gottes Größe

rühmen, bringt Freude ins eigene Herz, und über ihn jubeln heißt: ihn
großmachen.

Als »Heiland«, wörtlich: als »mein Retter« (griechisch »soter«) wird
Gott gerühmt. Es ist jenes griechische Wort, mit dem die Urchristenheit
später ihren Glauben an Jesus beschreiben wird, also ein »Hoheitstitel«:
Er ist der »Retter« der Welt. Als »Soter« bezeichnete man in der hellenistischen Welt von je her auch Götter; ja, selbst Herrscher und politisch
verdiente, mächtige Männer wurden als »soter« gefeiert. So entspricht
der Titel »Soter« in mancherlei Hinsicht durchaus dem jüdischen
Messias-Titel.

Wie aber hat Maria »Rettung« erfahren? Am ehesten läßt sich diese
Frage aus der oben zitierten Vorlage zum Magnificat, aus 1. Sam 2,1,
beantworten: Es ist die »Rettung« aus der Schmach der Kinderlosigkeit.
Ich glaube, wir bekommen zu dieser merkwürdigen Vorstellung nur einen Zugang, wenn uns klar wird, daß Mutterschaft im israelischen Glauben keine individuelle Selbstverwirklichung darstellte, sondern über
Teilnahme oder Ausgeschlossensein an der Heilsgeschichte Gottes mit
seinem auserwählten Volk entschied. Mit Abraham hatte diese Verbindung von Gott und Mensch über Kinder ja begonnen:

*»und ich will dich zum großen Volk machen und will dich segnen und
dir einen großen Namen machen, und du sollst ein Segen sein. Ich will
segnen, die dich segnen, und verfluchen, die dich verfluchen; und in dir
sollen gesegnet werden alle Geschlechter auf Erden.«* (1. Mose 12,2-4)

Das Magnificat macht ausdrücklich auf diese »Abrahamsverheißung«
aufmerksam: »Sicut locutus est ad patres nostros, Abraham et semini
eius«. Keine Kinder zu bekommen hieß: von Gott übergangen, vielleicht
verflucht sein. Ein Fluch, der allein auf der Frau lastet, weil — nach
damaliger Auffassung — nur sie fruchtbar oder unfruchtbar sein kann.
Es ist also mehr als eine private Gebetserhörung, für die Hanna mit den
oben zitierten Worten (1. Sam 2,1-10) Gott preist und dankt, denn ihr
Dankhymnus hat, wie wir noch sehen werden, eine weit über die Fami-
lienidylle hinausgreifende Dimension.

Aber, noch einmal: Es ist im Lukasevangelium ja nicht die alte Elisabeth, die »Magnificat« ruft, sondern die »Jungfrau« Maria! Maria aber
wird nach christlichem Glauben Mutter dessen, in dem sich der Abrahamssegen erfüllt — Mutter des Christus, d.h. des Messias Jesus. Darauf
beziehen sich all solche Aussagen wie: »Siehe, von nun an werden mich
selig preisen alle Kindeskinder« oder »Er denkt an seine Barmherzigkeit

und hilft seinem Diener Israel auf, wie er versprochen hat unseren Vätern, Abraham«. So stehen sich in Person von Elisabeth und Maria die Repräsentanten des Alten und des Neuen Bundes gegenüber, und man könnte in einem bestimmten Sinne behaupten: Marias Magnificat ist das letzte dem entsprechende Dankgebet, das in diesem Sinne für eine geschenkte Schwangerschaft laut wird.

Quia respexit	Denn angesehen hat er
humilitatem ancillae suae:	die Niedrigkeit seiner Magd:
ecce enim ex hoc	siehe doch, von nun an
beatam me	selig mich wérden
dicent omnes generationes,	preisen alle Generationen,
quia fecit mihi magna,	denn getan hat er an mir Großes,
qui potens est et sanctum	der mächtig ist und heilig
nomen eius,	der Name sein,
et misericordia eius	und seine Barmherzigkeit [waltet]
a progenie	von Geschlecht
in progenies timentibus eum	zu Geschlecht über die ihn Fürchtenden

Vers 48: Denn er hat die Niedrigkeit seiner Magd angesehen.
Siehe, von nun an werden mich selig preisen alle Kindeskinder.
Vers 49: Denn er hat Großes an mir getan,
der da mächtig ist und dessen Name heilig ist.
Vers 50: Und seine Barmherzigkeit währt von Geschlecht zu Geschlecht bei
denen, die ihn fürchten.

Mit zwei »denn-Sätzen« begründet Maria ihr Rühmen und ihre Freude. Gott hat ihre Niedrigkeit angesehen, und er hat Großes an ihr getan — beides bezieht sich natürlich auf die verheißene Schwangerschaft. Wie schon angedeutet, ist mit »Niedrigkeit« nicht etwa eine fromme Demutshaltung Gott gegenüber gemeint, sondern ganz real ein sozial-ökonomisch niedriger »Stand«. Auf Maria bezogen muß das heißen, daß sie aus kleinen Verhältnissen stammt; darüber hinaus ist sie eben »nur« eine Frau, und dazu noch vorehelich schwanger! Und ausgerechnet sie soll den Messias zur Welt bringen?

Allerdings wird man mit dieser rein »soziologischen« Deutung dem Wort »Niedrigkeit« doch nicht ganz gerecht. Übersetzt man es nämlich ins Aramäische, also in Jesu Muttersprache, so bedeutet das »anaw«, Plural »anawim«, eigentlich »leer«, dann auch »arm«, »niedrig«. Drückt der Begriff ursprünglich etwas eher Verachtenswertes aus, so wird er schon

lange vor der Zeitwende zu einem »Ehrenwort« für Menschen, die sich
als die wahren Frommen fühlen, weil sie gerade als Arme, Verachtete,
Unterdrückte die Verheißungen des Rettergottes auf sich beziehen (für
uns heute drängt sich unabweisbar der Vergleich mit Christen in der sogenannten Dritten Welt auf; in der »Theologie der Befreiung« werden
diese Menschen genau als das gesehen, was die Bibel mit »anawim« bezeichnet). Für deren Selbstverständnis steht Marias Antwort: »Siehe, ich
bin des Herren Magd; mir geschehe, wie du gesagt hast«.

Maria hat erlebt, daß Gott sie »angesehen« hat — wer müßte da nicht
an Bert Brechts Lied aus der Dreigroschenoper, der Oper der armen Leu-
te, denken: »Und die einen sind im Dunkel, und die andern sind im
Licht; und man siehet die im Lichte, die im Dunkeln sieht man nicht!«
So verhalten sich die Menschen zueinander — Gott aber sieht auch die,
die im Dunkeln, die »unten« sind. Er ist ja der »heruntergekommene«
Gott; und sein Messias — Marias Kind — wird einst auf einem Esel nach
Jerusalem einreiten: So wie der messianische Friedenskönig an seiner
Niedrigkeit zu erkennen ist, so ist Niedrigkeit das Kennzeichen der mes-
sianischen Mutterschaft Marias.

Wir haben früher schon erwähnt, daß Vers 48b insofern aus dem Rahmen fällt, als hier ein weitreichender Blick in die Zukunft geworfen
wird. Mit diesem Satz wird das Magnificat eng an die umgebende Geschichte angebunden: Er erinnert an den Gruß des Engels:

*»Sei gegrüßt, du Begnadete! Der Herr ist mit dir! ... Fürchte dich nicht,
Maria, du hast Gnade gefunden bei Gott ... Siehe, du wirst schwanger
werden und einen Sohn gebären ... der wird groß sein und Sohn des
Höchsten genannt werden«* (Lk 1,28-31)

und an die Seligpreisung, die Elisabeth kurz vorher ausgesprochen hat:

*»Gepriesen bist du unter den Frauen, und gepriesen ist die Frucht deines
Leibes«* (Lk 1,45).

Man darf also davon ausgehen, daß er aus der Feder des Lukas stammt.

Die Vision weltweiter Seligpreisung in Vers 48 erinnert an den Abrahamssegen: »durch dich sollen gesegnet sein alle Geschlechter der Erde«
(1. Mose 12,3); zugleich hat sich diese Vision Marias ganz real erfüllt: In
allen Völkern wird sie bis heute »seliggepriesen«!

Vers 49 läßt spontan an Aussagen von Psalm 126 denken: »Wenn der
Herr die Gefangenen Zions erlösen wird, werden wir sein wie die Träu-

menden ... dann wird man sagen unter den Völkern: Der Herr hat Großes an ihnen getan! Der Herr hat Großes an uns getan; des sind wir fröhlich« (Johann Sebastian Bach nimmt dieses Psalm-Zitat daher wie selbstverständlich in seine Weihnachtskantate »Unser Mund sei voll Lachens« BWV 110 auf). Genau diese Parallele macht aber auch noch einmal deutlich, daß Maria ihr Erleben nicht als Privatschicksal sieht und deutet, denn es reiht ja das, was ihr geschehen ist, ein in die Abfolge der Großtaten Gottes, beginnend mit der Herausführung aus Ägypten, fortgeführt mit der Befreiung aus dem Exil bis in die endgültige (»eschatologische«) »Rettung« Israels und mit ihm der ganzen Welt. Darum berührt es besonders, wenn in Marias Gebet genau an dieser Stelle nicht »Privatfrömmigkeit« formuliert wird, die mit Gott auf Du und Du steht, sondern die welt- und geschichtsumfassende Heiligkeit seines Namens betont wird. So »heilig« ist Gott, daß nur *von* seinem Namen geredet, der Name »Jahwe« selbst aber nicht ausgesprochen werden darf. Solches Verhalten kann zu einem Ritual erstarren, aber es kann auch sehr lebendig zum Ausdruck bringen, daß in jeder noch so wichtigen Gotteserfahrung Gott selbst der buchstäblich Unbegreifliche, der ganz Andere bleibt.

Vers 50: Wie das »Große«, das Gott getan hat, im Hinsehen auf die »Niedrige« bestand, so besteht die »Macht« Gottes darin, daß er sich der Menschen erbarmt (vgl. Ps 103,17). »Rachamim«, Erbarmen, läßt sich zurückführen auf das Wort »rächäm«, Mutterleib. »Was Maria preist, Gottes Erbarmen, das wird in ihrem Mutterleib sinnfällig. So singt die Mutter Jesu hier für alle, die Gott fürchten, und bezeugt ihnen und ihren ungeborenen Kindern, daß Gott sich ihrer nicht nur wie ein Vater (Ps 103,13), sondern auch wie eine Mutter (Jes 49,15) erbarmen wird« (Michael Heymel, Das Lied einer Prophetin, in: Pastoraltheologie 10, 1993, S. 442).

Fecit potentiam in bracchio suo, dispersit superbos mente cordis sui. Deposuit potentes de sede et exaltavit humiles.	Ausgeübt hat er Macht mit dem Arme sein, zerstreut hat er die, die stolz sind in den Gedanken ihrer Herzen. Gestürzt hat er die Mächtigen vom Stuhl und erhoben die Niedrigen.
Esurientes implevit bonis et divites dimisit inanes.	Hungernde hat er gefüllt mit Gütern und die Reichen ausgehen lassen leer.

Vers 51: Er übt Gewalt mit seinem Arm
und zerstreut, die hoffärtig sind in ihres Herzens Sinn.
Vers 52: Er stößt die Gewaltigen vom Thron
und erhebt die Niedrigen.
Vers 53: Die Hungrigen füllt er mit Gütern
und läßt die Reichen leer ausgehen.

Bisher hatte Maria davon gesprochen, was Gott an ihr getan hatte, wobei auch diese Aussage schon in einen größeren Kontext gestellt wurde. Nun aber wird der Rahmen ganz weit gesteckt und sehr allgemein von den Mächtigen, Reichen, Ohnmächtigen und Armen der Erde gesprochen. All dies würde vielleicht noch drastischer wirken, wenn man es — wie der Urtext nahelegt — nicht im (verallgemeinernden) Präsens wie in der Luther-Bibel hörte, sondern im Perfekt: »Er *hat* Macht getan ... er *hat* die Gewaltigen vom Thron gestürzt ... er *hat* die Hungrigen mit Gütern gefüllt.«

Man muß sich die Situation einmal konkret vorstellen: Da sind, in einer absolut patriarchalischen Gesellschaftsordnung lebend, zwei schwangere Frauen zusammen — und dann reden sie nicht über Kindererziehung, sondern über hochpolitische Dinge! Das bleibt auffällig bis hin zum Ärgernis, auch wenn es zutreffen sollte, daß das Magnificat stark von einer schon vorgeprägten »Armutsfrömmigkeit«, verbunden mit einer betonten eschatologischen Naherwartung, geprägt ist. Festzuhalten ist auf jeden Fall, daß es im Magnificat nicht um reine »Innerlichkeit« geht: Leonardo Boff wendet sich deshalb mit Recht in seinem lesenswerten Buch »Das mütterliche Antlitz Gottes. Ein interdisziplinärer Versuch über das Weibliche und seine religiöse Bedeutung« (Düsseldorf 1985, S. 196) gegen die »Vergeistlichung, der das Magnificat im Rahmen einer privatisierenden und verinnerlichten Spiritualität unterzogen wurde.« Zwischen den ökonomischen Verhältnissen und der inneren Haltung besteht eben ein nicht wegzudiskutierender Zusammenhang! Gewiß ist es der sich selbst absolut-setzende, der »hoffärtige« Mensch, den Gott zuschanden werden läßt; aber es wäre müßig, darüber zu spekulieren, ob Besitz- und Machtanhäufung gottlos werden läßt oder ob umgekehrt Gottlosigkeit zu Besitz- und Machtanhäufung verführen ...

Ebenso konkret wie die irdischen Verhältnisse benannt sind, werden auch die Folgen der göttlichen Umkehrung aller Werte geschildert: Die Überheblichen werden zerstreut, die Reichen gehen leer aus. Biblisch greift die Vorstellung von der »Zerstreuung« auf die Geschichte vom

Turmbau zu Babel (1. Mose 11,1-9), die übrigens unmittelbar vor der oben zitierten »Abrahamsverheißung« steht, zurück; aber das, was im Grunde gemeint ist, dürfte in einer Zeit, der man mit Recht eine übersteigerte »Individualisierung« im Sinne von Vereinzelung, Vereinsamung oder Egozentrik bescheinigt, ohnehin deutlich sein. Ebensowenig muß man heute erklären, was »leer ausgehen« heißen kann, wenn man bedenkt, wie viele Menschen an fast krankhaft erlebter seelischer »Leere« leiden.

Erwähnt werden soll aber doch, daß diese »messianische Vision sozialer Gerechtigkeit und neuer schwesterlicher und brüderlicher Verhältnisse zwischen den Menschen« (Catharina Halkes, Gott hat nicht nur starke Söhne. Grundzüge einer feministischen Theologie, Gütersloh 1980, S. 113) in eine Spannung führt: Was hier als Wundertat Gottes gepriesen wird, ist doch bis dahin (und bis heute!) immer nur zeichenhaft geschehen und wartet immer noch auf endgültige Erfüllung.

Übrigens läßt der Vulgata-Text von »dispersit superbos mente cordis sui« grammatikalisch noch eine ganz andere Übersetzung zu als die üblicherweise (und vom Urtext her richtige) dargebotene, nämlich: »Er (Gott) zerstreut die hoffärtig sind durch das, was er (Gott) im Sinn hat«. Im Sinn aber hat Gott, Jesus auf die Erde kommen zu lassen. Ich halte es für denkbar, daß Johann Sebastian Bach in seiner Komposition diese Übersetzung bzw. Deutung voraussetzte; jedenfalls würde das der überwältigenden Trompetenkadenz über diese Worte einen tiefen Sinn verleihen!

Suscepit Israel, puerum suum,	Gestützt hat er Israel, seinen Knecht,
recordatus misericordiae suae,	eingedenk seiner Barmherzigkeit,
sicut locutus est ad patres nostros	wie er verheißen hat unseren Vorvätern
Abraham et semini eius in saecula.	Abraham und seinem Samen für alle Zeit.

Vers 54: Er gedenkt der Barmherzigkeit
          und hilft seinem Diener Israel auf,
Vers 55: wie er geredet hat zu unseren Vätern,
          Abraham und seinen Kinder in Ewigkeit.

Es ist ungeheuer eindrucksvoll zu sehen, wie Maria ihre besondere Gottes*erfahrung* zunächst in ein geradezu visionäres Gottes*bild* hineinnimmt und nun noch in eine lange *Geschichte* mit Gott verwoben sieht! Erfahrungen, auch religiöse, bleiben im menschlichen Leben erratische Blöcke, sofern sie nicht in erfahrungsübergreifende Zusammenhänge

und erfahrungsdeutende Sprache eingebettet sind. Maria greift auf die
Geschichte ihres Volkes mit Gott, besser gesagt: auf den Glauben an
Gottes Treue zurück. Was ihr geschah, ist die Erfüllung einer uralten
Verheißung Gottes gegenüber Abraham, dem »Vater des Glaubens«, und
durch ihn gegenüber der ganzen Welt: »Und ich will dich zum großen
Volk machen und will dich segnen und dir einen großen Namen ma-
chen, und du sollst ein Segen sein ... und in dir sollen gesegnet werden
alle Geschlechter auf Erden.« (1. Mose 12,2-3)

Der mächtige Gott stellt seine Macht in den Dienst seiner Barmherzigkeit. Das hat der, um dessentwillen Maria ihr Magnificat anstimmt, Jesus, gelehrt, gepredigt, gelebt, verkörpert; daran und dafür ist er gestorben. In ihm, den die Christen »Christus«, also »Messias« nennen, hat diese neue Wirklichkeit schon Gestalt angenommen, während sie in der
Welt noch aussteht.

DEUTUNG UND BEDEUTUNG

Die Geschichte der Vertonungen des Magnificat zeigt: Dieser Text begründet in noch stärkerem Maße als andere klassische Texte der Kirchenmusik eine ungebrochene Tradition. Was aber ist es, das ihn so besonders aussagekräftig und »überlebensfähig« macht?

Ich möchte mit einer möglicherweise sehr subjektiven Einschätzung
beginnen. In einer Zeit, in der Werbung für die eigene Person oder Fir-
ma, für Produkte, Leistungen und Positionen, einer Zeit, in der Selbst-
darstellung, Selbstverherrlichung, ja Selbstanbetung an der Tagesord-
nung sind, in der sich (vermutlich als Abwehr gegen Gefühle der Bedeu-
tungslosigkeit) Menschen selber »groß machen«, in einer so geprägten
Zeit erscheint mir ein gesungenes »Magnificat anima mea dominum« als
etwas geradezu Erlösendes, als Entlastung und Erlösung von einem Grö-
ßenwahn, der uns alle mehr oder weniger im Griff hat und dem wir
wohl ebenso frönen, wie wir auch an ihm leiden. Es ist zweifellos ein
Urbedürfnis des Menschen, jemanden oder etwas zu preisen (heute würde man wohl sagen: »hochzujubeln«), zu idealisieren, möglicherweise
auch zu verherrlichen. Ohne dieses Bedürfnis wäre Kirchenmusik mit
ihrem vielfältigen Lobpreis Gottes ja gar nicht denkbar. Aber in unserer
Zeit ist das in früheren Zeiten übliche — häufig mit dem Gotteslob ver-

bundene — Selbsterniedrigungsgebaren in eine nahezu hemmungslose
Selbstüberhebung des Menschen umgeschlagen, so daß ein bekannter
Psychoanalytiker meint, den Zeitgenossen einen »Gotteskomplex« be-
scheinigen zu müssen (Horst Eberhard Richter, Der Gotteskomplex,
Hamburg 1979). Als das Besondere am Magnificat-Text, auch im Vergleich zur alten Rezeptionstradition der Selbsterniedrigung, empfinde
ich jedoch nun gerade, daß hier nicht das Schema: »Ach, ich bin viel zu
wenig zu rühmen seinen Ruhm; der Herr allein ist König, ich eine welke
Blum« (EKG 197,8; EG 302,8) durchschlägt, sondern die Rühmende selber von Gott großgemacht, erhöht wird. Sie hat buchstäblich »Ansehen«
(»Quia respexit«) erlangt. Solches Ansehen, von Gott erhalten und bei
Gott aufgehoben, ist nicht so verzweifelt abhängig von Dauerbestäti-
gung und ist besser gefeit vor den Abstürzen in sein Gegenteil. Ein solch
tief innen begründetes Selbstbewußtsein kann aufrichtig Gott »die Ehre
geben«, weil es an Gottes Ehre partizipiert.

Das Magnificat ist Marias Lied, also das Lied einer Frau. Und mit vol-
lem Recht hören heute mehr als früher Frauen auf diese Stimme einer
»Schwester«. Daß diese Frau eine Namensschwester hat, die uns allerer-
ste biblische Kunde vom Lobgesang gibt, soll ausdrücklich vermerkt
werden. Von Mirjam (lateinisch: Maria) heißt es im 2. Mose 15,20ff.:

»Da nahm Mirjam, die Prophetin, Aarons Schwester, eine Pauke in ihre
Hand, und alle Frauen folgten ihr nach mit Pauken im Reigen. Und Mir-
jam sang ihnen vor: Laßt uns dem HERRN singen, denn er hat eine herr-
liche Tat getan, Roß und Mann hat er ins Meer gestürzt.«

Ob es nur ein Zufall ist, daß beide Marias singen? Mich beeindruckt
nicht nur, daß, sondern auch *wie* Maria zum Ausdruck bringt, was sie
zutiefst erfüllt: Sie läßt sich ganz los in der Hinwendung zu Gott und
ist doch ganz bei sich selber, mit Leib und Seele und Geist. Kein Zweifel:
Das fällt Männern ungleich schwerer.

Mit weiblichen Eigenarten hat für mein Empfinden sodann auch die
Konkretheit der Heilserwartung zu tun: Macht und Brot werden beim
Namen genannt. Auch wenn Maria ihre Hoffnung mit der allgemeinen
jüdischen Heilserwartung teilt, hören wir ihre Botschaft heute wohl
doch noch einmal besonders aus dem Mund einer Frau kommend: daß
der ganz diesseitige Gott die, die »unten« sind, nicht bis in Ewigkeit auf
»Erfüllung« warten läßt. Dieses letztgenannte Motiv hat, wie gesagt, begeistert die Befreiungstheologie aufgegriffen: »Das Magnificat spricht die
Sprache der Armen«, und Maria tritt für die »messianische Befreiung der

Armen« ein, argumentiert Leonardo Boff, und seine Argumente dürften
ein Stachel im Fleisch derer sein und bleiben, die mit Gott und der Welt
zufrieden sind, solange es ihnen selber gutgeht, und die aus eben diesem
Grund gegen alles »Politische« in der Kirche angehen.

Schließlich soll noch einmal die besondere Stellung dieses neutestamentlichen Psalmes als weiterer Grund für die gegenwärtige Bedeutung
des Magnificat hervorgehoben werden: Er ist in vielerlei Hinsicht wahrhaft ein Bindeglied zwischen Altem und Neuem Testament, zwischen
Judentum und Christentum, zwischen Verheißung und Erfüllung und
neuer Verheißung wie auch zwischen der besonderen weihnachtlichen
und der Alltags-Liturgie.

DIXIT DOMINUS

GESCHICHTE

Keiner der in diesem Buch kommentierten Texte dürfte Musikern und theologischen Laien so fremd, geheimnisvoll und rätselhaft erscheinen wie dieser Psalm 110 mit seinen Anfangsworten »Dixit Dominus«. Da ist kaum ein Satz, der von sich aus verständlich wäre. Welch ein Unterschied etwa zum 23. Psalm »Der Herr ist mein Hirte« oder zu Psalm 19 »Die Himmel erzählen die Ehre Gottes«! Und doch ist dieser Psalmtext besonders oft vertont worden und lebt in Kompositionen fort, die man zu den ganz großen der Musikgeschichte zählen muß.

Diese Vorrangstellung hat allerdings wenig mit dem besonderen Inhalt oder der spezifischen Qualität von Psalm 110[1] zu tun, vielmehr mit seiner liturgischen Position: Der Psalm 110 ist wie die Psalmen 111 (»Confitebor tibi«), 112 (»Beatus vir«), 113 (»Laudate pueri Dominum«), 114 (»Dilexi quoniam exaudiet Dominus«), 115 (»Credidi propter quod locutus est«), 116 (»Laudate Dominum omnes gentes«) und das Magnificat dem Vespergottesdienst am Sonntag zugeordnet. Da wiederum der sonntägliche Nachmittagsgottesdienst einen höheren Rang einnahm als werktägliche Vespern, ist es verständlich, daß hierzu besonders viel bedeutende mehrstimmige Musik geschaffen wurde.

Dem an Kirchenmusik interessierten und in ihr auch ein wenig bewanderten Leser wird sicher schon aufgefallen sein, daß die Psalmen des Alten Testamentes in ihr eine zentrale Rolle spielen. Keine Epoche der Kirchenmusik, in der diese Liedtexte nicht neu und anders vertont worden wären — gleichviel, ob man dabei an das mittelalterliche »Psalmodieren«, an Heinrich Schützens mehrchörige »Psalmen Davids«, an Gélineaus Psalmgesänge oder die »Chichester-Psalms« von Leonard Bernstein denkt. Den wenigsten ist dabei aber bewußt, daß der Ursprung und der »Grundstock« christlicher Kirchenmusik jüdische Musik ist.

Der hebräische Name für die 150 biblischen Psalmen (die man zusammen auch als »Psalter« bezeichnet) lautet übersetzt: »Buch der Preisungen«. Nun war diese poetische Gattung nicht auf das Alte Testament beschränkt, was die Entdeckung der essenischen Psalmen (»hodajot«, d.h. Dankeshymnen) vor einiger Zeit gezeigt hat. Als »Essener« bezeichnet man eine radikale jüdische Gruppierung zur Zeit Jesu, die als Ordensgemeinschaft in der judäischen Wüste am Toten Meer lebte. Größtes Aufsehen erregten ab 1947 die sogenannten »Funde am Toten Meer«: Durch Zufall wurden in Berghöhlen Schriftenrollen der Essener entdeckt, die man dort versteckt hatte. Diese Rollen enthielten zum einen vorzügliche Abschriften alttestamentlicher Bücher, zum anderen Schriften der Essener selbst, u.a. die genannten »Hodajot«, Lieder, die in den Liturgien des Ordens Verwendung fanden. Nach Form und Inhalt sind sie den alttestamentlichen Psalmen ganz eng verwandt. Als »christliche« Psalmen könnte man übrigens die drei »cantica« aus dem NT ansprechen, von denen das Magnificat ja schon vorgestellt wurde.

Daß den schriftlichen Fixierungen der Psalmen mündliche Überlieferung vorausgegangen ist, liegt in der Natur der Sache. Die Zusammenstellung und schriftliche Abfassung der Psalmen ist wohl frühestens im 12. und spätestens im 3. vorchristlichen Jahrhundert anzusetzen, doch weiß man über die Verfasser der Psalmen fast nichts. Fest steht nach neueren kritischen Forschungen lediglich, daß wohl nicht ein einziger der König David zugeschriebenen Psalmen direkt und vollständig von ihm stammt, womit nicht bestritten wird, daß David überhaupt Psalmen geschrieben haben mag.

Ein Stilmerkmal der Psalmen, das poetisch wie vor allem auch musikalisch weitreichende Folgen zeitigte, ist der »Parallelismus membrorum«, bei dem inhaltlich gleichlautende Doppelaussagen zusammengestellt werden und von dem man behaupten könnte, er sei das Äquivalent zu dem, was wir als Klangreim kennen (vgl. die Ausführungen dazu im Kapitel »Magnificat«). Und daß die Psalmen sich als Lieder verstehen, beweisen eindeutig musikalische Anweisungen zu Beginn der Psalmtexte, z.B. Psalm 9 »Ein Psalmlied Davids, nach der Weise (Melodie) Schöne Jugend« oder Psalm 12 »Ein Psalm Davids, vorzusingen, auf acht Saiten«; auch das vielzitierte, unübersetzbare »Sela« gehört hierhin. Wenn auch diese musikalischen Hinweise inhaltlich größtenteils nicht mehr deutbar sind, lassen sie an der Tatsache, daß es sich bei den Psalmen um musikalisch auszuführende Gebilde handelt, keinen Zweifel.

Man kann sich leicht musikalische Ausführungsmöglichkeiten entsprechend der poetischen Eigenart des Parallelismus membrorum vorstellen: etwa Solist versus Chor, kleiner versus großer Chor oder eine doppelchörige Aufteilung der Verse. Leider ist die Traditionskette für die »richtige« Aufführung der Psalmen nicht nur zwischen Juden und Christen zerrissen; auch im Judentum selber wußte man schon 150 Jahre nach der Zerstörung des Jerusalemer Tempels (70 nach Chr.) nicht mehr, wie die Psalmen »richtig« aufzuführen sind, wovon der Talmud[2] zu berichten weiß. Für die Heidenchristen der Frühzeit des Christentums freilich muß dieses poetische und musikalische Erbe geradezu überwältigend gewesen sein; nicht genug können etwa die Kirchenväter diesen Schatz preisen. »Tatsächlich muß die Psalmodie die Kultur der späten Antike mit der Gewalt einer künstlerischen Revolution getroffen haben; daneben versinkt die gesamte griechische, hellenistische, römische und barbarische Musik im Chaos der Völkerwanderung, aus der sie eigentlich nie wieder aufgetaucht ist.«[3]

Vom Beginn christlicher Kirchenmusik bis heute spielt der Psalter also eine dominierende Rolle. Das gilt für seine Verwendung im Meß- und Predigtgottesdienst aller Kirchen; das gilt aber mehr noch für seine Funktion im »Stundengebet« (»Horen«), einer parallel dazu verlaufenden Tradition. Diese konnte an das jüdische Stundengebet anknüpfen, das sich seinerseits auf die Stunden des Opfers im Tempel bezog, das Morgen-, Mittags- und Abendgebet. Herzstück dieser »Alltagsgottesdienste« waren das Sch'ma Israel (d.h. die Rezitation von 5. Mose 6,4-9; 11,13-21; 4. Mose 15,37-41), das Psalmgebet und das Achtzehnbittengebet (Sch'mone Esre), das einige Ähnlichkeit mit dem christlichen Vaterunser hat. Darüber hinaus begann der fromme Jude bestimmte Tagesstunden mit Psalmgebeten, wie es in Ps 119,164 heißt: »Ich lobe dich des Tages siebenmal, deiner gerechten Gerichte wegen«.

Es ist nur zu verständlich, daß in späteren Zeiten das »Kirchenvolk« diese strenge Frömmigkeitsübung nicht mehr nachvollziehen mochte. So ging das Stundengebet auf jene Christen über, die sich ganz und gar dem Dienste Gottes weihen wollten, auf Mönche, Nonnen und Priester. In den Klöstern entwickelten sich die bekannten sieben Gebetszeiten: Nokturn (Nachtoffizium) — die Matutin bzw. Laudes (Morgengebet) — die Prim (zu Beginn des Arbeitstages) — Terz — Sext — Non — Vesper (Abendgebet). Dabei ist das wöchentliche »Durchbeten« des ganzen Psalters gefordert, der nun auf die je sieben Stunden und Tage aufgeteilt wird. Im sogenannten Brevier (»Officium romanum abbreviatum«) sind die entsprechenden Lesungen und Gebete zusammengestellt; zugleich stellt es — wie der Name schon sagt — eine »Abkürzung«, eine verkürzte Fassung des ursprünglichen »Pensums« dar (was Weltpriester bzw. Gemeindepfarrer wohl zu schätzen wissen). Seine sanktionierte und bis zum 2. Vatikanischen Konzil (ab 1962) gültige Fassung erhielt das Brevier 1568.

Wer schon einmal an einem Stundengebet in einem Kloster teilgenommen hat, wird tief beeindruckt gewesen sein von der Rezitation der jeweils vorgeschriebenen Psalmen in Form der »Psalmodie«, bei der der
Wechselgesang die tragende Rolle spielt. In einer langen Entwicklungsgeschichte hat sich dabei eine unverwechselbare, großartige, geschlossene
Musikform herausgebildet. Nicht nur werden auch zu unserer Zeit solche Psalmgesänge in Kirchen und Klöstern zelebriert; zu allen Zeiten haben Komponisten in ihre Werke Psalmodie-Zitate eingefügt. Neben der
Messe darf man ohne weiteres die Tradition des Psalmgebetes als den
Kristallisationskern der gesamten abendländischen Musik bezeichnen.
    Schließlich sei noch erwähnt, daß das Stundengebet in den reformato-
rischen Kirchen nicht gänzlich abgeschafft worden ist. Es wurde zunächst auf zwei oder drei Zeiten reduziert: Mette — Vesper — Komplet.
In diese Horen hat man wichtige Stücke aus anderen Horen übernommen, so u.a. die drei neutestamentlichen Cantica: das Benedictus, das
Magnificat und das Nunc dimittis. Auf die Dauer freilich haben sich diese Alltagsgottesdienste fast nirgends halten können. Insbesondere hatte
das gesungene Psalmgebet da, wo ein Chor oder eine »Schola« nicht zur
Verfügung stand, keine Chance, sich durchzusetzen. Schlichtere Formen
wie etwa die Morgen- bzw. Abendandacht mit Lied, Lesung und Gebet
lösten in evangelischen Gemeinden die Horen ab. Immerhin kennen viele evangelische Christen bis heute noch Reste dieser Tradition wie z.B.
Vespergottesdienste und »Metten« am Heiligen Abend, und hier und da
werden Nachmittagsgottesdienste an Sonntagen gehalten. Das neue
»Evangelische Gesangbuch« hat erfreulicherweise wieder vier Stundengebete einbezogen: Mette — Vesper — Mittaggebet — Komplet (ab EG
782).
    Kehren wir nach diesem knappen Überblick über die Psalmtradition
in den christlichen Kirchen wieder zu dem uns hier interessierenden
Psalm 110 zurück. Wir wissen nun schon, daß sein Sitz im (liturgischen)
Leben der Vespergottesdienst bzw. die Vesper-Hore ist. In die vorge-
schriebene Reihe der Vesper-Psalmen tritt mit Psalm 110 ein Psalm aus
der Gruppe der »Königspsalmen« (zu denen Psalm 2, 18, 20, 21, 45, 72,
89 [?], 101, 110 und 132 gehören). Diese Psalmen heißen so, weil in ihnen
mehr oder minder deutlich auf einen König von Israel angespielt wird.
Der erste König des ungeteilten Israel war Saul, der von 1012-1004 vor
Christus regierte. 926 erfolgte die Teilung des Reiches in das Nordreich,
genannt »Israel«, und das Südreich, genannt »Juda«. Das Nordreich besteht nur bis zur Zeit König Hoseas 722 vor Christus; Juda existiert bis
zum 2. Exil 587, sein letzter König ist Zedekia. Die Königspsalmen be-

ziehen sich allerdings nicht auf die nordisraelitischen Könige, sondern nur auf die Könige Judas. Diesen Psalmen kommt aufgrund ihres Inhaltes — es geht u.a. um die Inthronisation des »Gesalbten«, d.h. des Königs, oder um Gottes besondere Hilfe und Verheißungen für ihn, um des Königs Ruhm und Pracht — eine besondere Bedeutung bei der Übernahme in die christliche Liturgie bzw. in die christliche Bibel zu: Wird im Grunde das ganze Alte Testament von den Christen von früh an »christologisch«, also auf Christus bezogen gedeutet, so trifft das für die »Königspsalmen« in ganz besonderem Maße zu. Ja, man kann sagen, daß neben den »Gottesknechtliedern« des Propheten Jesaja (»Fürwahr, er trug unsere Krankheit«) die Königspsalmen geradezu als eine Aufforderung verstanden wurden, das Alte Testament als Vorausdeutung auf Christus zu interpretieren. Auf wen, wenn nicht auf Christus, Gottes Sohn, sollte denn ein Satz wie »Du bist mein Sohn, heute habe ich dich gezeugt« (Ps 2,7) zutreffen? Wer wäre denn König und Priester in einer Person gewesen (Ps 110,4), wenn nicht Jesus Christus? Dabei tat man dem überlieferten Text gar nicht einmal so großes Unrecht, denn schon zu Jesu Lebzeiten wurden die Königspsalmen auch von den Juden messianisch gedeutet, d.h. man sah in ihnen nicht eigentlich Dokumente aus vergangenen Königszeiten, sondern Weissagungen für den kommenden Weltenkönig, den Messias. Auf keinen realen, historischen König hatte ja zugetroffen, was wir in Ps 110,5f. vernehmen, denn zerschmettert wurden seinerzeit die Könige des Nordreiches Israel und des Südreiches Juda von »heidnischen« Herrschern: »Der Herr zu deiner Rechten wird zerschmettern die Könige am Tage seines Zorns. Er wird richten unter den Heiden, wird viele erschlagen«.

Mit diesem Widerspruch stoßen wir auf eine Überlieferungsschicht in Psalm 110, die uns aus Israel nach Ägypten und aus der Zeit der Könige in Israel, auf die sich die Königspsalmen historisch beziehen, in eine frühere Epoche führt. Viele der nur schwer verständlichen Aussagen der Königspsalmen sind »Formulare« für die Thronbesteigung israelitischer Könige, die auf entsprechende Formulare für die Inthronisation der Pharaonen zurückgreifen, ja, diese zitieren — und an bestimmten Stellen dann auch wieder charakteristisch modifizieren. Letzteres geschieht wohl am deutlichsten im bereits erwähnten Vers aus Psalm 2: »Du bist mein Sohn, heute habe ich dich gezeugt« (Ps 2,7): Hier wird auf geradezu elegante Weise, durch Einfügung des Wortes »heute« (mit dem ja der Inthronisationstag gemeint ist), die ägyptische Vorstellung von der unmittelbaren, physischen Abstammung des Königs von Gott in die einer »Adoption« verwandelt.

Die sich in Psalm 110 widerspiegelnde Thronbesteigungszeremonie bestand aus zwei Akten. Im Heiligtum wurde der König gekrönt und erhielt (ähnlich den Pharaonen) das Königsprotokoll, das — wie aus dem
alten Ägypten bekannt — zum einen die Herrschaftsbeauftragung durch
die Gottheit enthielt, zum anderen die Thronnamen des neuen Königs.
Beides galt als Legitimation des Königs, der als Herrscher im Auftrag
Gottes handelte. Anschließend wurde der Neugekrönte in seinen Palast
geführt, wo er seinen Thron bestieg und aller Welt den Antritt seiner
Herrschaft verkündete: ein Geschehen, das später messianisch bzw. christologisch gedeutet wurde, das aber ursprünglich durchaus politisch gemeint war, wenn auch mit jener dem Hofzeremoniell zu allen Zeiten eigenen Übertreibung und Stilisierung. Dieses Geschehen also steht am
Anfang einer langen Entwicklungsgeschichte des Psalms 110, der die an-
nähernd 3000 Jahre zwischen dem israelitischen Krönungsprotokoll,
dem christologisch gedeuteten Psalmgebet in der Vesper-Hore der christlichen Kirche und den Aufführungen musikalischer Meisterwerke im
20. Jahrhundert miteinander verbindet.

VERTONUNGEN

Psalmvertonungen im allgemeinen durchziehen die gesamte Geschichte
der abendländischen Musik. Werke modernerer Komponisten wie etwa
Arnold Schönberg, die ja nicht für die Kirche (bzw. Synagoge) schrieben,
dokumentieren immer auch den Respekt ihrer Schöpfer vor den Anfängen dieser großen Tradition, die, wie gezeigt, in einem ganz erheblichen
Maße von der Anknüpfung an das alttestamentliche »Liederbuch« lebt.
Selbstverständlich haben sich dabei Akzentsetzungen in der Auswahl der
Psalmen ergeben. Wie für das persönliche spirituelle Leben, insbesondere
für das Beten des einzelnen Christen einige Psalmen einen besonders hohen
Stellenwert besitzen, so wurden auch bestimmte Psalmen immer wieder
neu vertont. Es ist also möglich und durchaus reizvoll, etwa den berühmten
Psalm 23 (»Der Herr ist mein Hirte«) oder den nicht minder bekannten
Psalm 130 (»Aus der Tiefe rufe ich, Herr, zu dir«) in Kompositionen von
Orlando di Lasso, Giovanni Pierluigi da Palestrina, Heinrich Schütz, Jo-
hann Sebastian Bach, Franz Schubert, Franz Liszt oder Alexander von
Zemlinsky zu hören und diese Einzelwerke miteinander zu vergleichen.

Für unseren Psalm 110 ist das so nicht möglich. Wir sahen: Daß er so häufig vertont wurde, verdankt er der Tatsache, zur Gruppe der Vesperpsalmen zu gehören und an deren Anfang zu stehen. Vertonungen dieses Psalms, die nicht mit dieser liturgischen Funktion in Zusammenhang stehen, dürfte es kaum geben. Und das heißt auch, daß es nach einer Blütezeit der mehrstimmigen Vespervertonungen im 17. und 18. Jahrhundert kaum mehr namhafte Komponisten gegeben hat, die sich dieses Psalms angenommen haben. Da ist es, wie wir sahen, dem letzten »Psalm« (canticum) der Vesper, dem Magnificat, besser ergangen. Dieser großartige Text hat auch unabhängig von seiner liturgischen Funktion Komponisten immer wieder zur Schöpfung von Meisterwerken inspiriert.

Gleichwohl lassen sich qualitativ ähnlich hochrangige und von vielen Chören begeistert gesungene Kompositionen des Psalm 110 nennen, an erster Stelle wohl Claudio Monteverdis Vertonung in der »Marienvesper« von 1610. Im neuen Stil der »seconda pratica«, bei der die musikalische Ausdeutung des Textinhalts Vorrang gegenüber den strengen kontrapunktischen Regeln genießt, tritt uns hier eine zwar eindeutig liturgisch intendierte, aber von unerwarteter, atemberaubender Affekt-Intensität durchzogene Musik entgegen, deren Bann man sich nicht entziehen kann. Diese Komposition ist »der kühne Versuch, Antiphon, Psalm, Hymnus und Magnificat 'mit dem aufwühlenden Gehalt ... der jungen, affektgeladenen Monodie, der opernmäßig inspirierten Instrumentalmusik, der psychologischen Neudeutung des musikalischen Worterlebnisses zu erfüllen' (Redlich)«.[4]

Nicht minder eindrucksvoll ist die Vertonung dieses Textes durch den jungen Georg Friedrich Händel, die als Einzelwerk bekannt ist und als solches gerne aufgeführt wird. In jüngster Zeit hat man versucht, sie mit anderen frühen Werken Händels in den Zusammenhang der »Karmeliter-Vesper« von 1707 zu stellen. Händel trifft in seinem Werk (wie auch in seinen »Coronation Anthems«) den selbstbewußten, machtbetonten, höfisch-feierlichen Ton des Inthronisationszeremoniells besonders gut und weiß darüber hinaus den inhaltlich schwer verständlichen Textaussagen (wie etwa dem »de torrente bibet«) ein fast »mystisches«, geheimnisvolles Flair zu verleihen.

Weniger bekannt, aber ebenso interessant sind Antonio Vivaldis Vertonung (RV 594) und Francesco Cavallis 1700 gedruckte Vesper-Komposition, ein achtstimmiges Werk mit reicher Instrumentierung und einem ausgesprochen prunkvollen »Dixit Dominus«.

Die Reihe großer Dixit Dominus-Komponisten wird mit Wolfgang Amadeus Mozart abgeschlossen. Mozart hat in seiner Salzburger Zeit

eine kirchenmusikalische Pflichtkomposition mit dem Titel »Vesperae
de dominica« (Sonntagsvesper, KV 321, 1779) und 1780 eine solche mit
dem Titel »Vesperae solennes de confessore« geschaffen (KV 339; die Bezeichnung »de confessore« verweist darauf, daß hier eines »Bekenners«,
d.h. eines Märtyrers oder eines Heiligen, gedacht wurde) und dabei natürlich auch den Anfangspsalm, das »Dixit Dominus« vertont. Ihre Beliebtheit dürften beide Werke freilich weniger dem jeweiligen Ein-
gangspsalm verdanken als vielmehr dem Magnificat (KV 321) und dem
berühmten »Laudate Dominum« (KV 339). Allerdings: »Um den Begriff
Kirchenstil kümmert sich Mozart in diesem Werk nicht mehr«[5].

KOMMENTAR

---

1. Dixit Dominus Domino meo: So sprach der Herr zum Herren mein:

»Von David«: So lautet die sekundäre, später hinzugefügte Überschrift
zu Psalm 110. Abgesehen davon, daß ohnehin viele Psalmen dem König
David zugeschrieben wurden, weist diese Überschrift hier darauf hin,
daß bereits das frühe, vorchristliche Judentum diesen Psalm »messianisch« gedeutet hat. David ist es also, der sagt: »Der Herr (Jahwe) sprach
zu meinem Herrn (dem zukünftigen Messias): Setze dich zur Rechten
mein«. Interessanterweise greift auch die Evangelientradition der Worte
Jesu auf dieses Zitat zurück:

*»Was denkt ihr von dem Christus? Wessen Sohn ist er? Sie antworteten:
Davids. Da fragte er sie: Wie kann ihn dann David durch den Geist Herr
nennen, wenn er sagt: 'Der Herr sprach zu meinem Herrn: Setze dich
zu meiner Rechten, bis ich deine Feinde unter deine Füße lege'. Wenn
nun David ihn Herr nennt, wie ist er dann sein Sohn? Und niemand
konnte ihm ein Wort antworten, auch wagte niemand von dem Tage an,
ihn hinfort zu fragen.«* (Mt 22,42-46)

Für die Christen ist der Messias aber nicht einer, der noch kommen soll,
sondern es ist Jesus von Nazareth, der schon gekommen ist. So konnte

man diesen »Königspsalm« (wie andere Königspsalmen auch) auf Jesus übertragen bzw. auf ihn bezogen sehen. Dieses natürlich um so mehr, als man Jesus ja die Ämter-Trias Priester — König — Prophet zuschrieb.

Wir wissen jedoch aus den historischen Ausführungen in Abschnitt I, daß ursprünglich weder David noch Jesus mit diesem Psalm gemeint sind. Vielmehr werden wir bereits mit Vers 1 mitten in einen Abschnitt des »Thronbesteigungsformulars« hineingenommen, bei dem sich die göttliche Legitimation eines judäischen Königs nach ägyptischem Muster vollzieht. Davon ausgehend wird man als Sprecher dieser Sätze einen »Hofprediger«, historisch richtiger: einen vielleicht beamteten Hofpropheten anzunehmen haben, der im Namen Gottes den König anspricht. So vieles auch im einzelnen schwer erklärbar bleiben mag, fest steht doch, daß hier mehrere »Orakelsprüche« (Weisungen, die als Stimme Gottes verstanden wurden; es wird dabei vorausgesetzt, daß diese Weisungen gerade in diesem Augenblick ergehen — deshalb: »Orakel«) zitiert werden:

Vers 1: »Setze dich zu meiner Rechten, bis ich aufstelle deine Feinde als Schemel deiner Füße.«
Vers 3b: »Auf heiligen Bergen, aus dem Schoß der Morgenröte habe ich wie Tau dich gezeugt.«
Vers 4b: »Du bist ein Priester ewiglich nach der Art (Ordnung) Melchisedeks.«

Sede a dextris meis,	Setze dich zur Rechten mein,
donec ponam inimicos	bis ich aufstelle deine Feinde
tuos scabellum pedum tuorum.	als Schemel deiner Füße.

Zur »Rechten« sitzt der Stellvertreter des Königs, der Vizekönig. In unserem Kontext wird selbstverständlich Gott selber als der eigentliche »König« (Israels) vorausgesetzt; zu Gottes »Rechten« soll der neue »irdische« König sich setzen — und er wird so mit der Würde eines Vizekönigs bedacht. Er ist also (wie später im abendländischen Mittelalter) »König von Gottes Gnaden«. Das macht seine Würde aus, das grenzt freilich auch seine Macht ein: Gott bleibt der eigentliche König.

Wer das Alte Testament auch nur ein wenig kennt, weiß, daß das Königtum in Israel zumindest von den Propheten stets ambivalent eingeschätzt wurde — als Träger göttlicher Macht und Verheißungen (vgl. die wichtige Davids-Verheißung 2. Sam 7) und als diejenige Institution, die

ÜBERSETZUNG

1. Dixit   Dominus Domino meo:
So sprach der Herr zum Herren   mein:

sede   a   dextris   meis,
Setze dich zur Rechten mein,

donec ponam   inimicos* tuos   scabellum pedum* tuorum.
bis ich aufstelle deine Feinde* als Schemel   deiner Füße*.

---

2. Virgam   virtutis tuae* emittet   Dominus ex Sion:
Das Szepter deiner* Macht wird ausstrecken der Herr   aus Zion:

dominare in medio inimicorum* tuorum.
Herrsche inmitten deiner Feinde*!

---

3. Tecum   principium in   die   virtutis tuae*
Mit dir [war] Adel   vom Tage deiner* Macht an

in splendoribus sanctorum
im Glanz der   Heiligtümer

ex   utero ante Luciferum   genui te*.
aus dem Schoße der Morgenröte habe ich dich* gezeugt.

---

4. Juravit   Dominus, et   non poenitebit   eum:
Geschworen hat der Herr,   und nicht gereuen wird es ihn:

Tu es   sacerdos in aeternum,
Du bist Priester   ewiglich

secundum ordinem   Melchisedech.
gemäß der Ordnung des Melchisedek.

5. Dominus a   dextris   tuis   confregit
Der Herr,   zur Rechten dir, wird zerschmettern

in die irae* suae   reges.
am Tage seines Zornes* die Könige.

6. Judicabit   in   nationibus,
   Richten wird er unter den Völkern,

     implebit ruinas;
und anhäufen Leichen;

Conquassabit   capita   in terra* multorum.
Zerschmeißen wird er ihre Häupter auf weitem Lande*.

7. De   torrente in via   bibet:
   Vom Bache   am Wege wird er trinken:

propterea   exaltabit   caput.
daher wird er erheben das Haupt.

Gloria   Patri et   Filio et   Spiritui Sancto
Ehre dem Vater und dem Sohne und dem Heiligen Geist

sicut erat in principio et   nunc et semper
wie es war im Anfang,   und jetzt und immerdar

et in   saecula   saeculorum. Amen.
und in die Zeitalter der Zeitalter.   Amen.
[d.h.: und in Ewigkeit]

Die Übersetzung basiert auf dem lateinischen Vulgata-Text (Biblia Sacra iuxta vulgatam versionem, Band I, Stuttgart 1969), der auch die Grundlage der vertonten Psalmen darstellt. Im Falle des 110. Psalmes (Vulgata: Psalm 109) weicht dieser Text erheblich vom Text und den darauf fußenden Übersetzungen, wie z.B. der Luther-Bibel, ab. Das hängt damit zusammen, daß Hieronymus, der Übersetzer der meisten Bücher des Alten Testaments, bei der Übersetzung der Psalmen nicht den hebräischen Text zugrunde legte, sondern eine schon existierende altlateinische Version, die er nur nach der griechischen Hexapla des Origenes korrigierte.

immer wieder zu Selbstherrlichkeit gegenüber Gott und Abfallen vom
wahren Glauben neigt (man denke etwa an die Elias-Geschichten und an
Jesajas kritische Worte). Daß das israelitische Königtum jedenfalls nicht
ungebrochen aus altorientalischer Perspektive betrachtet und bewertet
wird, machen einige Details des ersten Orakels deutlich. »Bis ich aufstelle deine Feinde als Schemel deiner Füße«: Dieses »Ich« meint nicht den
König, sondern Gott, der, in der Tradition des »Heiligen Krieges«, als
einziger Kriegsherr waltet und siegt, während die menschlichen Kämpfer
sich gleichsam passiv verhalten (müssen). Das Bild als ganzes geht auf die
recht brutale Sitte zurück, daß der Sieger dem Besiegten seinen Fuß auf
den Nacken setzt.

2. Virgam virtutis tuae emittet	Das Szepter deiner Macht wird ausstrecken
Dominus ex Sion:	der Herr aus Zion:
dominare in medio	Herrsche inmitten
inimicorum tuorum.	deiner Feinde!

Vers 2 nennt den Ort des sich vor uns ausbreitenden Geschehens. Es ist
der Zion, der heilige Berg, das »hochgebaute« Jerusalem. Freilich: Wo genau vollzieht sich der Inthronisationsritus? Nimmt man das »Setze dich
zu meiner Rechten« wörtlich, dann müßte sich dieser Akt im Tempel
bei der Bundeslade vollziehen, denn die Bundeslade ist nach Jesaja 6 der
Thronsitz des Königs Jahwe. Hätte demnach bei der Inthronisation
rechts neben der Lade ein Thronsessel für den künftigen König gestan-
den? Vorsicht ist jedoch geboten: Zwar hat man immer wieder versucht,
anhand von Psalm 110 den Ablauf der Inthronisation zu rekonstruieren
(Vers 1: Inthronisation — Vers 2: Investitur — Vers 3: Huldigung — Vers
4: Einsetzung zum Priester — Vers 5f.: Sieg über die Feinde — Vers 7:
Sakramentaler Trunk aus der heiligen Quelle), doch haben neuere Exegeten darauf aufmerksam gemacht, daß man mit einer Häufung verschiedener Riten, Traditionen und Investituren zu rechnen habe, von denen
Psalm 110 nur einen Ausschnitt enthalte, der zudem nicht chronologisch
zu interpretieren sei.[6]

Ohne daß also die einzelnen Stationen der Inthronisation aus diesem
Psalm eindeutig hervorgingen, kann man sich doch vorstellen, daß das
»herrsche inmitten deiner Feinde« in Zusammenhang mit der Verlei-
hung des Szepters an den König steht. Realität und Glaube sind hier in
einer Aussage zusammengefaßt: Fast immer war das kleine Israel in seiner langen Lebens- und Leidensgeschichte von Feinden umgeben.

3a. Tecum principium	Mit dir [war] Adel
in die virtutis tuae	vom Tage deiner Macht an
in splendoribus sanctorum	im Glanz der Heiligtümer
3b. ex utero ante Luciferum	aus dem Schoße der Morgenröte
genui te.	habe ich dich gezeugt.

Dieser dritte Vers ist in diversen Handschriften sehr unterschiedlich überliefert, so daß eine sichere Übersetzung und Deutung nicht möglich ist. Die lateinische Übersetzung, auf der die uns interessierenden Vertonungen basieren, zeichnen das Bild eines vom »Adel« umringten Königs, während die in der Luther-Bibel gegebene Übersetzung (»Wenn du dein Heer aufbietest, wird dir dein Volk willig folgen in heiligem Schmuck«) das Thema des Heiligen Krieges, an dem teilzunehmen religiöse Pflicht war, weiterführt.

Vers 3b zitiert in der hier herangezogenen Textfassung nicht nur ein zweites altes Orakel, sondern vermittelt auch eine geradezu brisante Botschaft: Gott selber hat den neuen König gezeugt, er ist sein Sohn! Das erinnert an Ps 2,7b, der das Gemeinte noch deutlicher artikuliert: »Du bist mein Sohn, heute habe ich dich gezeugt«. Also nicht nur Königtum von Gottes Gnaden, sondern göttliche Abstammung? Nein, denn gerade das »heute« aus Psalm 2 schließt diese Deutung aus: Wäre der König im physischen Sinne Gottes Sohn, dann wäre er es natürlich von Geburt an gewesen — wie dies im alten Ägypten selbstverständlich war. Nach israelitischer Vorstellung aber könnte man allenfalls von einer Gottessohnschaft per »Adoption« sprechen: Der König ist Gottes Sohn vom Tage seiner Inthronisation an.

Für christliche Leser dürfte es interessant sein zu erfahren, daß der uns geläufige Titel für Jesus als »Sohn Gottes« in den Evangelien ebenfalls eher im Sinne einer »Adoption« denn physisch gemeint war. Man vergleiche dazu etwa die Überlieferungen von der Taufe Jesu (Mt 3,13-17; Mk 1,9-11; Lk 3,21f.; Joh 1,32-34), die eine weitere Parallele zu Psalm 110 aufweisen: Auch hier wird die Gottessohnschaft Jesu mit seinem neuen »Amt« begründet. Eine ähnliche Anschauung vermittelt die von Paulus aufgegriffene Überlieferung in Röm 1,4, wonach Jesus erst nach bzw. kraft seiner Auferweckung zum »Sohn Gottes« wird. Es blieb der griechisch denkenden Urchristenheit vorbehalten, ganz selbstverständlich Jesus als physischen »Sohn« Gottes zu denken: Göttersöhne waren in der griechischen, nicht aber in der jüdischen Vorstellungswelt beheimatet.

Freilich steht Ps 110,3b zu Ps 2,7 in etwa der gleichen Spannung wie
die Äußerungen von Matthäus und Markus über die Gottessohnschaft
Jesu zu der Weihnachtsgeschichte des Lukas, in der ja in gewisser Weise
das Wie dieser Gottessohnschaft (Jesus als Sohn Gottes mit der »Jungfrau« Maria) beschrieben wird. So schwierig die Aussagen von Vers 3b
im einzelnen zu konkretisieren sind, deutlich ist doch der mythologische
Hintergrund, der hier durchschimmert: Ist die »Morgenröte« ursprünglich als Göttin gedacht, und gab es so etwas wie eine »heilige Hochzeit«
zwischen Gott und dieser »Morgenröte«? Übrigens führen die Textspu-
ren nicht nur nach Ägypten, sondern auch nach Babylonien. In Jes 14,12
heißt es über den babylonischen Herrscher: »Wie bist du vom Himmel
gefallen, du schöner Morgenstern«. Aber im Psalm 110 ist es der Hofpro-
phet, der dem König die wunderbare Geburt zuspricht, was ja unsinnig
wäre, gälte der König ohnehin als »Gott-geboren«. Von »natürlicher«
Gottessohnschaft ist hier also nicht die Rede.

4. Juravit Dominus,	Geschworen hat der Herr,
et non poenitebit eum:	und nicht gereuen wird es ihn:
Tu es sacerdos in aeternum,	Du bist Priester ewiglich,
secundum ordinem Melchisedech.	gemäß der Ordnung des Melchisedek.

Ein weiteres Gottesorakel: Der König soll zugleich Priester »nach der
Art des Melchisedek« sein. Auffällig ist, daß diese Ankündigung mit einer gleichsam doppelten Versicherung versehen wird: Gott schwört und
wird es nicht bereuen, d.h. er wird diese Entscheidung nie zurückneh-
men. Warum aber diese Betonung? Wogegen wendet sie sich? Man ist auf
Vermutungen angewiesen: Wollte sich die Jerusalemer Priesterschaft gegenüber dem Königtum verselbständigen, so daß geistliche und weltliche
Macht sauber getrennt wären? (Abgrenzungsversuche zwischen Politik
und Kirche — eine uralte Angelegenheit!) Darauf könnte der Name
»Melchisedek« hinweisen, der erstmals in 1. Mose 14,18ff. auftaucht:

»Aber Melchisedek, der König von Salem, trug Brot und Wein heraus.
Und er war ein Priester Gottes des Höchsten und segnete ihn und
sprach: Gesegnet seist du, Abram, vom höchsten Gott, der Himmel und
Erde geschaffen hat; und gelobt sei Gott der Höchste, der deine Feinde
in deine Hand gegeben hat. Und Abram gab ihm den Zehnten von allem.«

Wir stoßen hier auf eine vor-israelitische Jerusalem-Tradition: Melchisedek war Stadtkönig des von den Jebusitern bewohnten Jerusalem. Und er vereinte die beiden Ämter — König und Priester — in seiner Person. Diese Personalunion wurde dann von König David übernommen (vgl. dazu 2. Sam 6,14; 18; 24,17; 1. Kön 8,14.56): Der »Priesterkönig« trägt priesterliche Kleidung, er segnet das Volk, tut Fürbitte für dieses und zelebriert Opfer.

5. Dominus a dextris tuis confregit in die irae suae reges.	Der Herr, zur Rechten dir, wird zerschmettern am Tage seines Zornes die Könige.
6. Judicabit in nationibus, implebit ruinas; Conquassabit capita in terra multorum.	Richten wird er unter den Völkern, und anhäufen Leichen; Zerschmeißen wird er ihre Häupter auf weitem Lande.

Drastische Worte bestimmen die Verse 5-6, in ihrer Brutalität nur schwer erträglich. Sie werden vielleicht aber verständlicher, wenn man bedenkt, daß in bzw. hinter diesen Formulierungen keineswegs nur politisch-militärisches Denken steckt (etwa im Sinne des »Gott mit uns« auf den deutschen Soldatenkoppeln im Ersten Weltkrieg). Vielmehr schwingt in diesen Drohungen zum einen noch etwas vom Kampf Gottes gegen das Chaos »im Anfang« mit (1. Mose 1,1; Joseph Haydn spielt in seiner »Schöpfung« auf diesen Urkampf unüberhörbar an: »Erstarrt, entflieht der Höllengeister Schar in des Abgrunds Tiefen hinab zur ewigen Nacht ... Verzweiflung, Wut und Schrecken ...«), zum anderen etwas vom letzten Kampf Gottes gegen alle seine Feinde, gegen das Böse und die Bösen (vgl. die Ausführungen zum »Dies irae« im Kapitel »Requiem«). Daß Gott gegen das Böse und die Bösen kämpft und das Gute und »die Seinen« verteidigt und schützt und daß beides nicht nur geistlich bzw. innerlich gemeint sein kann, gehört doch wohl zum Urvertrauen, das Menschen in Gott setzen. Ein Blick auf die schreckliche Alternative aber, daß Menschen und Mächte selbstgerecht und unkritisch Gott und das Gute für sich reklamieren und im Namen Gottes grausame »Säuberungen« vollstrecken, macht deutlich, daß es als gezielte Begrenzung der Gewalt gemeint ist, wenn in unserem Psalm eindeutig Gott selber und eben nicht der König als Schützer des (der) Guten, Richter der Bösen und Vollstrecker des Gerichts proklamiert wird. So wenig ja insgesamt zu bestreiten ist, daß im Alten Testament Gott nicht (genauer:

nicht nur) »Liebe« ist — man tut vielen Aussagen des Alten Testaments,
die von Zorn, Rache, Strafe, Macht und Gewalt Gottes reden, Unrecht,
wenn man dabei übersieht, daß sie auch darauf abzielen, entsprechende
menschliche Regungen zu begrenzen und Verantwortung und Gewalt an
Gott zu delegieren: »Die Rache ist mein, spricht der Herr, ich will
vergelten« (5. Mose 32,35). Wenn aber Gott der Rächer ist, darf man auf
Gnade hoffen!

7. De torrente in via bibet:	Vom Bache am Wege wird er trinken:
propterea exaltabit caput.	daher wird er erheben das Haupt.

Unvermittelt stehen wir vor einem neuen Bild. Nicht einmal der Sub-
jektwechsel von Gott auf den König ist eindeutig markiert — aber es
wird ja kaum anzunehmen sein, daß Gott aus der Quelle am Wege
trinkt. Analogien zu einem Text von Ras Schamra deuten vielmehr darauf hin, daß auch diese Handlung ein Bestandteil des Inthronisationsritus
sein könnte. Möglicherweise handelt es sich hierbei um einen Trank aus
einer »heiligen« Quelle, durch deren Genuß der König sich gleichsam sa-
kramental in den Besitz besonderer Kräfte bringt und einen Zuwachs an
Selbstbewußtsein, Würde und Macht erfährt: »Daher erhebt er sein
Haupt«.

*

Das sich obligatorisch an diesen wie an jeden liturgischen Psalm anschließende »Gloria Patri« übernimmt im Kontext der Psalmen mehrere
Funktionen:
1. Mit seiner trinitarischen Formulierung erhebt es den Anspruch, daß der
   Psalmtext ein christlicher sei, und legitimiert zugleich entsprechende
   Auslegungen: Der Gott, von dem im Alten Testament die Rede ist, ist
   der Vater Jesu Christi und die erste Person der Heiligen Dreieinigkeit.
2. Das Gloria (Ehre, Ruhm, Preis) in dieser Formel macht jeden Psalm
   unbeschadet seines spezifischen Inhaltes, d.h. seines Bezugs auf bestimmte Personen oder Ereignisse zu einem Lobpreis Gottes. Über allen Stimmungen, Gefühlen oder Erfahrungen, die in den Psalmen ihren menschlichen Ausdruck finden, steht also das »Gott die Ehre zu
   geben«. »Der Herr hat's gegeben, der Herr hat genommen: der Name
   des Herrn sei gelobt« sagt selbst Hiob, nachdem ihm entsetzliche To-
   desbotschaften überbracht wurden.

3. »Wie es war im Anfang ...«: Das Gloria Patri betont am Ende jedes Psalms, wie prinzipiell Gott und Ewigkeit zusammengehören. Ein Gott, der nicht »ewig« wäre — das wäre ein Widerspruch in sich. Und durch die Wiederholung dieser Formel wird auch der Mensch, der sie singt, hört, betet, schon hier und jetzt, in Raum und Zeit in die Ewigkeit Gottes einbezogen.

DEUTUNG UND BEDEUTUNG

Auch wenn die Vesper heute kaum mehr eine liturgische Bedeutung im kirchlichen Leben hat, dürften sich einige herausragende Vertonungen des Psalms 110 im Zusammenhang von Kirchenkonzerten oder auch im säkularen Konzertleben halten. Zur musikalischen Gestaltung eines Abendgottesdienstes oder einer Abendandacht, sei es in katholischen oder evangelischen Gemeinden, wird man aber wohl kaum auf diesen Psalm zurückgreifen — sehr im Gegensatz zum Umgang mit dem zweiten Eckstein der Vesper, dem Magnificat. Vielleicht haben wir mit diesem Vergleich auch schon den kritischen Punkt benannt, der das Singen dieses Psalmes als recht problematisch erscheinen läßt: Im Magnificat begegnen wir dem Gott, der »die Gewaltigen vom Stuhl stößt« und die Niedrigen erhöht — in Psalm 110 ist ungebrochen und ungeniert von dem Gott die Rede, der den »Gewaltigen« auf den Thron hebt und gleichsam »hinter ihm steht«.

Man könnte diesen Aspekt des Textes nun rasch als Zug einer vergangenen Nationalreligion, eines Gottesstaatstums oder der veralteten Thron-und-Altar-Verbindung kritisieren und abtun. Damit wäre allerdings nicht die grundsätzliche Frage beantwortet, was denn Gott und Glauben mit Macht, Kampf und Sieg zu tun haben. Es ist relativ einfach und auch völlig berechtigt, die Kette der religiös motivierten oder zumindest religiös geprägten Machtverstrickungen und -mißbräuche zu erkennen, gegebenenfalls sogar (im Blick auf die Kirchen) zu bekennen und sich deutlich davon zu distanzieren. Schließlich sehen sich Christen von heute eigentlich immer gern als Menschen, die selber eher »unten« sind oder die sich jedenfalls mit den »Erniedrigten und Beleidigten« solidarisieren.

Was aber wäre mit einem nicht nur als »allmächtig« bekannten, sondern sich als mächtig *erweisenden* Gott anzufangen? Elias verfällt in eine

Depression, nicht bevor, sondern nachdem er im Namen Gottes auf dem
Karmel gesiegt hat (1. Kön 19). Und der Feldherr Scipio, so weiß es Polybios zu berichten, weint angesichts des besiegten, in Flammen stehenden
Karthago — allerdings keine Tränen der Freude oder der Erleichterung
nach seinem größten Triumph, sondern solche der Trauer und der bösen
Ahnungen. »Einst werde fallen das hochgebaute Ilion«, so antwortet Scipio mit einem Homer-Zitat, und Polybios weiß dies richtig zu deuten:
Scipio befürchtet den Untergang seiner Vaterstadt Rom — und im Mo-
ment des Triumphes (vielleicht darf man die in Deutschland sehr bald
nach der »triumphalen« Wiedervereinigung einsetzende depressive Läh-
mung ähnlich sehen, zumal man ja nicht nur ein politisches und wirt-
schaftliches, sondern auch weltanschaulich »feindliches« System besiegt
glaubte).

Das Paradox ist also nicht aus der Welt zu schaffen: Das Gute, die Gerechtigkeit, die Freiheit, die Wahrheit ist ohne Macht in dieser Welt
nicht durchzusetzen; aber die Macht bekommt dem Guten nicht, das
Mittel verdirbt den Zweck! Und offenbar gilt dies um so mehr, je zuge-
spitzter sich »die Guten« mit dem Göttlichen identifizieren. Alle sogenannten Verwirklichungen des Gottesreiches auf Erden, natürlich auch
in säkularer Gestalt, begannen mit den schönsten Idealen, endeten dann
aber ähnlich grausam, wie es den ehemaligen Feinden vorgeworfen wurde.

Es ist darum kein Zufall und sicher auch nicht als plumpe Vertröstung
auf das Jenseits zu werten, wenn schon im frühen Judentum unser Psalm
110 messianisch gedeutet und auf einen noch ausstehenden »Friedenskönig« bezogen wurde. Und wenn auch christliche Exegeten in Psalm 110
Vorausdeutungen auf Jesus erkennen wollen, so sind diese eher auf die
»Zukunft des Gekommenen«[7] Christus bezogen als auf das, was schon
war oder ist. Für diese Zukunft und die besondere Qualität der Macht
Gottes aber hat die Bibel in ihrem letzten Buch, der Offenbarung des Johannes, ein unglaublich paradoxes, im Grunde anstößiges Bild gefunden:

*»Denn das Lamm mitten auf dem Thron wird sie weiden und leiten zu
den Quellen des lebendigen Wassers, und Gott wird abwischen alle Tränen von ihren Augen.«* (Offb 7,17)

TE DEUM

GESCHICHTE

Das Te Deum ist ein altkirchlicher lateinischer Hymnus.[1] Wenn es gelegentlich auch »Ambrosianischer Lobgesang« genannt wird, so spielt diese Bezeichnung auf eine Entstehungslegende an, die so schön ist, daß man sich wünschte, sie wäre wahr: Ambrosius, seit 374 Bischof von Mailand, habe, so erzählt die Legende, in der Nacht, als Augustinus (als Erwachsener) getauft wurde, vom Geist ergriffen diesen Hymnus angestimmt, und Augustinus habe in gleicher Begeisterung Vers um Vers geantwortet. So hätten also der »Vater des Kirchengesangs« (Ambrosius) und der erste »Kirchenmusik-Theologe« (Augustinus, der in seinen »Bekenntnissen« theologisch über Musik reflektiert) gemeinsam eines der eindrucksvollsten Werke der Kirchenmusik geschaffen.

Wer das Te Deum tatsächlich verfaßt hat, ist ungeklärt. Auch die Angabe im EKG, Bischof Niketas von Remisiana habe den ursprünglich griechischen Hymnus in den lateinischen Gottesdienst eingeführt, ist nicht bewiesen, und daher entfällt im neuen EG auch dieser fragwürdige Hinweis. Die Liturgiewissenschaftler nehmen jedoch an, daß das Te Deum im 4. Jahrhundert, vermutlich in dessen erster Hälfte, entstanden ist.

Hochinteressant und für die Auslegung folgenreich sind die Forschungsergebnisse von Ernst Kähler.[2] Er und andere Liturgieforscher haben herausgefunden, daß das Te Deum in seiner heutigen Gestalt Teil einer altlateinischen Abendmahlsliturgie war, die in den gallikanischen und spanischen Kirchen des 4. Jahrhunderts beheimatet war. Einzelne Teile des Te Deum stammen jedoch möglicherweise aus noch früherer Zeit.

Seinen liturgischen Platz hat es in der römischen Kirche an Sonn- und Festtagen (außer in der Advents- und Fastenzeit) am Ende des Matutin-Gottesdienstes (vgl. dazu die Erklärungen zu Teil III). Aber sicherlich hat weniger diese liturgische Tradition das Te Deum so bekannt gemacht als vielmehr die Tatsache, daß dieser Hymnus von früh an gerne bei kirchlichen, herrschaftlich-familiären und (manchmal ausgesprochen fragwürdigen) politischen bzw. militärischen Feiern und Zeremonien erklang, so z.B. im Jahre 800 bei der Krönung Karls des Großen, am spanischen Hof anläßlich der »Entdeckung« Amerikas durch Columbus, nach der entsetzlichen »Bartholomäusnacht« 1572, in der unzählige Hugenotten ermordet wurden, oder nach der Schlacht bei Leipzig 1813. Wohl kaum ein anderer christlicher Text dürfte so häufig bei politischen Anlässen in musikalischer Form erklungen sein. Gewiß hat dazu sein unleugbar »triumphaler« Tonfall beigetragen.

Noch heute zählt die Nachdichtung des Te Deum, das Lied »Großer Gott, wir loben dich« (EG 331, GL 257) von Ignaz Franz zu jenen geistlichen Volksliedern, die besonders bekannt und beliebt sind und die gern bei ausgesprochen »volksnahen« kirchlichen Veranstaltung wie Kirchweih oder Konfirmation gesungen werden.

Die reichlich ausgezierte Melodie des ursprünglichen Te Deum in seiner gregorianischen Gestalt hat Martin Luther in seiner deutschen Fassung des Stückes vereinfacht, wobei die Grundlinien der alten Hymnusform beibehalten wurden. In praktisch allen Vertonungen bis ins 18. Jahrhundert hinein wurde diese Melodie, wie wir sie aus EKG 137 bzw. EG 191 kennen, beibehalten. Ebenso großartig hat Luther den lateinischen Text ins Deutsche übertragen. Er bleibt immer nahe am lateinischen Urtext und schmiegt sich doch gleichzeitig an die vorgegebene Melodie an. Bis auf das »heb' sie hoch in Ewigkeit« (vgl. die folgende Übersetzung, Zeile 23) dürfte auch heutigen Menschen rein sprachlich der gesamte Text verständlich sein. Übrigens schätzte Luther das Te Deum so hoch, daß er es als »drittes Glaubensbekenntnis« neben dem Apostolicum und dem Athanasianum (vgl. Anhang) betrachtete. Vielleicht auch deshalb wurde das Te Deum noch lange Zeit nach der Reformation im Umkreis evangelischer Kirchenmusik nicht nur nach Luthers Übersetzung, sondern auch nach der lateinischen Textfassung vertont; Henry Purcell und Georg Friedrich Händel hingegen verwenden in ihren bekannten Te Deum-Vertonungen eine englische Übersetzung, während die französischen Barockmeister sich wiederum auf den lateinischen Text stützen.

VERTONUNGEN

Nahezu allen Vertonungen des Te Deum bis in die 2. Hälfte des 16. Jahrhunderts liegt die erwähnte gregorianische Melodie zugrunde. Bei den meisten wird das antiphone Element dadurch bewahrt, daß wechselgesangartig zwischen ein- und mehrstimmigen Versteilen unterschieden oder wechselchörig komponiert wird. Anklänge an diese Form sind selbst noch in Anton Bruckners imposantem Te Deum deutlich zu vernehmen.

Als Beispiel eines Werkes aus der Frühzeit der Evangelischen Kirchenmusik seien die sieben deutschen Te Deum-Vertonungen von Michael Praetorius (Musae Sioniae III, V, VII, 1607-1613) genannt. Johann Hermann Schein schrieb ein 24stimmiges Te Deum, und über die Aufführung des Te Deum von Heinrich Schütz (SWV 472) wird berichtet: »wozu die Trompeten und Heerpauken gebrauchet und unter derselben drei Salven ... gegeben« wurden. Aus der späteren Barockzeit dürften Henry Purcells Te Deum zum Cäcilienfest (1694) und Georg Friedrich Händels »Dettinger« und »Utrechter« Te Deum die bekanntesten Werke sein, wenngleich auch das monumentale Te Deum von Jean-Baptiste Lully und das von Marc-Antoine Charpentier nicht vergessen werden sollen (Charpentiers Prélude zum Te Deum wurde ja bekanntlich zur »Eurovisionsfanfare« erkoren). Johann Sebastian Bach hat in zahlreichen Kantaten Teile des Te Deum-Textes verwendet, meistens für den Schlußchoral, in der Neujahrskantate »Singet dem Herrn ein neues Lied« (BWV 190) aber bereits im Eingangschor. Joseph Haydn hat sein Te Deum in C-Dur für Kaiserin Maria Theresia geschrieben.

Die bedeutendsten Te Deum-Kompositionen aus dem 19. Jahrhundert stammen von Anton Dvořák — dessen Stück 1989 bezeichnenderweise unmittelbar nach den politischen Umwälzungen in der damaligen Tschechoslowakei spontan im Veitsdom in Prag aufgeführt wurde —, sowie von Hector Berlioz, Giuseppe Verdi und Anton Bruckner, der sein großartiges Werk bekanntlich als Schlußsatz für seine 9. Symphonie empfahl.

Daß in moderner Zeit dieser berühmte Text kaum einmal mehr vertont wurde, könnte seinen Grund darin haben, daß ihm durch den vielfachen politischen Mißbrauch, mehr zum Ruhme eines Herrschers oder eines militärischen Sieges als zur Ehre Gottes zum Erklingen gebracht worden zu sein, allzuviel von seiner ursprünglichen Würde abhandengekommen ist.

ÜBERSETZUNG

Teil I

1. Te   Deum laudamus, te   Deum confitemur
   Dich, Gott, loben wir, dich, Gott, bekennen wir

   Te   aeternum patrem omnis terra veneratur
   Dich, [den] ewigen Vater, alle   Welt verehrt

2. Tibi omnes Angeli, tibi   coeli   et universae   potestates;
   Dir alle   Engel, dir die Himmel und des Weltalls Mächte,

3. Tibi Cherubim   et Seraphim incessabili voce proclamant:
   Dir die Cherubim und Seraphim ohne Ende rufen zu:

4. »Sanctus, sanctus, sanctus,   Dominus Deus Sabaoth
   »Heilig, heilig,   heilig ist der Herr   Gott Zebaoth

5. Pleni sunt coeli   et terrae majestatis* gloriae** tuae«
   Voll sind Himmel und Erde des Ruhms** deiner Herrlichkeit*«

6. Te   gloriosus   Apostolorum chorus;
   Dich der ruhmreiche Apostel-Chor;

                            te Prophetarum laudabilis numerus
                            dich der Propheten löbliche   Schar

7. Te   martyrum candidatus laudat* exercitus**
   Dich der Märtyrer strahlendes Heer** lobpreiset*

8. Te   per orbem terrarum sancta   confitetur* ecclesia**
   Dich weltweit   die heilige Kirche** bekennt*

9.   Patrem immensae   majestatis,
   [Dich,] den Vater   unermeßlicher Herrlichkeit,

10. Venerandum tuum*   verum   et   unicum Filium
    Deinen* zu   verehrenden, wahren und einzigen Sohn

11. Sanctum* quoque Paraclitum**   Spiritum.
    und auch den   Tröster**, den Heiligen* Geist.

Teil II

12. Tu, rex   gloriae,   Christe, tu   Patris sempiternus
                                                    es* Filius.
    Du, König der Ehren, Christus, du bist* des Vaters ewiger
                                                         Sohn.

13. Tu ad liberandum suscepturus* hominem**
    Du, zu befreien den Menschen**, nahmst* auf dich

14. non horruisti   Virginis   uterum
    und scheutest nicht der Jungfrau Schoß

15. Tu devicto   mortis aculeo,
    Du hast besiegt des Todes Stachel,

16. aperuisti   credentibus regna   coelorum.
    geöffnet den Glaubenden die Reiche der Himmel.

17. Tu ad dexteram Dei   sedes, in   Gloria   Patris
    Du zur Rechten Gottes sitzest, in der Herrlichkeit des Vaters.

18. Judex   crederis   esse venturus
    Als Richter — so wird von dir geglaubt — wirst du
                                                      wiederkommen

Teil III

19. Te   ergo quaesumus tuis   famulis subveni,
    Dich nun bitten wir: deinen Dienern komm zu Hilfe,

20. Quos pretioso   Sanguine redemisti
    die   mit teurem Blut   du erkauft hast

21. Aeterna   fac   cum Sanctis tuis in gloria*
                                                      numerari
    In der ewigen Herrlichkeit* laß sie mit den Heiligen dein
                                                      werden gezählt

22. Salvum fac   populum, Domine, et   benedic
                                                      haereditati tuae
    Gerettet laß sein dein Volk,   Herr   und segne
                                                      die Erben dein

23. Et   rege eos,   et   extolle illos usque in aeternum
    Und leite sie   und trage   sie   bis   in Ewigkeit

24. Per singulos dies benedicimus te
    Tag für Tag   preisen wir   dich

25. et   laudamus nomen   tuum in   saeculum   saeculi
    und wir loben den Namen dein in die Ewigkeit der Ewigkeit

28. Fiat   misericordia   tua,   Domine, super nos,
    Es walte die Barmherzigkeit dein, Herr,   über   uns,

29. quemadmodum speravimus in   te
    wie   wir hoffen auf dich

30. In te   speravi, Domine; non   confundar in aeternum.
    Auf dich hoffe ich, Herr;   nicht zuschanden möge ich werden
                                                      in Ewigkeit.

    Amen.
    Amen.

KOMMENTAR

Der Te Deum-Text und seine Melodie lassen sich augenfällig in drei Teile gliedern:[3]

— Teil I, Zeile 1-11: Anbetung Gottes des Vaters, in deren Zentrum das dreimal »heilig« (vgl. Jes 6) steht. Während das Te Deum als ganzes nur Gott-Vater und Gott-Sohn besingt, wird am Schluß von Teil I der Bezug auf den Heiligen Geist gleichsam »angehängt«, wobei freilich das *dreimalige* »heilig« diese trinitarische Formel stützt, da die Alte Kirche in dieser alttestamentlichen Aussage eine vorwegnehmende Anspielung auf die Dreieinigkeit sah.

— Teil II, Zeile 12-18: Bekenntnisaussagen über Christus.

— Teil III, Zeile 19-30: Bitten um Beistand für das zeitliche und das ewige Leben.

In allen drei Teilen tauchen Worte, Gedanken und Bilder auf, die dem Leser nicht unvertraut sein dürften: Das dreimalige »heilig« im Teil I erinnert an das »Sanctus« in der Messe; die Bekenntnisaussagen zu Christus im Teil II klingen ähnlich wie jene im »Laudamus te« der Messe, und in den Bitten in Teil III klingen unverkennbar Psalmworte an.

Wir übergehen hier die Hypothesen, die das Zusammenwachsen einzelner Teile des Te Deum betreffen, und nehmen es in seiner jetzigen Gestalt als ein Ganzes.

Teil I

1. Te Deum laudamus, te Deum confitemur	Dich, Gott, loben wir, dich, Gott, bekennen wir
2. Tibi omnes Angeli, tibi coeli et universae potestates;	Dir alle Engel, dir die Himmel und des Weltalls Mächte,
3. Tibi Cherubim et Seraphim incessabili voce proclamant:	Dir die Cherubim und Seraphim ohne Ende rufen zu:
4. »Sanctus, sanctus, sanctus, Dominus Deus Sabaoth	»Heilig, heilig, heilig ist der Herr Gott Zebaoth
5. Pleni sunt coeli et terrae majestatis gloriae tuae«	Voll sind Himmel und Erde des Ruhms deiner Herrlichkeit«
6. Te gloriosus Apostolorum chorus; Te Prophetarum laudabilis numerus	Dich der ruhmreiche Apostel-Chor; dich der Propheten löbliche Schar

7. Te martyrum candidatus laudat exercitus	Dich der Märtyrer strahlendes Heer lobpreiset
8. Te per orbem terrarum sancta confitetur ecclesia	Dich weltweit die heilige Kirche bekennt
9. Patrem immensae majestatis,	[Dich,] den Vater unermeßlicher Herrlichkeit,
10. Venerandum tuum verum et unicum Filium	Deinen zu verehrenden, wahren und einzigen Sohn
11. Sanctum quoque Paraclitum Spiritum.	und auch den Tröster, den Heiligen Geist.

Fremd und eindrucksvoll zugleich wird uns hier nicht etwa ein einzelner, Gott lobender Mensch, ja, nicht einmal eine Gruppe von Menschen bzw. eine Gemeinde vorgestellt; vielmehr steht uns der ganze Kosmos als in unaufhörlichem Lob und Anbetung Gottes begriffen vor Augen. Der Glaubende, der sich in diesem Text sucht, findet sich erst in Zeile 8 wieder — und auch da nur als Glied der weltweiten Kirche! Erst ganz am Schluß des Te Deum wird ein einziges Mal in der »Ich-Form« gesprochen.

Welch eine Welt-Anschauung: Alles, was existiert, ist auf Gott bezogen, kreist um Gott. Dies aber nicht nur in einem eher unpersönlichen Sinne etwa dessen, was wir heute »die Schöpfung« (bzw. Natur) nennen, sondern in einer so hochgradigen Personalisierung, daß »alles« singen und Gott verehren kann. Wäre es nicht durch die Überlieferungsgeschichte belegt, spätestens an dieser Stelle wäre erkennbar, daß wir es mit einem Text zu tun haben, der aus ostkirchlicher, byzantinischer theologischer Tradition stammt. Denn in typisch griechischer (neuplatonischer) Denkweise wird hier Gott als das »höchste Sein« gesehen, dem alles Seiende in abgestufter Weise zugeordnet ist. Das Te Deum spiegelt diese »Hierarchien«-Lehre, indem es auf die »Stände« der himmlischen (unsichtbaren) und der kirchlichen (sichtbaren) Hierarchie anspielt: Die Cherubim und Seraphim, die »Mächte« des Alls und die Engel gehören zur ersteren, die Apostel, die Propheten und Märtyrer und die weltweite Kirche zur letzteren. Da man glaubte, daß die Apostel, Propheten und Märtyrer schon vor dem »Jüngsten« Gericht bei Gott seien, können auch sie — die ja nicht mehr leben — einstimmen in den Lobpreis Gottes. Gerade für Menschen, die heute und zu allen Zeiten zur Ehre Gottes sin-

gen und gesungen haben, muß, so denke ich, die Vorstellung bewegend
sein, daß sie als Teil eines riesigen, alle Grenzen von Raum und Zeit
überschreitenden »Chores« musizieren (obwohl oder gerade weil die
Idee, daß der Kosmos »klingt« und »Sphärenharmonien« erzeugt, schon
aus antiker vorchristlicher Zeit stammt).

Die bereits angesprochene These Kählers, daß das Te Deum seinen
»Sitz im Leben« in der Abendmahlsliturgie gallikanischer und spanischer
Kirchen des 4. Jahrhunderts hatte, wird gestützt durch Bezüge zu den
Worten des Präfationsgebetes der katholischen Abendmahlszeremonie
(die auch evangelischen Abendmahlsteilnehmern/innen vertraut sind),
in denen es ähnlich wie im Te Deum heißt: »daß wir dir allezeit ... Dank
sagen ... durch Jesum Christum, unseren Herrn, durch welchen deine
Majestät loben die Engel, anbeten die Mächte, verehren die Mächte. Die
Himmel und aller Himmel Kräfte samt den seligen Seraphim mit einhel-
ligem Jubel dich preisen«.

Zugleich treffen wir hier auf ein interessantes Beispiel für das Zusammenwachsen griechisch-philosophischer und biblischer Tradition, denn
die zentrale Aussage über den Gott unaufhörlich lobenden Kosmos
stammt ja aus der Bibel, genauer: aus Jes 6,1-4 (alttestamentlich) und aus
Offb 4,1-11 (neutestamentlich).[4] Während wir innerhalb der Vorstellung
von den Hierarchien an gleichsam »fließende Übergänge« zwischen
Gott, Welt und Mensch denken können, wird in der genannten prophetischen Vision sehr schroff der heilige Gott vorgestellt, angesichts dessen
der Prophet unmittelbar in den Ruf ausbricht: »Weh mir, ich vergehe,
denn ich bin unreiner Lippen und wohne in einem Volk von unreinen
Lippen.« »Heilig« ist also Gott als »der ganz Andere«, deutlich geschie-
den von allem Geschöpflichen, aber seinen Geschöpfen treu und verläß-
lich zugewandt bis dahin, daß er dem Propheten Jesaja sein Gericht über
Juda ankündigt, oft aber unerforschlich, fern und manchmal furchtbar
in seinem Walten.

So fremd und schwer nachvollziehbar, besonders in seiner scheinbar
ungebrochenen Glaubensgewißheit, das alles klingen mag für Menschen,
deren Welt-Anschauung eher die einer gottlosen Welt ist — darin zumindest ist dieses Glaubenszeugnis »realistisch«, daß es behauptet, es habe alles, was geschieht, etwas mit Gott zu tun, und daß es nicht behauptet, dieser
Gott sei ein »lieber Gott«, der nur mit den guten und »lieben« Seiten des
Lebens zusammengesehen werden dürfe. Gott ist in Wahrheit das »Geheimnis der Welt« (wie der Titel eines Buches von Eberhard Jüngel lautet).

Während die beiden letzten Aussagen des Teils I des Te Deum eher for-
melhaft von Gott, dem Sohn (also von Jesus Christus) und vom »Trö-

ster« (also vom Heiligen Geist) sprechen und damit, wie gesagt, den im Grunde zweigliedrigen Hymnus (Teil I ist Gott, dem Vater, Teil II Gott, dem Sohn gewidmet) trinitarisch auffüllen, ist in Teil II ausführlich von dem nahegekommenen, menschgewordenen Gott, von Jesus Christus die Rede.

Teil II

12. Tu, rex gloriae, Christe, tu Patris sempiternus es Filius.	Du, König der Ehren, Christus, du bist des Vaters ewiger Sohn.
13. Tu ad liberandum suscepturus hominem	Du, zu befreien den Menschen, nahmst auf dich
14. non horruisti Virginis uterum	und scheutest nicht der Jungfrau Schoß
15. Tu devicto mortis aculeo,	Du hast besiegt des Todes Stachel,
16. aperuisti credentibus regna coelorum.	geöffnet den Glaubenden die Reiche der Himmel.
17. Tu ad dexteram Dei sedes, in Gloria Patris	Du zur Rechten Gottes sitzest, in der Herrlichkeit des Vaters.
18. Judex crederis esse venturus	Als Richter — so wird von dir geglaubt — wirst du wiederkommen

Viermal wird Christus in der Weise einer Laudatio mit »Du hast« lobend angeredet. Was er getan hat, wird mit Worten und Vorstellungen beschrieben, die uns abendländischen Christen keineswegs so vertraut sind, wie es zunächst klingt: Er »besiegte den Stachel des Todes« (eine Anspielung auf Christi »Höllenfahrt« bzw. seinen Abstieg in das Totenreich, vgl. 1. Petr 3,19-22), er »schloß den Glaubenden die Reiche der Himmel auf« (Christi Himmelfahrt wird hier angedeutet), und er »hat sich gesetzt zur Rechten Gottes« (d.h. er hat die gleiche Macht wie Gott-Vater), weswegen er auch die Richterfunktion beim »Jüngsten Gericht« übernehmen wird. Wo wir passivische Worte wie »gelitten, gekreuzigt, gestorben und begraben, am dritten Tage auferstanden« erwarten würden, da begegnen uns hier machtvolle Aktivitäts-Äußerungen. Der angerufene Christus ist mehr der triumphale Christus, wie wir ihn auch aus dem Johannes-Evangelium kennen.

Weniger der »Heiland« aus den drei ersten Evangelien blickt uns an, eher das strenge, herrscherliche Bild des Pantokrator Christus, wie wir es von byzantinischen Ikonen her kennen. Nach den Thesen Kählers würde sich dies allerdings auch dadurch erklären, daß wir einen Teil einer österlichen Abendmahlsliturgie vor uns haben, in welcher ja der auferstandene und erhöhte Christus angebetet wird.

Teil III

19. Te ergo quaesumus tuis famulis subveni,	Dich nun bitten wir: deinen Dienern komm zu Hilfe,
20. Quos pretioso Sanguine redemisti	die mit teurem Blut du erkauft hast
21. Aeterna fac cum Sanctis tuis in gloria numerari	In der ewigen Herrlichkeit laß sie mit den Heiligen dein werden gezählt
22. Salvum fac populum, Domine, et benedic haereditati tuae	Gerrettet laß sein dein Volk, Herr und segne die Erben dein
23. Et rege eos, et extolle illos usque in aeternum	Und leite sie und trage sie bis in Ewigkeit
24. Per singulos dies benedicimus te	Tag für Tag preisen wir dich
25. et laudamus nomen tuum in saeculum saeculi	und wir loben den Namen dein in die Ewigkeit der Ewigkeit
26. Dignare, Domine, die isto sine peccato nos custodire	Habe die Huld, Herr, heute sündenfrei uns zu bewahren
27. Miserere nostri, Domine.	Erbarme dich unser, Herr.
28. Fiat misericordia tua, Domine, super nos,	Es walte die Barmherzigkeit dein, Herr, über uns,
29. quemadmodum speravimus in te	wie wir hoffen auf dich
30. In te speravi, Domine; non confundar in aeternum.	Auf dich hoffe ich, Herr; nicht zuschanden möge ich werden in Ewigkeit.
Amen.	Amen.

Die Bitten aus dem III. Teil des Te Deum hört man zunächst sehr allgemein als Bitten der Glaubenden, der Kirche um den Beistand Gottes bzw. Christi, heute und morgen und bis in Ewigkeit. Wenn wir uns aber, Kählers Forschungsergebnissen folgend, einen Ostergottesdienst in der Alten Kirche vorzustellen haben, dann könnten diese Bitten (jedenfalls diejenigen der Zeilen 19-23) sehr speziell auf die (erwachsenen) Neugetauften dieses Tages bezogen sein, denn Ostern — das war der frühchristliche Tauftermin schlechthin! Die Getauften, so lautet die Bitte, möge der, der sie »mit seinem teuren Blut erkauft hat« — eine Anspielung auf den in der Taufe geglaubten Loskauf des Sklaven aus der einen in die neue Herrschaft (vgl. 1. Kor 6,20) —, tragen, bewahren, aufheben bis in die Ewigkeit. Formuliert wird hier also eine Bitte nicht um irdische Bewahrung, sondern um Bewahrung vor dem Verlust des »Heilsstandes«, in den die Getauften ja gerade getreten sind.[5] Wir haben es bei diesem Text also nicht mit Volksfrömmigkeit zu tun, die sich von Gott dessen Segen zu allem und jedem erfleht, sondern mit einer Bitte, die mit dem ewigen Heil zu tun hat!

Das gilt doch wohl auch für die letzten Bitten Zeilen 24-30, wie die sehr konkrete Bitte Zeile 26 und der Schluß »nicht zuschanden möge ich werden in Ewigkeit« erkennen läßt.

Mit Ausnahme von Zeile 26 sind die Bitten des Teiles III übrigens allesamt Psalmzitate, die (fast) wörtlich mit dem Vulgata-Text übereinstimmen:

Zeile 24 + 25	= Psalm 145,2
Zeile 27	= Psalm 123,3
Zeile 28 + 29	= Psalm 33,22
Zeile 30	= Psalm 31,2

Eigentümlicherweise findet sich nun genau diese Zusammenstellung der genannten Psalmverse auch als einziges Stück des Te Deum in griechischer Sprache in der orthodoxen Liturgie wieder. Es handelt sich dort um ein Morgengebet, das mit einer späteren Fassung des großen Gloria abschließt. Möglicherweise ist dieses preces-artige Wechselgebet von sehr hohem Alter. Aber erst später ist es in Verbindung mit dem Te Deum getreten und hat ihm den Charakter eines Morgenhymnus verliehen, der ihm eigentlich nicht anhaftete. Als solcher wird das Te Deum nach der klösterlichen Mönchregel jeden Sonntag bei der Mette gesungen.[6] Der letzte Abschnitt des Teiles III hat also, sozusagen zu Unrecht, aus dem Abendmahls- und Taufhymnus einen Morgenhymnus gemacht.[7]

Eine kleine, aber nicht unbedeutende Beobachtung zum Schluß: Mit Singular und Plural gehen die Psalmzitate relativ frei um (vgl. Ps 145,2:

Singular, mit dem Zitat in Zeile 24: Plural). Vielleicht hat man in der
Schlußzeile die Singularform stehen lassen, weil der Vers den Abschluß
des Gesanges bildet, nach dem die Gemeinde wieder auseinandergeht,
oder weil ja unüberhörbar auf »Ewigkeit« angespielt wird — und durch
die enge Pforte des Todes muß jeder Mensch allein gehen.

DEUTUNG UND BEDEUTUNG

Wir sind einem altehrwürdigen, tiefgründigen und auch ein wenig fremden christlichen Text begegnet. Seine Entstehung liegt im Dunkeln. Eine
wohlbegründete These lädt uns ein, den Sitz im Leben dieses Textes in
der Liturgie der Osternacht bei Abendmahl und Taufe zu sehen. So wären wir in das zentrale Kultgeschehen der christlichen Kirchen versetzt,
in den Gottesdienst. Und wenn uns vielleicht auch einzelne Aussagen
nicht unmittelbar verständlich erscheinen — bekannt und nachvollziehbar dürften für uns die drei Anliegen des Te Deum sein: Lob und Anbetung, Bekenntnis und (Für-)Bitte.

Als etwas ganz Besonderes erscheint mir, daß diese drei gottesdienstlichen Schritte im Te Deum zusammengebunden sind oder, da dieser Text
uns ja als Hymnus überliefert ist, in einem großen liturgischen Gesang
vereint werden. Wichtig erscheint mir das insbesondere im Blick auf die
Bekenntnisaussagen (also vor allem Teil II): Wenn man bedenkt, welche
Funktionen die christlichen Bekenntnisse oft auch gehabt haben — nämlich Glauben zu definieren und mit den Definitionen abzugrenzen und
andere und anderes auszugrenzen —, dann ist es geradezu wohltuend zu
sehen, daß hier im Te Deum der Eine, der für eine Schar von Menschen
ganz wichtig und bedeutend geworden ist, ganz einfach besungen wird
— im Grunde genau so, wie man eine(n) Geliebte(n) besingt, wobei man
auch da von keinem anderen verlangen würde, an diese(n) zu glauben ...

Gut vorstellbar dagegen ist, daß in die lange Reihe der »du hast«-
Aussagen im Te Deum andere nicht nur einstimmen, sondern (wenigstens in Gedanken) noch je ihre eigene Strophe einbringen könnten, wie
immer sie laute. So mag man eines der frühesten Juwelen der Kirchenmusik
zugleich als Inbegriff einer Funktion betrachten, die der Musica sacra immer schon zukam und gut anstand, nämlich als Gegengewicht gegen allzu
dogmatische und verrechtlichende religiöse Tendenzen zu wirken.

Ob man das Te Deum unter solchen Aspekten nicht doch wieder öfter und eben nicht nur, wenn es ganz »hochkirchlich« hergeht, im Gottesdienst singen (lassen) sollte und könnte? Denn, es wurde schon darauf hingewiesen, derzeit erklingt es sowohl als Gemeindegesang wie auch als kunstvoll vertontes Stück in Kirchenkonzerten auffallend selten. Man kann sich kaum vorstellen, daß das Te Deum noch vor weniger als 100 Jahren ebenso bekannt war wie in Kirchenkreisen heute etwa das Lied »Nun danket alle Gott« oder »Lobe den Herren, den mächtigen König der Ehren«. Vielleicht ist ihm dieser Bekanntheitsgrad auch zum Verhängnis geworden: Wenn der Text zum Klischee wird, wenn der Inhalt nicht mehr differenziert wahrgenommen wird, wenn nur noch irgend etwas »Erhebendes« in der Luft liegt und dies flugs geweiht wird mit einem »Te Deum« — dann kann man bewußt oder unversehens eine Linie vom biblisch-prophetischen »Immanuel« (»Gott mit uns«) bis zum militärischen »Gott mit uns« auf den Koppelschlössern der deutschen Soldaten ziehen und das Te Deum auf dieser Linie unterbringen. Nein, an solchen Gebrauch von Kirchenmusik sollte nie wieder angeknüpft werden!

Aber wenn Dissens und Dissonanz, Disharmonie und Dissidenz auch ihr Recht in Gottesdienst und Kirche haben und behalten, dann dürfen wir uns doch auch an dem freuen, was als Urbedürfnis der menschlichen Seele dem Widerspruch vorausgeht, nämlich am Einstimmen, an Einstimmigkeit, an Übereinstimmung und an Zustimmung. Das Te Deum weckt und stillt diese Sehnsucht.

STABAT MATER[1]

GESCHICHTE

Vermutlich wird es evangelischen und katholischen Lesern ähnlich gehen: Würde man nach Kompositionen des Stabat Mater gefragt, könnte man mühelos eine ganze Reihe bekannter Vertonungen aufzählen, über den Text aber wüßte man wenig oder fast nichts zu sagen, außer vielleicht, daß er im Umkreis der Passion anzusiedeln ist. Der subjektiven Erfahrung entspricht ein objektiver wissenschaftlicher Sachverhalt: Nicht nur die Autorschaft, sondern auch die genaue Entstehungszeit dieses Textes ist ungewiß, aber außer Frage steht, daß er sich seit alters höchster Beliebtheit erfreut. Das Stabat Mater ist von Haus aus ein Reimgebet bzw. ein Leselied zur stillen Privatandacht (was sich in den Ich-Formulierungen spiegelt), dennoch wurde es als Sequenz (s. Glossar) in das gleichsam öffentliche und offizielle Missale aufgenommen. Damit kam man der großen Beliebtheit dieses Liedes sozusagen liturgisch entgegen.

Die besondere, geradezu zwingende Kraft dieses Textes wird auch dadurch unter Beweis gestellt, daß ihn so viele große Komponisten vertont haben, obwohl es doch ein außerordentlich schwieriges Unterfangen war, einem solch langen, inhaltlich und affektiv durchgehend gleichgestimmten Text musikalischen Ausdruck zu verleihen (das ist, als wollte man aus einer Litanei ein Oratorium machen ...). Welch ein Gegensatz zu den dramatischen, handlungsreichen und emotional beweglichen Passionstexten der Evangelien! Doch trotz dieses einheitlichen, man möchte fast sagen: »monotonen« Tones des Stabat Mater-Textes fühlten sich Komponisten immer wieder zu seiner musikalischen Bearbeitung motiviert, und niemand würde in Abrede stellen, daß ihnen bei ihren Bemühungen Großes gelungen ist.

Thematisch steht das Stabat Mater keineswegs allein. Es gehört zur Gruppe der Marienklagen, die im Mittelalter in Deutschland und Italien den Höhepunkt aller Passionsdarstellungen, der lateinischen wie der volkssprachlichen, bildeten. In diesen liturgischen Dramen, genauer:

Passionsspielen, konnten die verschiedensten Aspekte der neutestamentlichen Passionsgeschichten zu Bedeutung gelangen und ausgemalt werden.

Besonders eigneten sich dafür auch die folgenden Sätzen aus dem
Johannes-Evangelium (Joh 19,25ff.), die man als Urzelle sowohl der Marienklagen insgesamt als auch speziell des Stabat Mater bezeichnen kann:

*»Es standen aber bei dem Kreuz Jesu seine Mutter und seiner Mutter
Schwester, Maria, die Frau des Klopas, und Maria von Magdala. Als nun
Jesus seine Mutter sah und bei ihr den Jünger, den er lieb hatte, spricht
er zu seiner Mutter: Frau, siehe, das ist dein Sohn! Danach spricht er zu
dem Jünger: Siehe, das ist deine Mutter! Und von der Stunde an nahm
sie der Jünger zu sich.«*

Seit dem frühen 14. Jahrhundert findet man das Stabat Mater in Gebet-
büchern. Sofern es darüber hinaus in liturgischen Büchern aus der Über-
gangszeit zwischen dem 13. und 14. Jahrhundert begegnet, handelt es
sich stets um einen handschriftlichen Nachtrag; erst in einem Brevier
von Arezzo aus dem Jahre 1417 erscheint es nicht als Zusatz, sondern
als Haupttext. Wie und wann dieses Lied dann in das Missale gelangte,
ist unklar. Offiziell fand das Stabat Mater 1727 zusammen mit der Einführung des marianischen Festes »Septem dolorum Beatae Mariae Virginis«, dem Fest der »Sieben Schmerzen der Heiligen Jungfrau Maria«, Eingang in das Meßbuch.

Sprachstil und poetische Formung jedenfalls deuten darauf hin, daß
das Stabat Mater lange vor der Wende vom 13. zum 14. Jahrhundert verfaßt wurde. Von den Quellen her ist am ehesten zu vermuten, daß die
Dichtung in Italien oder Frankreich entstand. Als Verfasser wurden in
der nicht endenden Autorendebatte folgende Persönlichkeiten genannt:
Papst Gregor der Große (gest. 604), Bernhard von Clairveaux (gest.
1153), Papst Innozenz III. (gest. 1216), Bonaventura (gest. 1274), Jacopone da Todi (gest. 1306), Papst Johannes XII. (gest. 1334) und Papst Gregor XI. (gest. 1378). Jacopone und Bonaventura wurden als Autoren fa-
vorisiert, da Stil und Technik der Stabat Mater-Dichtung auf die italienischen Laudi und die franziskanische Passions- und Marienfrömmigkeit
verweisen.

VERTONUNGEN

Die früheste heute nachweisbare Melodiegestalt des Stabat Mater ist die Weise, die in Italien gerne und vielfach »vom Volke« gesungen wird. A. Kienle[2] folgert dies aus der Tatsache, daß diese Melodie auch im Gebiet der Mailänder Liturgie verwendet wurde, in die das Stabat Mater als Sequenz nie Eingang fand. Es könnte sich hier also um die Urgestalt der Melodie handeln. Als solche wäre die Weise dann »ein Beispiel der Musik zur ältesten populär-lateinischen Franziskanerpoesie«.[3] Als Sequenzmelodie trifft man das Stabat Mater erst im Graduale Romanum Antwerpiae von 1712 an — »aber nicht mit einer einheitlichen Melodie, sondern in verschiedenen Versuchen, die eine gewisse Rathlosigkeit bekunden und beweisen, daß keine alte Melodie existiert«.[4]

Im »Gotteslob« findet sich ein auf fünf Strophen verkürztes, von H. Bone ins Deutsche übertragenes Stabat Mater unter der Nr. 584. Die dazu gesungene Melodie wird mit »Köln 1638« ausgewiesen.

Den Reigen der berühmten mehrstimmigen Stabat Mater-Kompositionen eröffnet Josquin Desprez' um 1480 geschriebene Motette, die auf einer weltlichen Chansonmelodie als cantus firmus basiert. Das Stabat Mater von Giovanni Pierluigi da Palestrina (gest. 1594), eine achtstimmige Komposition, entstand vermutlich gegen Ende seines Lebens, war exklusiv für die päpstliche Kapelle bestimmt und wurde erst ca. 1770 gedruckt.

Giovanni Battista Pergolesis Stabat Mater-Vertonung von 1736 ist das meistgedruckte Werk des 18. Jahrhunderts, das zudem in mannigfaltigen Bearbeitungen (u.a. durch Johann Sebastian Bach, Johann Adam Hiller und Giovanni Paisiello) überliefert ist. Es ist für Sopran, Alt und Streicher gesetzt und formal durch Arien und Duette kantatenähnlich angelegt. Bewunderungswürdig, wie der Komponist die ganze Komposition hindurch einen unaufdringlich schmerzlich-pathetischen Ton beibehält, ohne sich in Wiederholungen zu erschöpfen (was an Joseph Haydns Streichquartett »Die Sieben Worte Jesu am Kreuz« erinnert). Vermutlich hat Pergolesi sein Werk während seiner zum Tode führenden Krankheit im Franziskanerkloster zu Pozzuoli geschrieben. Jean Jacques Rousseau hat einmal behauptet, die erste Strophe des Stabat Mater von Pergolesi sei die vollendetste und rührendste Musik, die je aus der Feder eines Komponisten geflossen sei.

Neben Alessandro und Domenico Scarlattis sowie Antonio Vivaldis Vertonungen sei hier auf das höchst eindringliche Stück von Luigi

Boccherini hingewiesen. Die Erstfassung von 1781 für Sopran und Streicher übertrifft in ihrer Qualität nach Meinung der Fachwelt die zwanzig
Jahre später vorgenommene Umarbeitung für drei Solostimmen und Orchester, trotz oder gerade wegen der Sparsamkeit ihrer Mittel.

Joseph Haydn hat sein Stabat Mater, das er 35jährig komponierte, als
eines seiner Lieblingswerke bezeichnet. Lebenslang stolz war er auch auf
eine »Urkunde« aus der Hand Johann Adolf Hasses, dem er sein Werk
zur Begutachtung vorgelegt und von dem er dafür höchstes Lob empfangen hatte. Haydns Komposition ist für vier Solostimmen, Chor, zwei
Oboen im Wechsel mit Englischhörnern geschrieben und bei aller
kunstvollen und abwechslungsreichen affektiven Ausdeutung des Textes
ähnlich wie Pergolesis Werk charakterisiert durch eine besondere Ein-
heitlichkeit und Geschlossenheit. Dies wird man so von Gioacchino
Rossinis äußerst populärer Vertonung nicht behaupten können, denn
der Maestro legt seinem Genius als Opernkomponist hier erheblich weniger Fesseln an als etwa in der neuerdings so beliebt gewordenen »Petit
Messe solennelle«, ohne allerdings die Grenzen einer Passionsmusik zu
überschreiten oder »anstößig« zu wirken. Nicht wenige Liebhaber der
Musik werden Rossinis Opus mit seinem typisch italienischen Pathos als
das »Stabat Mater« schlechthin bezeichnen.

Allerdings sollte darüber weder die ebenfalls sehr anrührende Vertonung Franz Schuberts noch die sehr anders klingende, meines Erachtens
den Text noch tiefer auslotende und in einen ganz anderen Frömmig-
keitsstil hineinziehende Komposition von Anton Dvořák vergessen
werden, zumal bei ihm, ähnlich wie bei Pergolesi, persönliches Schicksal
und musikalisches Werk eine enge Verbindung eingegangen sind: Die
Skizzen zu diesem ersten großen Chorwerk Dvořáks gehen auf das
Jahr 1876 zurück, in dem sein Töchterchen Josepha starb; das angefange-
ne Werk blieb zunächst liegen. 1877 trafen Dvořák weitere herbe
Schicksalsschläge, zwei seiner Kinder starben. Nun holte der tief trauernde gläubige Katholik Dvořák diese Skizzen hervor und vollendete das
monumentale Werk in nur eineinhalb Monaten. Ob sich Dvořák wohl
mit der Mater dolorosa identifizierte und sich so etwas von seinem Leid
buchstäblich »von der Seele schrieb«? Berühmt wurde das Werk durch
die Aufführung in der »Heimat« der großen Oratorien, in England; die
Aufführung am 13. März 1884 in der Albert Hall in London markiert
den Beginn von Dvořáks internationalem Ruhm. Dvořák hat seine
Komposition in Kantatenform mit zehn in sich geschlossenen Sätzen gestaltet; Eingangs- und Schlußsatz sind thematisch verklammert, so daß
eine zyklische Abrundung gewährleistet ist. A. Beaujean erfaßt den Cha-

rakter des Stückes genau, wenn er schreibt: »Eine Mater dolorosa, die ihre Herkunft aus Böhmen so naiv verrät, wie die mittelalterlichen Ma-
donnen den Frauentyp ihrer Ursprungsländer«[5] (slawische Marienfrömmigkeit atmen aber auch die Stabat Mater-Vertonungen von Karol Szymanowski und Krzysztof Penderecki).

Vielleicht darf man darüber hinaus andeuten, daß sich auch etwas von
Dvořáks persönlicher Frömmigkeit in seinem Werk widerspiegelt: ein
kindlicher Glaube, der auch im tiefsten Leid nicht die Hoffnung verliert
und der sich ganz auf die überlieferte Deutung stützt, daß dieses Leiden
heilbringend ist — was sich nicht zuletzt darin spiegelt, daß vier der zehn
Sätze in Dur stehen.

Giuseppe Verdis Stabat Mater, für vierstimmigen gemischten Chor
und Orchester gesetzt und in seinen starken dramatischen Kontrasten
dem Requiem sehr nahe, ist Teil seiner berühmten Sammlung geistlicher
Musik, den »Quattro pezzi sacri«. Seine Entstehung dürfte auf einen
schweren Schicksalsschlag zurückgehen: Verdi begann seine Arbeit am
Stabat Mater direkt nach dem Ausbruch der schweren Krankheit seiner
Lebensgefährtin Giuseppina Strepponi im Jahre 1896 — kurz nach der
Übersendung des Manuskriptes an den Verleger 1897 verstarb Giuseppina.

KOMMENTAR

Strophe 1 — 4

In den ersten Strophen seines Liedes versenkt der Dichter sich zunächst
in den Anblick der »Schmerzensmutter« Maria. Man mag diese Betrachtung mit Paul Gerhardts Passionslied »O Haupt voll Blut und Wunden«
(das seinerseits auf einer lateinischen Vorlage basiert) vergleichen: Beiden
Verfassern geht es darum, sich intensive Bilder des Leidens vor Augen
zu stellen — Bilder, denen sich niemand gerne stellt und die »auszuhalten« stets ein Element von Passionsandacht war (vgl. die Passionslieder
»Jesu Kreuz, Leiden und Pein ... betracht ... christliche Gmein«, EKG 58,
EG 78, »O Haupt voll Blut und Wunden ... gegrüßet seist du mir«, EKG
63, EG 85, und »Jesu, deine Passion will ich jetzt bedenken ... in dem
Bilde jetzt erschein, Jesu, meinem Herzen«, EKG 67, EG 88). Und wie

ÜBERSETZUNG[6]

1.
Stabat   mater dolorosa
Es stand die Mutter schmerzensreich

Juxta   crucem lacrimosa,
bei dem Kreuz, tränenreich,

Dum   pendebat filius.
als (dort) hing der Sohn.

Cuius animam gementem
Ihre   Seele,   trauervoll,

Contristantem et   dolentem
tiefbetrübt   und schmerzvoll,

Pertransivit   gladius.
durchbohrte ein Schwert.

2.
O quam tristis et   afflicta
O wie   traurig und zerschlagen

Fuit   illa benedicta
war da jene gesegnete

Mater   Unigeniti
Mutter des Einziggeborenen,

Quae   maerebat et   dolebat.
welche wehklagte und litt.

Et   tremebat, cum   videbat
Und zitterte,   als sie sah

    Nati   poenas   incliti.
Des Sohnes Qualen, des hehren.

3.
Quis est   homo,   qui non fleret
Wer wäre der Mensch, der nicht weinte,

Matrem*   Christi si** videret
wenn** er die Mutter* Christi   sähe

In tanto   supplicio?
in so großer Pein?

Quis non posset*   contristari
Wer könnte* nicht mittrauern,

    Piam   matrem contemplari
die fromme Mutter anblickend,

        Dolentem cum   filio?
wie sie leidet   mit dem Sohn?

4.
Pro   peccatis suae   gentis
Für die Sünden seines Volkes

Jesum vidit   in tormentis
Jesum siehet sie in Qualen,

Et   flagellis subditum
und mit Geißeln gemartert,

Vidit   suum dulcem natum
sieht sie ihren süßen Sohn

Morientem desolatum
sterbend   ohne Trost,

Cum emisit   spiritum.
da er aufgibt seinen Geist.

5.
Eia Mater, fons   amoris
Ach, Mutter, Quell der Liebe,

Me   sentire   vim   doloris
mich laß* fühlen die Gewalt des Schmerzes,

Fac*, ut   tecum   lugeam
     auf daß ich mit dir trauere;

Fac, ut ardeat   cor   meum
Mach, daß brenne das Herze mein

In amando Christum   Deum
in Liebe zu Christus, (meinem) Gott,

Ut   sibi   complaceam
auf daß ihn ich mir gnädig stimme.

6.
Sancta Mater, istud agas,
Heilige Mutter, dieses führe herbei,

          Crucifixi fige**   plagas*
daß des Gekreuzigten Wunden* du einprägst**

     Cordi   meo valide;
dem Herzen mein kräftig;

Tui nati   vulnerati
deines Kindes, so wund geschlagen,

Iam dignati   pro me   pati
doch gewürdigt, für mich zu leiden

                   Poenas mecum divide!
(Deines Sohnes) Pein: Mir gib Anteil daran!

7.
Fac me   vere   tecum   flere
Laß mich wahrhaft mit dir weinen,

         Crucifixo   condolere
mit dem Gekreuzigten mitleiden,

donec   ego vixero.
solange ich leben werde.

Juxta   crucem tecum   stare
Unterm Kreuz   mit dir zu stehen,

Te   libenter sociare
dir mich gerne   anzuschließen

In planctu   desidero.
in deinem Weh — das ersehne ich.

8.
Virgo   virginum praeclara,
Jungfrau, der Jungfrauen strahlendste,

Mihi jam non sis amara,
mir doch nicht sei grausam,

Fac me   tecum plangere.
Laß mich mit dir klagen.

Fac, ut   portem Christi mortem
Laß mich tragen   Christi Todesschicksal,

Passionis* eius sortem,
seines Leidens* Geschick,

Et   plagas   recolere.
und seine Wunden auf mich nehmen.

9.
Fac me   plagis   vulnerari
Laß mich von den Wunden verwundet werden,

Cruce* hac   inebriari
bei diesem Kreuz* trunken werden

Ob   amorem   filii.
von   Liebe zu dem Sohne.

Inflammatus et   accensus
Entflammt   und entzündet

Per   te,   virgo   sim defensus
durch dich, Jungfrau, wäre ich geschützt

In die   judicii.
am Tage des Gerichtes.

10.
Fac me   cruce custodiri
Laß mich sein durch das Kreuz bewahrt,

        Morte Christi praemuniri
durch den Tod   Christi geschützt,

Confoveri   gratia.
Begünstigt durch Gnade.

Quando   corpus morietur,
Wenn der Leib   sterben wird,

Fac, ut   animae donetur
gib, daß der Seele   verliehen werde

    Paradisi   gloria.
des Paradieses Herrlichkeit.

in Paul Gerhardts berühmtem Lied, in dessen Zentrum ja nicht rein menschliches Mitleid mit einem Gequälten, sondern der Glaube an und die Bitte um das durch dieses Leiden geschaffene Heil stehen, klingt auch im Stabat Mater von Anfang an das heilsgeschichtliche Thema an.

Das zentrale Mater-Motiv bezieht sich nämlich nicht auf irgendeine trauernde Mutter und nicht einmal nur auf die Mutter dessen, der am Kreuz hängt. Die Veranschaulichung des menschlichen Leides dieser Mutter ist lediglich eine Funktion, ein Aspekt des Textes, wenngleich ein in der vermutlichen Entstehungszeit des Stabat Mater durchaus neuer, »menschlicher« Zug der Darstellung von biblischen Gestalten. Die andere Seite aber stellt Maria als die Mutter Jesu dar, die zugleich, nach katholischer Auffassung, die Mutter der Kirche und somit die Mutter aller Christen ist. Ihr Leiden ist mehr als nur die herzzerreißende Trauer über den Tod des Sohnes, es ist »compassio«, d.h. »bewußtes Mitleiden in innerer Konformität mit den Erlösungsabsichten Christi«.[7] Ihre Schmerzen sind also nicht nur die Weh-Klage über einen schrecklichen Tod, sondern sie sind die Wehen einer wunderbaren Geburt: der Geburt der Kirche (analog wird in dem Weihnachtslied »Stabat Mater speciosa«, das ein Gegenstück zum Stabat Mater dolorosa ist und vermutlich aus derselben Zeit stammt, die Freude Marias besungen). Diese Geburt begann mit der Geburt Christi in Bethlehem; und daß sie unter Schmerzen vollendet werden würde, hat schon der fromme Simeon bei Jesu »Darstellung« im Jerusalemer Tempel prophezeit, der nicht nur die Geburt des Heilands preist, sondern darüber hinaus zu Maria sagt: »Siehe, dieser ist gesetzt zum Fall und zum Aufstehen für viele in Israel und zu einem Zeichen, dem widersprochen wird — und auch durch deine Seele wird ein Schwert dringen —, damit vieler Gedanken offenbar werden« (Lk 2,34f.; vgl. die wörtliche Anspielung auf das Schwert in der ersten Strophe des Stabat Mater).

Die Vorstellung, daß die »Geburt« der Kirche durch Maria also unter dem Kreuz Christi vollendet wurde, bildet das letzte Glied in einer Deutungskette, über die hier nur kurz referiert werden kann. Früh schon wurde der folgende, durch den Nachsatz merkwürdig akzentuierte, eigentlich sehr realistische Bericht am Ende der Passionsgeschichte des Johannes »geistlich« interpretiert:

»Als sie aber zu Jesus kamen und sahen, daß er schon gestorben war, brachen sie ihm die Beine nicht; sondern einer der Soldaten stieß mit dem Speer in seine Seite, und sogleich kam Blut und Wasser heraus. Und der das gesehen hat, der hat es bezeugt, und sein Zeugnis ist wahr, und er weiß, daß er die Wahrheit sagt, damit auch ihr glaubt.« (Joh 19,33f.)

Schon der Kirchenvater Augustinus deutet das Herausfließen von Blut
und Wasser aus dem Leichnam Jesu als den Ursprung der Sakramente
(Blut — Abendmahl, Wasser — Taufe) und setzt dies mit dem Ursprung
der Kirche in eins. Die mariologische Deutung führt diesen Gedanken,
daß unter dem Kreuz die Kirche begründet worden sei, weiter und läßt
Maria in ihrer compassio mit Christus diese Kirche gleichsam gebären.
Mit folgendem Argument hat man versucht, diese Ansicht zu untermau-
ern: Wenn Maria das Haupt der Kirche, Christus, geboren hat, so hat sie
auch den Leib, also die Kirche selber geboren. In diesem Zusammenhang
zitiert man gern Offb 12,2f., wo von einer in Wehen liegenden Frau die
Rede ist:

»*Und es erschien ein großes Zeichen am Himmel: eine Frau, mit der
Sonne bekleidet, und der Mond unter ihren Füßen und auf ihrem Haupt
eine Krone von zwölf Sternen. Und sie war schwanger und schrie in
Kindsnöten und hatte große Qual bei der Geburt.*«

Da der Verfasser des Stabat Mater nicht bekannt ist, ist es leider nicht
möglich, die genaue Position des Textes innerhalb dieser Deutungskette
zu bestimmen. Sicher ist aber, daß die spezifische Art der Betrachtung
der compassio Marias im 12. Jahrhundert in Mönchskreisen einsetzt,
insbesondere unter den Zisterziensern und den Franziskanern. Einen
Höhepunkt erreicht diese Bewegung mit der offiziellen Einführung des
Festes der »Septem dolorum Beatae Virginis Mariae« (»Der sieben
Schmerzen der seligen Jungfrau Maria«) im Jahre 1727.
    Wieviel auch immer von dem hier Ausgeführten schon bei der Entste-
hung des Stabat Mater eine Rolle gespielt haben mag, für die Wirkungs-
und Kompositionsgeschichte des Textes waren all diese Aspekte durchaus relevant. Man verbaut sich deshalb heute den Zugang zum Gehalt
und zur Botschaft dieser Dichtung, wenn man sie psychologisiert bzw.
lediglich als ein »rein menschliches«, tief empfundenes Mitleidsdoku-
ment liest. Und auch die weite Verbreitung und große Beliebtheit des
Liedes ist nur dann verständlich, wenn man sieht, daß die Kirche in ihm
Maria als Mit-Erlöserin ehrt und zugleich sich selbst als Teil der Passion
Christi feiert. Das reformatorische »solus Christus« (»allein Christus«),
in dem Christus als Gegenüber sowohl zu Maria als auch zu seiner Kirche verstanden wird, bildet zu dieser Vorstellung den gedanklichen Ge-
genpol.

Strophe 5 — 8

Jeder sensible Mensch wird beim Lesen oder Singen des Stabat Mater
Mitleid und Trauer empfinden — aber das eigentliche Anliegen des Dich-
ters bzw. des Beters reicht viel weiter: Er möchte selber Anteil gewinnen
an diesem Leiden. Doch bleibt in den Strophen 5-8 eigentümlich in der
Schwebe, an wessen Leiden der Beter teilnehmen will: an dem der Mutter oder an dem des Sohnes? Bereits im Neuen Testament, insbesondere
bei Paulus, spielt das »Leiden mit Christus«, ja das »Mit-ihm-gekreuzigt-
Werden« eine zentrale Rolle, während von einem Mitleiden mit Maria
keine Rede ist:

>*Sind wir aber Kinder, so sind wir auch Erben, nämlich Gottes Erben*
und Miterben Christi, wenn wir denn mit ihm leiden, damit wir auch
mit zur Herrlichkeit erhoben werden.« (Röm 8,17)
>*»Denn ich bin durchs Gesetz dem Gesetz gestorben, damit ich Gott*
lebe. Ich bin mit Christus gekreuzigt. Ich lebe, doch nun nicht ich, son-
dern Christus lebt in mir. Denn was ich jetzt lebe im Fleisch, das lebe
ich im Glauben an den Sohn Gottes, der mich geliebt hat und sich selbst
für mich dahingegeben.« (Gal 2,19)

Für unser modernes individualistisches, auf klar abgegrenzte Identität
abzielendes Menschen- und Lebensverständnis sind solche Sätze kaum
nachzuvollziehen. Denn in ihnen wird ein »korporatives« Denken
vorausgesetzt, das in der Antike eine durchaus geläufige philosophische
Vorgabe war und zunächst nichts mit »Glauben« zu tun hatte: Der
Mensch kann demnach durch bestimmte Riten mit einem »Gott« so eins
werden, daß er »mit ihm stirbt« und »in ihm lebt«. Alle hellenistischen
Mysterienreligionen[8] leben von diesem Motiv, das die christliche Theologie später aufgegriffen hat. Heute könnte man allenfalls mit psycho-
analytischen Narzißmustheorien ein solches Denken anschaulich machen, denn auch in ihnen geht es um frühe, aber nie endgültig vollzogene
Schritte der Selbstwerdung in der Ablösung und Internalisierung von
den ersten »Selbstrepräsentanzen«, vor allem der Eltern. Begriffe wie
»Auflösung der Ich-Grenzen« oder »Verschmelzung« tauchen hier auf.
    Ebenso gut nachvollziehbar dürfte für uns heute ein »Zustand« solcher
Ich-Entgrenzung und Verschmelzung sein — die Verliebtheit. Und es ist
nun gewiß kein Zufall, daß im Stabat Mater eben dieses Phänomen angesprochen wird, in Strophe 5: »Mach, daß das Herze mein in Liebe zu
Christus ... entbrenne«, und in Strophe 9: »Laß mich bei diesem Kreuz

trunken werden von Liebe zu dem Sohne, entflammt und entzündet durch dich, Jungfrau«. Daß wir heute Verliebtheit ausschließlich mit Erotik zwischen Mann und Frau assoziieren und uns umgekehrt Liebe zu Gott bzw. Christus, wenn überhaupt, dann nur unerotisch vorstellen können, das gehört zu den vielen Einengungen unseres Zeitgeistes. Wer sich im Gesangbuch oder bei Bachs Kantaten gut auskennt, weiß, wie ungehemmt Christen früherer Zeiten von deutlich erotisch geprägter Gottes- und Christusliebe zu singen und zu sagen wußten.

Darüber hinaus wäre zu fragen, warum gerade die leidende Liebe Christi und Marias die Gläubigen zur Liebe »verführt«. So wenig Eros ein ausschließlich »weltliches« Phänomen ist, so wenig ist ja auch die leidende Liebe ein exklusiv religiöses Motiv. Man kann, um im Rahmen der Musik zu bleiben, in sehr vielen Opernstoffen auf dieses Motiv stoßen: der (unschuldig und für andere bzw. für eine gute Idee) leidende Held bzw. die Heldin läßt (gerade als solcher, als solche) leidenschaftlichste Liebe im Herzen des Verehrers bzw. der Verehrerin aufkommen. Im »Liebestod« (»Tristan und Isolde«) finden beide die Erfüllung: Liebe, die nicht Lust und Leben sucht, will, zeugt, sondern die sich im Tod erfüllt. Möglicherweise steht »Tod« hier aber auch für ein anderes, für ein neues Leben in einer anderen, neuen Welt. So bezeugt es der christliche Glaube, und auch heute noch, in einer säkularisierten Welt, erleben oder erhoffen sich Menschen, die Religion eigentlich ablehnen, etwas »Jenseitiges« mit bzw. von der Liebe — um so bedauerlicher ist es, wenn bestimmte religiöse Wortführer mit einer platten Moralisierung des Themas »Liebe« die christliche Kirche als Gesprächspartner für diese Menschen unerwünscht werden lassen.

Strophe 9 — 10

In den beiden letzten Strophen klingen Gedanken und Bitten an, die in nahezu jedem Passionslied bzw. -oratorium enthalten sind.[9] Man denke etwa an die Schlußchöre der beiden Passionen von Johann Sebastian Bach: »Wir setzen uns mit Tränen nieder und rufen dir im Grabe zu: Ruhe sanfte ... Ruht ihr ausgesognen Glieder ... Euer Grab und Leichenstein soll dem ängstlichen Gewissen ein bequemes Ruhekissen und der Seele Ruhstätt sein« (»Matthäus-Passion«) oder »Ach Herr, laß dein lieb Engelein am letzten End die Seele mein in Abrahams Schoß tragen ...« (»Johannes-Passion«) oder — als das vielleicht bekannteste Beispiel unter vielen anderen — die 9. Strophe des Passionsliedes von Paul Gerhardt

(»O Haupt, voll Blut und Wunden ...«, EKG 63, EG 85, GL 179, im GL Strophe 6): »Wenn ich einmal soll scheiden, so scheide nicht von mir; wenn ich den Tod soll leiden, so tritt du dann herfür; wenn mir am allerbängsten wird um das Herze sein, so reiß mich aus den Ängsten kraft deiner Angst und Pein.«

Was soll — nach den vorangegangenen Leidens- und Mitleidsschilderungen nun — am Ende dieser Rekurs auf den frommen Betrachter selbst und hier wiederum auf dessen eigenes Sterben und ewiges Geschick? Nun, das Leiden und Sterben Jesu ist ja nach christlicher Auffassung nicht lediglich eines der unendlich vielen unheilvollen Vorkommnisse in dieser Welt, sondern ein heilvolles, heilbewirkendes Geschehen: Der Gottessohn hat mit seinem Leiden am Kreuz, mit seinem Sterben die Sünden der Welt »hinweggetragen«[10], die Menschheit mit Gott versöhnt, sie vom Fluch des Todes als »ewigem Tod« befreit und ewiges Leben für sie erworben.

Für diese Botschaft gab es schon im Neuen Testament und dann erst recht in der Dogmengeschichte der Kirche und in der christlichen Theologie verschiedene Deutungen. Das NT versucht übrigens keineswegs, diese Deutungen zu vereinheitlichen; wohl aber kann man so etwas wie einen kleinsten gemeinsamen Nenner herauskristallisieren, und der lautet: »für euch« Das Ereignis von Golgatha ist keine »Privatangelegenheit« eines Privatmenschen; es wird — selbstverständlich als Ausdruck und Bekenntnis des Glaubens an Jesus und nicht als »objektive Tatsache« — als ein Geschehnis zwischen Gott und Menschheit, als ein Geschehnis, das der Menschheit zugutekommt, gesehen.

Dieses »für euch« artikuliert sich vielfältig. So kann — in Anlehnung an den leidenden Gottesknecht im zweiten Jesaja-Buch — von dem vorbildlich leidenden Christus gesprochen werden (1. Ptr 2,21ff., aber auch in den drei ersten Evangelien), der dem Haß die Feindesliebe entgegensetzt und so den unseligen Kreislauf des Bösen »für uns« unterbricht, dies aber so, daß wir selber in diese Bewegung eintreten, also »inklusiv« stellvertretend; oder es wird die (scheinbare) Gottesverlassenheit dessen, der »durchhält«, wofür er lebte, dessen Leidenschaft zu seiner Passion wurde, als Gottesnähe verstanden (so z.B. im Passionsbericht des Matthäus und des Markus) oder der Weg in die Finsternis als »Verherrlichung« (Johannes-Evangelium) oder der Verrat der Menschen als »Hingabe Jesu«. Im letzteren Sinne kann man die Abendmahlsworte verstehen: »In der Nacht, als er verraten wurde, nahm er das Brot ... und sprach: Das ist mein Leib ... für euch in den Tod gegeben.«

Das Motiv der leidenden, sich hingebenden Liebe Jesu durchzieht da-

bei eigentlich alle genannten Deutungen (so etwa Joh 3,16: »Also hat
Gott die Welt geliebt, daß er seinen eingeborenen Sohn [dahin-] gab, auf
daß alle, die an ihn glauben, nicht verloren werden, sondern das ewige
Leben haben«). Und wenn Gott »in Christus« war, dann prägt dies im
Grunde ein ganz neues Gottesbild: das Bild des leidenden, »ohnmächtigen« Gottes, der auf keine andere Macht setzt als auf die »Macht« der Liebe.

In nach-neutestamentlicher Zeit kristallisieren sich zwei wichtige Tendenzen in der Heils-Deutung des Todes (und der Auferstehung) Jesu heraus: Die Ostkirche betont den Gegensatz Tod/Leben und akzentuiert als
»Frucht« des Sterbens Jesu »für uns«, daß er durch seinen Tod das wahre
und ewige Leben gebracht hat. In der westlichen, also römisch-
katholischen Kirche steht — unzweifelhaft unter dem Einfluß römischen
Rechtsdenkens — ein anderes Begriffspaar im Zentrum der Heilsdeutung
des Todes Jesu, nämlich der Gegensatz von Schuld und Vergebung. Die
»Frucht« des Sterbens Jesu »für uns« ist die Vergebung unserer Schuld.

Wie aber soll man sich den Zusammenhang von Tod Jesu, unserer
Schuld und deren Auslöschung denken? In seinem berühmten Werk
»Cur Deus Homo?« (Warum Gott Mensch wurde) versucht Anselm von
Canterbury (1033-1109) folgende Lösung:

*»Der Mensch hat mit seiner Sünde dem heiligen Gott eine unendliche
Beleidigung zugefügt und damit Strafe und Vernichtung verdient. Gott
aber will den Menschen nicht strafen, er will ihn retten. Die Sünde einfach zu übersehen, widerspricht der Ordnung, die Gott selbst gesetzt hat
und die ein Spiegelbild der Vollkommenheit Gottes ist. Darum bedarf
es einer Genugtuung (Satisfaktion). Wer soll diese Genugtuung leisten?
Der Mensch kann es nicht, denn seine Schuld ist zu groß. Der Genug-
tuende muß aber zur Menschheit gehören. So kommt Anselm zu dem
Schluß, daß nur ein Gottmensch die Genugtuung leisten konnte. Durch
seinen Tod hat Christus, wahrer Gott und wahrer Mensch, eine Genugtuung von unendlichem Wert geschaffen. Da er diese nicht für sich selbst
braucht, überträgt er sein Verdienst auf andere, nämlich auf die schuldi-
gen Menschen, die nun dadurch von Schuld befreit werden.«*[11]

Diese Deutung blieb zwar keineswegs unwidersprochen. Aber sie ge-
wann für die Deutung des Passionsgeschehens eine im Grunde bis heute
während Dominanz und dies meines Erachtens so sehr, daß uns kaum
mehr bewußt wird, daß es lediglich ein Deutungsmuster unter vielen ist:
die Vorstellung vom exklusiv stellvertretenden, Gottes Zorn sühnenden

Leiden Jesu »für uns«, für unsere Sünde. Es gibt kaum ein Gesangbuchlied, das jenes »für uns« nicht in diesem Sinne verkündete.

Das Stabat Mater macht in dieser Hinsicht jedoch eine bemerkenswer-
te Ausnahme: Zwar wird das Motiv des »für unsere Sünden« in Strophe
4 kurz erwähnt, aber es spielt im Ganzen des Textes keine eigenständige
Rolle. Das Heil, das durch das Kreuz kam, wird vielmehr, so der ganze
Duktus des Liedes, dem Gläubigen durch das Einswerden mit Christus
und Maria im Leiden zuteil. Trunken von Liebe zu Christus und Maria,
entflammt und entzündet durch sie, ist der Beter geschützt am Tage des
Jüngsten Gerichts, bewahrt durch das Kreuz, wie von Schutzmauern
umgeben durch den Tod Christi, »erwärmt«, gepflegt durch Gnade.

Als Beispiel einer alternativen Deutung des durch Jesu Kreuzestod geschaffenen Heiles sei an dieser Stelle der große mittelalterliche Lehrer
Abaelard (1079-1142) erwähnt. Abaelard widerspricht deutlich der von
Anselm vertretenen Lehre. Gott hat in Christus den Menschen seine Liebe offenbart. Aus Liebe ist Jesus Christus Mensch geworden, und bis hin
zur letzten Konsequenz — dem Tod am Kreuz — ist er lehrend, heilend
und handelnd dieser göttlichen Liebe treu geblieben. Diese seine Liebe
erweckt in uns die Gegenliebe, die der Grund für die Vergebung der Sünde ist. Was unserer Liebe fehlt, ergänzt Christus durch seine Fürbitte.

Diese Deutung ist ebenso wie die durch das Stabat Mater durchschim-
mernde Glaubenssicht des Todes Christi weit entfernt sowohl vom römischen Rechtsdenken, das so stark gerade die Deutungskategorien der
Versöhnung beeinflußte, als auch von der Verdinglichung des Heils, welche dieses quasi käuflich werden ließ. Bei Abaelard und im Stabat Mater
geht es um personale Kategorien: Liebe meint immer Beziehung. Bei An-
selms »Satisfaktion« kann man — gewiß entgegen der Absicht des Den-
kers — an ein »Etwas« denken, das verteilt oder erworben werden kann,
gegebenenfalls durch Geld oder gute Werke.

Auch wenn das Stabat Mater mit dem Ausblick auf das Ende und das
ewige Geschick des Beters schließt, wie dies für Passionslieder üblich ist,
kann man ihm doch keineswegs anlasten, daß das Leiden Christi und seiner Mutter letztlich »heilsegoistisch« interpretiert bzw. instrumentali-
siert werde. Der geradezu glühende Wunsch nach compassio, wie er sich
in Strophe 8 zum »sei mir nicht grausam, laß mich mit dir klagen« stei-
gert, zeigt, daß der Beter nicht etwas *von* der Gottesmutter und ihrem
Sohn erhalten möchte, sondern *mit* ihnen in engste Gemeinschaft kommen, ihnen nahe sein will. Dieses unbedingte und selbstlose »Hängen«
an Gott macht glaubhaft, daß christlicher Glaube nicht als bloßes Mittel
zum Zweck der individuellen Selbsterhaltung fungieren muß, wie dies

die Religionskritik behauptet. Und eben dies brachte schon der Beter
von Ps 73,25f. im Alten Testament zum Ausdruck:

*»Wenn ich nur dich habe, so frage ich nichts nach Himmel und Erde.
Wenn mir gleich Leib und Seele verschmachtet, so bist du doch, Gott,
allezeit meines Herzens Trost und mein Teil.«*

Freilich — für evangelische Ohren wird es ungewohnt sein und bleiben:
Während der Psalmbeter Gott anruft, die bekannten Passionslieder sich
direkt an den großen Leidenden wenden, sind die Bitten des Stabat Mater ausnahmslos an die große Mutter gerichtet, auch wenn diese mehr
oder minder deutlich nur als Vermittlerin zu Jesus gesehen wird. Das gilt
auch für die Bitten, die der evangelische Liederdichter mit »Wenn ich
einmal soll scheiden ...« einleitet und dann dem Gekreuzigten zuruft, also für die Bitten um ein seliges Ende und das Geschenk der ewigen Seligkeit. Marianischer Frömmigkeit wird das vermutlich kaum fragwürdig
sein. Mehr als dogmatische Lehren pro oder contra Marienverehrung,
die über Jahrhunderte hinweg in der katholischen Kirche Raum hatten,
haben liturgische Formeln und volkstümliche Gebete Maria in der prak-
tizierten Frömmigkeit einen besonderen Platz bereitet. Als Beleg hierfür
stehe eines der ältesten und das bestimmt am weitesten verbreitete kurze
Mariengebet, das im 12. Jahrhundert aufkam, das Ave Maria:

> *»Ave, Maria, gratia plena,*
> *Dominus tecum!*
> *Benedictus fructus ventris tui Jesus.*
> *Sancta Maria, Mater Dei,*
> *ora pro nobis peccatoribus*
> *nunc et in hora mortis nostrae.«*

> *»Sei gegrüßet, Maria, voll der Gnade,*
> *Der Herr sei mit dir!*
> *Gebenedeit sei die Frucht deines Leibes, Jesus.*
> *Heilige Maria, Mutter Gottes,*
> *bete für uns Sünder*
> *jetzt und in der Stunde unseres Todes.«*

In diesem »Stoßgebet« erinnert der Gruß des Engels, »Ave« (der nun
auch gern als Umkehrung des Namens der »sündigen« Frau, Eva, gesehen wird), an das, was Maria — damals — war; aber mehr noch spricht

in ihm die Bitte »ora pro nobis« die jetzt und in Ewigkeit fürbittend waltende Himmelskönigin an. Sie, die dem Christus das Leben schenkte und unter seinem Kreuz stand, also ihm blieb in der Stunde seines Todes — sie versteht und erhört Betende auch in deren letzter Not.

DEUTUNG UND BEDEUTUNG

Die Vermutung liegt nahe, daß der inhaltliche Kern dieses Textes, die compassio, das Mitleiden mit Maria, ausschlaggebend für die herausragende Bedeutung des Stabat Mater innerhalb der Frömmigkeits- und Musikgeschichte war. Als evangelischer Theologe stelle ich mir (vielleicht zu naiv?) vor, daß der Anblick des Gekreuzigten selber nur begrenzt compassio auslösen kann und darf, weil dieses »verdienstvolle« Leiden des Gottessohnes himmelweit entfernt ist oder doch zu sein scheint von dem, was auf »normale« Menschen an Leid und Schmerz zukommt. Maria aber ist primär ein Mensch, dazu eine Mutter, die zusehen muß, wie ihr Sohn qualvoll stirbt: »Quis est homo, qui non fleret, matrem Christi si videret« — wer wäre ein Mensch und könnte sich nicht in das Leid dieser Mutter versetzen!

Verantwortlich für die breite Rezeption des Stabat Mater ist also einerseits dieses Motiv, das der vermutlichen Entstehungszeit der Dichtung durchaus neu war: die Entdeckung der Menschlichkeit auch der biblischen Figuren, die bis dahin ja eher etwas Ikonenhaftes hatten. Andererseits mag es der Verzicht auf dogmatische Belehrung und heilsbezogene Applikation dieser Kreuzesszene im Stabat Mater sein, der eine Unmittelbarkeit der Gefühle in der Passionsbetrachtung erst ermöglicht, obwohl die gewählten Worte durchaus tiefe und weitgehende theologische Deutungen implizieren. Doch wie immer man theologisch zum Thema »Mittlerschaft« der Gottesmutter stehen mag: In dem umrissenen Sinne ist Maria unbedingt Mittlerin. Und es ist natürlich kein Zufall und keine Nebensächlichkeit, daß es eine Mittlerin ist, eine Frau.

Für viele Menschen unserer Zeit ist das Leiden und das Sterben Jesu Christi weder etwas Exklusives, noch spielt das stellvertretende Leiden des Gottessohnes eine zentrale Rolle in ihrem Glauben. Dementsprechend lassen Predigten zur Passionszeit und am Karfreitag eher an das unermeßliche Leid der Menschheit zu allen Zeiten überhaupt denken und über die letztlich unbegreiflichen Gründe dafür nachdenken. Jesu Leiden und Sterben wird dabei ganz menschlich, ganz immanent entschlüsselt und dargestellt. Nun provoziert jedes Leiden, sofern es nicht ein wirklich unvermeidbares und unabänderliches ist, zugleich Infragestellung und Anklage des Menschen. Solange dies aber nicht als selbstgerechte Projektion auf »die anderen« oder auf letztlich anonyme Mächte umgangen wird, können solche »Passionsbetrachtungen« angemessen und heilsam sein, denn es ist durchaus sinnvoll, nicht nur individuell, sondern auch gemeinsam den Blick auf Leidende, auf Schuld, Not und Tod zu werfen und diesen Anblick auszuhalten.

In diesem Sinne verstanden vermag das Stabat Mater, in einer großen Vertonung etwa am Karfreitag oder überhaupt in der Passionszeit dargeboten, Menschen zur Besinnung einzuladen und beim Nachdenken über Schuld und Leid zu begleiten. Dabei sollten konfessionelle Grenzlinien aufgelöst werden, denn für den Hörer bzw. die Hörerin des Stabat Mater muß Maria nicht Heilsmittlerin im dogmatischen Sinne des Wortes sein bzw. als solche geglaubt werden. Sie kann ganz unmittelbar als die Mater dolorosa — von der ja nicht nebenbei, sondern in wissender Betonung im Evangelium gesagt wird »sie stand bei dem Kreuz« (man erinnere sich: die Jünger waren weggelaufen!) — vermitteln, was Leiden und was Mitleiden bedeuten, was es heißt, dem Leiden standzuhalten und ihm Widerstand zu bieten. Ob solche Vermittlung eher zu Jesus oder zu Maria hinführt, ist zweitrangig gegenüber der Frage, ob es zu dem führt, wofür und wogegen dieser Jesus lebte und starb.

ANMERKUNGEN

Anmerkungen zum Kapitel Messe

1 Das gilt, sofern an die Stelle der bekannten liturgischen Stücke nicht Choral-
weisen treten, wie z.B. statt des ausgeführten »Gloria-Textes« das Lied EKG
131 von Nicolaus Decius oder statt des Niceno-Konstantinopolitanums das
Luther-Lied »Wir glauben all an einen Gott« (EKG 132). Besonders interessant sind überdies Messe-Kompositionen, in denen dem lateinischen »Norm-
Text« die Melodien der protestantischen »alternativen« unterlegt werden wie
z.B. in Kurt Hessenbergs »Messe«.

2 Entnommen aus »Pustet Taschenmeßbuch«, Regensburg 1975, S. 1-67.

3 Es gibt zahllose evangelische Gottesdienstordnungen; z.T. sind sie von Gemeinde
zu Gemeinde verschieden. So mußte auf eine exemplarische Ordnung zurückgegriffen werden, die für möglichst viele Gemeinden verbindlich ist. Dazu bot
sich die Erneuerte Evangelisch-lutherische Agende (Entwurf) an; aus ihr wird
die »Grundform I« zugrundegelegt.

4 Interessierten sei unter vielen anderen Möglichkeiten als Lektüre das hochin-
teressante Büchlein von Thrasybulos Georgiades, Musik und Sprache. Das Werden der abendländischen Musik, dargestellt an der Vertonung der Messe, Berlin
1974, empfohlen. Es ist zu Recht in der Reihe »Verständliche Wissenschaft«
erschienen.

5 Noch Meßkompositionen aus relativ neuer Zeit fügen über die 7 Stücke hin-
ausgehende Messetext-Vertonungen ein, z.B. César Franck mit seinem berühmten »Panis angelicus« in seiner Messe op. 12 oder Rossini in seiner kuriosen
»Messe solennelle«.

6 Das berühmteste Beispiel dafür dürfte Wolfgang Amadeus Mozarts »Ave verum corpus« (KV 618) sein.

7 Die hier gebotene Beschreibung und Deutung der einzelnen Schritte des Eu-
charistieteiles beziehen sich auf frühere Zeiten und stellen weder die gegenwärtige Praxis noch heutige kirchliche Deutung der Eucharistie dar. Sie soll
lediglich dazu dienen, bestimmte kirchenmusikalische Phänomene wie z.B.
Kompositionen zur Elevation verständlich zu machen.

8 Für intensiveres Studium der Geschichte der Messevertonungen sei noch einmal empfehlend auf Thrasybulos Georgiades, Musik und Sprache. Das Werden der abendländischen Musik, dargestellt an der Vertonung der Messe; Berlin
²1974, hingewiesen. Meine Ausführungen lehnen sich eng an dieses Werk an.

9 »Gotteserfahrung in der Musik« lautet der Titel eines interessanten Buches von
H.-G. Freimuth (Zürich 1983), das zur Meditation beim Anhören von geistlicher Musik anleiten möchte.

10 Sinngemäß wäre hier einzusetzen: »ich glaube an«.

11 Der lateinische Text begann mit den Worten: »Kyrie, fons bonitatis, pater in-
genite, a quo bona cuncta procedunt, eleison« (»Herr, du Brunnquell der Güte, aus dem alles Gute hervorgeht, erbarme dich!«). Gesangbuchkennern dürfte

auffallen, daß hiervon Johann Heermann die Anfangsstrophe seines Liedes »O Gott, du frommer Gott« (EKG 383, EG 495) abgeleitet hat.

12 So formuliert es E. Weismann, in: Christhard Mahrenholz u.a. (Hrsg.), Handbuch zum Evangelischen Kirchengesangbuch, Band III, 1, Göttingen 1970, S. 467.

13 Vgl. Dorothee Sölle, Stellvertretung, Stuttgart 1965, und, darauf eingehend, Helmut Gollwitzer, Von der Stellvertretung Gottes, München 1967.

14 Unter Aufnahme der johanneischen Theologie hat Johann Sebastian Bach in seiner »Johannes-Passion« diesen Glaubensgedanken ergreifend umgesetzt, indem er z. B. im Eingangschor über dem »Urmeer« (Streicherfiguren) das »Kreuz« (Bläserfiguren) sich erheben läßt: Schon vor der Schöpfung war das Ziel von allem, was Gott wollte, die Menschwerdung seiner Liebe in Jesus Christus.

15 Eines der wenigen außerbiblischen Zeugnisse (Tacitus) für die — von keinem ernstzunehmenden Historiker angezweifelte — Historizität Jesu bringt ihn übrigens ebenfalls mit Pontius Pilatus in Zusammenhang.

16 Sinngemäß wäre hier einzusetzen: »ich glaube an«.

17 Die Abneigung gegenüber der konkreten, »real existierenden« Institution »Kirche« hat ja bekanntlich Franz Schubert dazu veranlaßt, in seinen Messen diesen Passus nicht zu vertonen!

18 Es muß redlicherweise eingeräumt werden, daß diese Argumentation in letzter Zuspitzung zu einer »Ganztod-Theorie« verdichtet werden kann, bei der eine wie auch immer zu beschreibende Identität des zu neuem Leben Auferstehenden mit dem Verstorbenen nicht mehr sinnvoll gedacht werden kann. Also stößt auch diese, wie jede andere, Argumentation an ihre Grenzen. Es ist sogar zu vermuten, daß die seit der Nachkriegszeit in der evangelischen Kirche sehr verbreitete »Ganztod-Theorie« indirekt zum Aufkommen außerkirchlicher Jenseitshoffnungen beigetragen hat.

19 Für Einzelheiten des Textvergleiches zwischen den altkirchlichen Symbolen, der Zwickauer Handschrift des Credoliedes und dem Luther-Lied vgl. Handbuch, a.a.O., S. 471f.

20 Der zelebrierende Priester ruft die Gemeinde auf: »Orate, fratres: ut meum ac vestrum sacrificium acceptabile fiat apud Deum Patrem omnipotentem« (»Betet, Brüder, daß mein und Euer Opfer bei Gott, dem allmächtigen Vater angenommen werde«), und die Gemeinde antwortet bittend: »Suscipiat Dominus sacrificium de manibus tuis« (»Der Herr nehme das Opfer aus Deinen Händen an«).

21 Um die Unaussprechbarkeit des Gottesnamens, die im Hebräischen durch das Tetragramm JHWH dargestellt wird, nachzuempfinden, wird im Anschluß an Luthers Übersetzung »HERR« in großen Lettern geschrieben.

22 Vgl. die Ausführungen zum »Lamm Gottes« im »Gloria«.

23 Vgl. die hochinteressanten Erwägungen dazu von Bernd Schwarze, in: Peter Bubmann (Hg.), Menschenfreundliche Musik. Politische, therapeutische und religiöse Aspekte des Musikerlebens, Gütersloh 1993, S. 114ff.

Anmerkungen zum Kapitel Requiem

1 Zitiert nach Kappner, Lateinische Totenmesse und deutsche Begräbnismusik, in: Jahrbuch für Liturgik und Hymnologie 1983, Kassel 1984, S. 120, Anm. 21.
2 Weimarer Ausgabe (WA) 35, S. 478f. Zitiert bei Kappner, a.a.O., S. 125.
3 Allgemeine Einführung in das Römische Meßbuch, Münster 1977, S. 74.
4 M. Heymel, Christus als Orpheus, in: Musik und Kirche 65, 1995, S. 12-17.
5 Die »wahre« Geschichte kann man nachlesen bei Christoph Wolff, Mozarts Requiem. Geschichte — Musik — Dokumente, Kassel ²1995, S. 423ff.
6 Die folgenden Texte werden zitiert nach dem Graduale romanum sacrosanctae romanae Ecclesiae de tempore et de sanctis, Tournai 1974, S. 669ff.
7 Im Graduale romanum lautet dieses Textzeile: »Qui audis orationem« (»der du Gebet erhörst«)
8 Der 7. Vers des Psalms gibt den Entstehungsort des Klageliedes präzis an: »gedenke ich an dich aus dem Land am Jordan und Hermon, vom Berge Misar aus«. Vgl. H. J. Kraus, Die Psalmen, Band I, Neukirchen 1969, S. 318.
9 Vgl. Christoph Krummacher, Musik als praxis pietatis. Zum Selbstverständnis evangelischer Kirchenmusik, Göttingen 1994. In Kapitel IV, 2 setzt sich Krummacher insbesondere mit Oskar Söhngens entsprechenden Verdikten kritisch auseinander. Krummachers Buch sei »musiktheologisch« Interessierten wärmstens empfohlen.

Anmerkungen zum Kapitel Dixit Dominus

1 Bei der Zählung der Psalmen unterscheidet sich die berühmte lateinische Übersetzung namens »Vulgata«, die überwiegend auf der griechischen Übersetzung des AT (der sog. »Septuaginta«, abgekürzt mit: »LXX«) basiert, von dem hebräischen Urtext und anderen bekannten Übersetzungen, darunter auch der Luther-Übersetzung. Diese sehr verwirrenden Abweichungen sind in der folgenden Tabelle zusammengestellt:

Urtext/Luther	LXX/Vulgata
1-8	1-8
9-10	9
11-113	10-112
114-115	113
116,1-9	114
116,10-19	115
117-146	116-145
147,1-11	146
147,12-20	147
148-150	148-150

Daraus ergibt sich: Psalm 109 (Vulgata) = Psalm 110 (Urtext und Luther-Bibel). Die Psalmangaben in diesem Buch sind stets auf den hebräischen Text bzw. die Luther-Bibel bezogen. In der Musikliteratur und auch bei Texten zu Schallplatten stößt man oft auf die Vulgata-Zählung, ohne daß dieses vermerkt wird.

2 Talmud (hebr.: Lehre): die aus den Überlieferungen der Schriftgelehrten und ihren Auseinandersetzungen zusammengestellte Auslegung und Weiterbildung des alttestamentlichen Gesetzes.

3 Eric Werner, Art. Psalm. A. Der vorchristliche und frühchristliche Psalm, in: MGG, Bd. 10, Kassel etc. 1962, Sp. 167.

4 August Scharnagl, Art. Vesper. B. Die mehrstimmige Vesper, in: MGG, Bd. 13, Kassel etc. 1966, Sp. 1562.

5 Alfred Einstein, Mozart. Sein Charakter, sein Werk, Frankfurt 1978, S. 328.

6 H. J. Kraus, Die Psalmen, Bd. XV/2, Neukirchen-Vluyn 1960, S. 756.

7 Walter Kreck, Die Zukunft des Gekommenen. Grundproblem der Eschatologie, München 1961.

Anmerkungen zum Kapitel Te Deum

1 Luther übersetzt »Hymnus« mit »Lobgesang«. In einem der frühesten Belege für »Kirchenmusik« (Eph 5,19 bzw. Kol 3,16) werden drei Formen des urchristlichen Singens genannt: Psalmen, Hymnen und geistliche Lieder. Eine stringente Unterscheidung dieser drei Formen ist bislang nicht gelungen.

2 Ernst Kähler, Studien zum Te Deum und zur Geschichte des 24. Psalmes in der Alten Kirche, Göttingen 1958.

3 Vgl. die Übersetzung.

4 Zum Verständnis des Teiles I des Te Deum ist die Lektüre dieser beiden Bibelstellen unerläßlich.

5 Wenn als liturgischer »Sitz im Leben« des Te Deum ein Taufgottesdienst gedacht werden muß, erfährt die oben genannte Legende von der Taufe des Augustinus natürlich eine inhaltliche Aufwertung.

6 Vgl. Christhard Mahrenholz und Oskar Söhngen (Hrsg.), Handbuch zum Evangelischen Kirchengesangbuch, Bd. III,1, Göttingen 1979, S. 487.

7 Und dies wiederum ließ das Te Deum in den Matutin-Gottesdienst der römischen Liturgie gelangen.

Anmerkungen zum Kapitel Stabat Mater

1 Die Kommentierung des Stabat Mater-Textes muß notwendigerweise knapper ausfallen als die der bisherigen Texte, einerseits weil zum Stabat Mater nur wenig auslegende Literatur publiziert wurde (was darin begründet sein dürfte, daß die Autorenfrage noch immer nicht geklärt ist und man bei der Exegese leicht auf Spuren gelangen könnte, die sich eines Tages als völlig verkehrt erweisen könnten); andererseits weil ich als evangelischer Theologe Zurückhaltung üben möchte bei Ausführungen über Mariologie und marianische

Frömmigkeit, auch weil ich keinerlei eigene spirituelle Erfahrung damit habe.

2 A. Kienle, Art. Stabat Mater, in: Wetzer und Welte's Kirchenlexikon, Bd. 11, Freiburg 1899, Sp. 692.

3 A.a.O., Sp. 694.

4 Ebd.

5 Einführungstext zu einer CD-Einspielung bei Supraphon von 1984 mit dem Tschechischen Philharmonischen Chor und Orchester unter Leitung von Wolfgang Sawallisch, S. 7.

6 Text nach Clemens Blume S.J., Unsere liturgischen Lieder. Das Hymnar der altchristlichen Kirche, Regensburg 1932, S. 212f. Auch die dort in Anmerkung 1 erörterten Konjekturen werden hier übernommen. Insbesondere wird für die Schlußverse der Urtext zugrunde gelegt, was übrigens nicht für alle Vertonungsvorlagen zutrifft.
Es sei ausdrücklich vermerkt, daß die Textvorlagen der bekannten Stabat-Mater-Vertonungen zum Teil erheblich von dem hier wiedergegebenen Text abweichen. Im einzelnen kann hier jedoch nicht darauf eingegangen werden.

7 M. Seybold (Hrsg.), Maria im Glauben der Kirche, Eichstätt/Wien 1985, S. 101.

8 So bezeichnet man griechische und römische Geheimkulte, die besonders in der hellenistischen Zeit aus dem Orient in die Mittelmeerländer hereinströmten, wie u.a. den Kybelekult, die um Isis und Osiris kreisenden Mysterien und den Mithraskult. In diese Kulte wurde man persönlich durch Weihen aufgenommen, und durch sie glaubte man ein unmittelbares Verhältnis zur Gottheit zu gewinnen.

9 Vgl. zum Folgenden auch: Ernst-Dietrich Egerer, Leiden in Dur und Moll, in: Pastoral-Theologie 82 (1993), Heft 1, S. 61ff.

10 Vgl. dazu die Ausführungen zum Agnus Dei in der Messe

11 Zitiert aus »Evangelischer Erwachsenenkatechismus«, hrsg. von Werner Jentsch, Hartmut Jetter, Manfred Kießig und Horst Reller, Gütersloh 1975, S. 396f. Theologischen Nichtfachleuten sei die evangelische »Laiendogmatik« wärmstens zur Lektüre empfohlen.

Das Apostolische Glaubensbekenntnis

Ich glaube an Gott,
den Vater,
den Allmächtigen,
den Schöpfer des Himmels und der Erde.

Und an Jesus Christus,
seinen eingeborenen Sohn,
unseren Herrn,

empfangen durch den Heiligen Geist,
geboren von der
Jungfrau Maria,

gelitten unter Pontius Pilatus
gekreuzigt, gestorben und begraben,
hinabgestiegen in das Reich des Todes,
am dritten Tage auferstanden von den Toten,
aufgefahren in den Himmel;
er sitzt zur Rechten Gottes,
des allmächtigen Vaters;
von dort wird er kommen,
zu richten die Lebenden und die Toten.

Ich glaube an den Heiligen Geist,

die heilige christliche Kirche,
Gemeinschaft der Heiligen,
Vergebung der Sünden,
Auferstehung der Toten
und das ewige Leben.
Amen

Das Nicänische Glaubensbekenntnis

Ich glaube an den einen Gott,
den Vater,
den Allmächtigen,
der alles geschaffen hat,
Himmel und Erde,
die sichtbare und die unsichtbare Welt.

Und an den einen Herrn Jesus Christus,
Gottes eingeborenen Sohn,
aus dem Vater geboren vor aller Zeit:
Gott von Gott, Licht vom Licht,
wahrer Gott vom wahren Gott,
gezeugt, nicht geschaffen,
eines Wesens mit dem Vater;
durch ihn ist alles geschaffen.
Für uns Menschen und zu unserem Heil ist
er vom Himmel gekommen,
hat Fleisch angenommen durch den
Heiligen Geist
von der Jungfrau Maria
und ist Mensch geworden.
Er wurde für uns gekreuzigt unter Pontius
Pilatus,
hat gelitten und ist begraben worden,
ist am dritten Tage auferstanden nach der Schrift
und aufgefahren in den Himmel.
Er sitzt zur Rechten des Vaters

und wird wiederkommen in Herrlichkeit
zu richten die Lebenden und die Toten;
seiner Herrschaft wird kein Ende sein.

Ich glaube an den Heiligen Geist,
der Herr ist und lebendig macht,
der aus dem Vater und dem Sohn hervorgeht,
der mit dem Vater und dem Sohn
angebetet und verherrlicht wird,
der gesprochen hat durch die Propheten,
und die eine, heilige, allgemeine und
apostolische Kirche.
Ich bekenne die eine Taufe zur Vergebung der Sünden.
Ich erwarte die Auferstehung der Toten
und das Leben der kommenden Welt.
Amen

Während in den Messe-Vertonungen das Nicänische Glaubensbekenntnis vorliegt, dürfte aus Gottesdienst-Liturgien dieses Bekenntnis kaum, das Apostolische
Glaubensbekenntnis dagegen gut bekannt sein. Ein synoptischer Vergleich zeigt,
daß es zwischen beiden altkirchlichen Bekenntnissen sehr viele Übereinstimmun-
gen, regelrechte Widersprüche aber überhaupt nicht gibt.

Das Apostolische Glaubensbekenntnis geht in seinem Kern auf ein Taufbekenntnis der ersten nachchristlichen Jahrhunderte zurück; in seiner heutigen
Form ist der Text seit dem 5. Jahrhundert schriftlich belegt. Seinen Namen »apo-
stolisch« trägt es aus dem — historisch nicht einlösbaren — Anspruch heraus, direkt auf die Apostel, also die »Jünger« Jesu, zurückzugehen. Sehr wohl aber kann
man behaupten, daß es aus dieser Lehre hervorgegangen ist.

Im Vergleich fällt auf, daß das Apostolische Bekenntnis erheblich kürzer als das
Nicänische ist und daß die ausführlicheren Stellen des Nicänums sich vor allem
mit der göttlichen »Trinität« sowie mit der »Präexistenz« und den beiden »Natu-
ren« Jesu befassen. Mit dem Begriff »Präexistenz« wird zum Ausdruck gebracht,
daß Jesus, der Gottessohn, nicht erst mit seiner irdischen Geburt »da war«, sondern — wie auch Gott-Vater — »vor aller Zeit« existierte. »Durch ihn ist alles geschaffen« worden — damit soll gesagt sein, daß die Welt, die Natur, die Menschen
auf Jesus hin »angelegt« sind, daß seine Botschaft, seine Sendung kein Fremdkör-
per für die Welt darstellt: »Er kam in sein Eigentum, und die Seinen nahmen ihn
nicht auf«, so drückt dies das Johannes-Evangelium (Joh 1,11) aus. Schließlich
sind die Aussagen über den Heiligen Geist, die dritte Person der Trinität, ausführlicher als im Apostolischen Credo formuliert.

Das Apostolische Glaubensbekenntnis trägt diese Spuren der Auseinandersetzung
des biblischen Glaubens mit der griechischen Philosophie nicht. Man kann es durchaus als Summe der neutestamentlichen Glaubensaussagen verstehen: Jedes Bekenntnis
ließe sich reichlich mit Bibelstellen belegen.

Wie gesagt, das Apostolische Glaubensbekenntnis hatte seinen »Platz im Leben« als Taufbekenntnis. Seine Bestandteile waren ursprünglich kurze Fragen an
die Taufbewerber, die diese dann mit »Ja« beantworten sollten. Diesem Bekenntnis stand übrigens eine »abrenuntiatio diaboli« gegenüber, eine »Absage an den
Teufel«. Dabei wurde geäußert, gegen wen und was man »anglaubt«, welchen
Götzen man den Rücken kehrt, welche Lebensdeutung man verwirft. Erst in der
Zusammenschau von Bekenntnis und Absage erschließt sich, daß die sehr mytho-
logisch geprägten Worte des Credo wirkliche Antworten auf die großen, letzten
Fragen des Lebens sind.

WERKÜBERSICHT IN AUSWAHL

Reihenfolge der Angaben: Komponist (Lebensdaten), Werktitel (Tonart), evtl. mit Werkverzeichnisnummer/Opuszahl, Kompositionsdatum; Besetzung; kompositorische Eigenart; Aufführungsdauer

MESSE

Guillaume de Machaut (um 1300-1377):
Messe de Notre Dame, 1359/60; 4st; große Dimensionen (6 Ordinariumsteile incl. Ite missa est, Isorhythmie in den 4 Sätzen über cantus firmus); ca. 26 min.

John Dunstable (um 1390-1453):
Missa Rex seculorum, Mitte 15. Jh.; 3st; Tenor-Messe mit Fremdcantus-firmus (nicht mehr isorythmisch organisiert, in den Einzelsätzen unterschiedlich rhythmisiert und den 2 Oberstimmen angeglichen)

Guillaume Dufay (um 1400-1474):
Missa Sancti Jacobi, um 1426-1428; 4st; Proprium und Ordinarium Missae erstmals vereinigt (Missa Plenaria), mit Fauxbourdon, teils im Motetten-, teils im Liedsatz mit cantus firmus im Tenor bzw. Superius; ca. 38 min.
Missa sine nomine, vor 1426; 3st; cantus firmus im Diskant
Missa L'homme armé, um 1450-1460; 4st; ca. 45 min.

Johannes Ockeghem (um 1410-1497):
Missa Prolationum, 2. Hälfte 15. Jh.; 4st; cantus-firmus-freie Messe, nur 2st notiert (Proportionskanons); ca. 34 min.
Missa cuiusvis toni, 1539 (Druck); 4st; ohne Notenschlüssel aufgezeichnet, in allen authentischen Kirchentonarten ausführbar; ca. 25 min.

Josquin Desprez (um 1440-1521):
Messe La sol fa re mi, 1502 (Druck); 4st; ca. 24 min.
Missa L'homme armé super voces musicales, um 1486-1494; 4st; ca. 34 min.
Hercules dux Ferrariae, um 1501-1505; 4st; ca. 27 min.

Heinrich Isaac (um 1450-1517):
  Missa carminum, ab etwa 1480?; 4st; mehrstimmige weltliche Lieder
    verarbeitet
  Choralis Costantinus, 1550/1555 (Druck); Proprium missae über gre-
    gorianische Melodien, von Ludwig Senfl ergänzt; 2-6st

Cristóbal de Morales (um 1500-1553):
  Missa Mille regretz, 1544 (Druck); 6st
  Missa Ave maris stella, 1544 (Druck); 5st; Kanon-Messe

Giovanni Pierluigi da Palestrina (um 1525-1594):
  Missa Papae Marcelli, 1567 (Druck); 6st (SATTBB); ca. 29 min.
  Missa assumpta est Maria, 1599 (Druck); 6st (SSATTB); Parodiemesse
    über eine eigene Motette; ca. 30 min.
  Missa Hodie Christus natus est, 1601 (Druck); 8st (SSAB ATTB); ca.
    32 min.

Orlando di Lasso (1532-1594):
  Missa Frère Thibault (Sine nomine), ca. 1560 (1570 Druck); 5st;
    Chanson-Messe
  Missa super Osculetur me, nach 1582; 8st
  Missa surge propera, 1560 (1577 Druck); 6st; über eine eigene Motette

William Byrd (1543-1623):
  Messe, 1592/93; 4st; ca. 23 min.
  Messe, 1593/94; 3st; ca. 22 min.
  Messe, 1595; 5st; ca. 26 min.

Tomás Luis de Victoria (um 1548-1611):
  Missa pro victoria, über *La Bataille* (*La Guerre?*) von Janequin, 1600
    (Druck); 9st (SSATB SATB), Org
  Missa Salve Regina, 1592; 2 gemCh (SSAB SATB)

Lodovico da Viadana (um 1560-1627):
  Missa domenicalis, in: *Concerti Ecclesiastici*, II, op. 17, 1607 (Druck);
    1st mit Bc

Claudio Monteverdi (1567-1643):
  Missa da Capella a sei voci, fatta sopra il motetto 'In illo tempore', in:
    Vespri della Beata Vergine, 1610 (Druck); 6st (SSATTB)

Messa da capella, in: *Selva morale e spirituale*, 1641 (Druck); 4st
(SATB), Bc (für Gloria, Crucifixus und Resurrexit, Et ierum alterna-
tive Sätze mit konzertierenden Instrumenten)
Messa a quattro voci, 1650 (Druck); 4st (SMsAT), Bc; ca. 16 min.

Michael Praetorius (1571-1621):
Missa sine nomine (Kyrie, Gloria); 4 gemSt; ca. 18 min.

Girolamo Frescobaldi (1583-1643):
Messa sopra l'aria della Monica; 8st, Bc

Francesco Cavalli (1602-1676):
Messa concertata, in: *Musiche Sacre*, 1656 (Druck); Soli (SSAATTBB),
2 4st gemCh, Instr; ca. 46 min.

Orazio Benevoli (1605-1672):
Missa Victoria, 1643; 16st
Missa In angustia, 1656; 16st
Missa In diluvium, 1661; 16st

Giacomo Carissimi (1605-1674):
Missa a quinque et a novem, 1666 (Druck); TTB oder SSB, 4st gemCh
ad lib., 2 V obl, Bc; im konzertanten Stil

Marc Antoine Charpentier (um 1645/1650-1704):
Messe de Minuit pour Noël (Messa Pastoralis), 1690-1695?; 4 gemSt, 2
Fl, Str, Bc; ca. 35 min.

Heinrich Ignaz Franz von Biber (1644-1704)?:
Missa Salisburgensis, 1682?; 16 Vokal-, 34 Instrumental- und 2 Orgel-
stimmen mit Bc auf verschiedene Chöre verteilt (in DTÖ Orazio
Benevoli zugeschrieben)
Missa S. Henrici, 1701; 5 Soli, 5st gemCh, 2 Clarini, 3 Trp, 3 Pos, Pk,
Str, Bc; ca. 37 min.

Alessandro Scarlatti (1660-1725):
Messa di Santa Cecilia, 1720; Soli (SSATB), 5st gemCh (SSATB), 2 V,
Va, Bc (Org)

Johann Joseph Fux (1660-1741):
  Messa di S. Carlo (Missa canonica), 1716 (Druck); 4st; Kanons über 3
  frei erfundene Themen
  Missa corporis Christi, 1713; Soli (SATB), gemCh (SATB), Orch

Jan Dismas Zelenka (1679-1745):
  Missa Dei Patris (C-Dur), 1740; Soli, Chor, Orch; ca. 70 min.
  Missa Dei Filii (G-Dur); ca. 42 min.
  Missa SS. Trinitatis; ca. 60 min.

Johann Sebastian Bach (1685-1750):
  h-Moll-Messe BWV 232, 1724/1733/1748; Soli (SSATB), gemCh
  (SATB, 5-8st), Orch; in Kantatenform, mit Wechsel von Chorsätzen
  und Soloarien mit konzertierenden Instrumenten; ca. 109 min.
  4 *Missa Brevis* (f-Moll, A-Dur, g-Moll, G-Dur) BWV 233-236, 1733; Soli (SATB), gemCh (SATB), Orch, Org; Parodien von Kantatensätzen; f-Moll ca. 27 min., A-Dur ca. 32 min., g-Moll ca. 26 min.,
  G-Dur ca. 28 min.

Johann Adolf Hasse (1699-1783):
  Messe (g-Moll), 1783; Soli, gemCh (SATB), Orch; ca. 54 min.

Giovanni Battista Pergolesi (1710-1736):
  Missa brevis (D-Dur) P. 45; Soli (SA), gemCh (SSATB), Orch / 2
  gemCh (SSATB SSATB), 2 Orch
  Missa brevis (F-Dur) P. 47; Soli (SA), gemCh (SSATB), Orch / 2
  gemCh (SSATB SSATB), 2 Orch / Soli, 4 gemCh (SSATB), 2 Orch

Joseph Haydn (1732-1809):
  die 6 letzten Messen, alle für 4 Soli (SATB), 4st gemCh, Orch, Org:
  Heiligmesse (B-Dur) Hob. XXII:10, 1796; ca. 36 min.
  Missa in tempore belli (C-Dur) »Paukenmesse« Hob. XXII:9, 1796; ca.
  45 min.
  Nelsonmesse (d-Moll) Hob. XXII:11, 1798; ca. 41 min.
  Theresienmesse (B-Dur) Hob. XXII:12, 1799; ca. 42 min.
  Schöpfungsmesse (B-Dur) Hob. XXII:13, 1801; ca. 47 min.
  Harmoniemesse (B-Dur) Hob. XXII:14, 1802; ca. 41 min.

Michael Haydn (1737-1806):
  Missa Sanctae Crucis, 1762; 4st, Org

Missa Sti Francisci, 1803; Soli (SATB), gemCh (SATB), 2 Ob, 2 Hn, 2 Klar, Pk, Str, Baß, Org

Giovanni Paisiello (1740-1816):
Krönungsmesse für Napoleon, 1804

Domenico Cimarosa (1749-1801):
Messa (c-Moll), 1799; 4st, Orch

Antonio Salieri (1750-1825):
Messe (B-Dur), 1809

Wolfgang Amadeus Mozart (1756-1791):
Missa (C-Dur) »Krönungsmesse« KV 317, 1779; Soli (SATB), gemCh (SATB), Orch (2 Ob, 2 Hn, 2 Trp, 3 Pos, Pk, 2 V, Baß), Org; Kyrie später in *Così fan tutte* übernommen; ca. 25 min.
Messe (c-Moll) KV 427 (417a), 1782/83; Soli (SATB), 2 gemCh (SATB SATB), Orch (Fl, 2 Ob, 2 Fag, 2 Hn, 2 Trp, 3 Pos, Pk, 2 V, Va, Baß), Org; ca. 27 min.

Luigi Cherubini (1760-1842):
Messa solenne (d-Moll) »Krönungsmesse«, 1821; 4st, Orch; ca. 48 min.

Ludwig van Beethoven (1770-1827):
Missa solemnis (D-Dur) op. 123, 1819-1823; Soli (SATB), 4st gemCh, Orch (2 Fl, 2 Ob, 2 Klar, 2 Fag, Cfag, 4 Hn, 2 Pos, Pk, Org, Str); ca. 75 min.

Wenzel Johann Tomaschek (1774-1850):
Missa solemnis (»Krönungsmesse«) op. 81, 1836

Louis Spohr (1774-1859):
Messe (c-Moll) op. 54, 1821; 5 Soli, 2 unterschiedlich starke 5st Chöre; a-cappella-Polyphonie mit romantischer Harmonik; ca. 30 min.

Carl Maria von Weber (1786-1826):
Missa sancta (Es-Dur) op. 75a, 1817/18; Soli (SATB), gemCh (SATB), Orch (2 Fl, 2 Ob, 2 Klar, 2 Fag, 2 Hn, 2 Trp, Pk, Str); ca. 35 min.
Missa sancta II (G-Dur) »Jubelmesse« op. 76, 1817/18; Soli, gemCh (SATB), Orch (2 Fl, 2 Ob, 2 Klar, 2 Fag, 4 Hn, 2 Trp, Pk, Str); ca. 25 min.

Gioacchino Rossini (1792-1868);
  Petite messe solennelle, 1864; Soli (SATB), 8 St, 2 Kl und Harmonium
  (2. Fassung 1867 mit Orch); ca. 73 min.

Franz Schubert (1797-1828):
  Große Messe (Es-Dur) D 950, 1828; Soli (SATB), gemCh (SATB), Orch
  (2 Ob, 2 Klar, 2 Fag, 2 Hn, 2 Trp, 3 Pos, Pk, Str), Org; ca. 56 min.
  Deutsche Messe D 872 (2. Fassung), 1827; gemCh, 2 Ob, Klar, Fag, Hn,
  Trp, 3 Pos, Pk, Kb ad lib., Org; ca. 25 min.

Gaetano Donizetti (1797-1848):
  Messa di Gloria e Credo (c-Moll), 1837 (2. Fassung); Soli (SATB),
  Chor, Orch

Hector Berlioz (1803-1869):
  Messe solennelle, 1824; Soli (STB), gemCh (STTB mit Stimmteilun-
  gen), Orch; ca. 62 min.

Robert Schumann (1810-1856):
  Messe (c-Moll) op. 147, 1852/53; Soli, Chor (SATB), Orch (2 Fl, 2 Ob,
  2 Klar, 2 Fag, 4 Hn, 2 Trp, 3 Pos, Pk, Str), Org; ca. 44 min.

Franz Liszt (1811-1886):
  Missa solemnis (»Granermesse«), 1855; Soli, gemCh, Orch, Org; ca. 64
  min.
  Missa choralis, 1865; 4st Chor a cappella, Org ad lib.; ca 32 min.

Charles Gounod (1818-1893):
  Messe solennelle en l'honneur de Sainte Cécilie (G-Dur), 1851-1855;
  Soli (STB), 4st gemCh, Orch, Org; ca. 47 min.

César Franck (1822-1890):
  Messe solennelle M. 59, 1858; B, Org; ca. 43 min.
  Messe à 3 voix (A-Dur) M. 61 op. 12, 1860; Soli (STB), Org, Hfe, Vc, Kb

Anton Bruckner (1824-1896):
  Messe (d-Moll), 1864/1876/1882; Soli (SATB), 4st gemCh, Orch, Bläser; ca. 46 min.
  Messe (e-Moll), 1866/1876/1882; 8st, Holzblas- und Blechinstr (2 Ob,
  2 Klar, 2 Fag, 4 Hn, 2 Trp, 3 Pos); ca. 42 min.

Messe (f-Moll), 1867/68; Soli, 4st gemCh, Orch, Org ad lib.; ca. 66 min.

Anton Dvořák (1841-1904):
Messe (D-Dur) op. 86, 1887; Soli (SATB), klCh, gemCh (SATB), Org;
ca. 44 min.

Leoš Janáček (1854-1928):
Glagolitische Messe, 1926; Soli, 4st gemCh, Orch, Org; in altslavischer
Sprache; ca. 41 min.

Erik Satie (1866-1925):
Messe des pauvre, 1893-1895; Chor, Org oder Kl; ca. 15 min.

Zoltán Kodály (1882-1967):
Missa brevis, 1944; Soli, Org / SSSATB, St, Orch, Org ad lib.; ca. 31 min.

Igor Strawinsky (1882-1971):
Messe, 1944-1948; gemCh (SATB), 2 Ob, englHn, 2 Fag, 2 Trp, 3 Pos;
ca. 21 min.

Heitor Villa-Lobos (1887-1959):
Missa Sao Sebastiao, 1937; 3st Chor a cappella; ca. 34 min.

Paul Hindemith (1895-1963):
Messe, 1963; gemCh (SATB) a cappella; ca. 32 min.

Francis Poulenc (1899-1963);
Messe (G-Dur), 1937; a cappella (SATB); ca. 18 min.

Ernst Krenek (1900-1991):
Missa duodecimtonorum, 1957/58; gemCh, Org

Ernst Pepping (1901-1981):
Deutsche Messe, 1929; 3 gemSt; ca. 24 min.

Olivier Messiaen (1908-1992):
Messe, 1933; 8 S und 4 V; Polyrhythmie und Polymodalität

A. Ramirez (*1921):
Misa Criolla; Soli, Chor, Instr; ca. 21 min.

REQUIEM

Johannes Ockeghem (um 1410-1497):
Missa pro defunctis, nach 1470; 4st; Cantus firmus- und Paraphrasie-
rungs-Technik, mit Textänderungen; ca. 36 min.

Antoine Brumel (um 1460-um 1515):
Missa pro defunctis, 1506-1510 (1516 Druck); 4st

Cristóbal de Morales (um 1500-1553):
Missa pro defunctis, 1544 (Druck); 5st

Giovanni Pierluigi da Palestrina (um 1525-1594):
Missa pro defunctis, 1591 (Druck); 5st (SATTB)

Orlando di Lasso (1532-1594):
Missa pro defunctis, 1577 (Druck); 4st
Missa pro defunctis, 1580 (1589 Druck); 5st; ca. 36 min.

Tomás Luis de Victoria (1548-1611):
Missa pro defunctis, 1583 (Druck); 4st; ca. 45 min.

Eustache Du Caurroy (1549-1609):
Missa pro defunctis, 1636; 5st

Heinrich Schütz (1585-1672):
Musikalische Exequien op. 7 SWV 279-281, 1636; SSATTB, gemCh ad
lib., Bc ad lib. (Org, Vne); ca. 33 min.

Francesco Cavalli (1602-1676):
Missa pro defunctis, um 1675; 8st, Bc; ca. 38 min.

Johann Kaspar Kerll (1627-1693):
Missa pro defunctis, 1689 (Druck); 5st (SATTB), Str, Fag, Bc; im vene-
tianischen Concertatostil; ca. 32 min.

Heinrich Ignaz Franz von Biber (1644-1704):
Requiem (f-Moll); 5 Soli (SSATB), 5st gemCh, Str, Pos ad lib., Bc; ca.
23 min.

Marc Antoine Charpentier (um 1645/1650-1704):
Messe des Morts à 4 voix et symphonie, 1687-1697; 8/4st, Holzblasinstr, Str, Bc

Johann Joseph Fux (1660-1741):
Requiem K 55; Soli (SATB), gemCh (SATB), Orch
Requiem K 51-53; Soli (SSATB), gemCh (SSATB), Orch

André Campra (1660-1744):
Messe de requiem, um 1722; ca. 54 min.

Antonio Lotti (1666-1740):
Missa pro defunctis; 5st
2 *Requiem*; 4st

Jean Gilles (1668-1705):
Messe des Morts, 1696; 4 Soli, gemCh, Orch, Bc; ca. 44 min.

Johann Sebastian Bach (1685-1750):
Gottes Zeit ist die allerbeste Zeit (Actus Tragicus) BWV 106, 1707?;
SATB, 4st gemCh, 2 Bfl, 2 Va da gamba, Bc; ca. 21 min.

François-Joseph Gossec (1734-1829):
Messe des Morts, 1760 (1780 Druck); für 200 Musiker, mit ausgesprochen lautmalerisch-dramatischen Elementen; ca. 90 min.

Domenico Cimarosa (1749-1801):
Missa pro defunctis (g-Moll), 1787; SATB, Orch (mit Corni da caccia obl); ca. 62 min.

Wolfgang Amadeus Mozart (1756-1791):
Requiem (d-Moll) KV 626, 1791 (von Franz Xaver Süßmayr ergänzt);
Soli (SATB), gemCh (SATB), Orch, Org; ca. 45 min.

Luigi Cherubini (1760-1842):
Messe de Requiem (c-Moll), 1815/16; 4st gemCh, Orch (ohne Solostimmen); ca. 44 min.

Joseph Leopold Eybler (1765-1846):
Requiem mit Libera, 1825; ca. 54 min.

Hector Berlioz (1803-1869):
Grande Messe des Morts op. 5, 1837; T, gemCh (SSTTBB), Orch (4 Fl,
5 Ob, 2 englHn, 4 Klar, 8 Fag, 12 Hn, 12 Trp, 4 Cornetti, 4 Pos, 4
Ophikl, 2 Tub, 16 Pk, 2 Gr Cassa, 20 Bk, 4 Tam-Tam, Str); ca. 95 min.

Robert Schumann (1810-1856):
Requiem op. 148, 1852; Chor, Orch; ca. 38 min.

Franz Liszt (1811-1886):
Requiem (D-Dur), 1868; MSt (TTBB), Org, Blechblasinstr ad lib.; ca.
51 min.

Giuseppe Verdi (1813-1901):
Messa da Requiem, 1868-1873; Soli, 4st gemCh, Orch; ca. 89 min.

Charles Gounod (1818-1893):
Requiem (C-Dur), 1895 (Druck); Soli (SATB), Str, Kl / Soli (SATB),
Kl oder Org / 2 gleiche St, Kl oder Org; ca. 36 min.

Anton Bruckner (1824-1896):
Requiem, 1845; MSt, Org
Requiem (d-Moll), 1848/49; Soli (SATB), 4st gemCh, Orch (3 Pos, 3
Hn, Str), Org; ca. 36 min.

Johannes Brahms (1833-1897):
Ein Deutsches Requiem op. 45, 1857-1868; Soli (S, Bar), 4st gemCh,
Orch, Org ad lib.; ca. 72 min.

Camille Saint-Saëns (1835-1921):
Requiem op. 54, 1878; ca. 35 min.

Anton Dvořák (1841-1904):
Requiem op. 89, 1890; Soli (SATB), gemCh, Orch; ca. 94 min.

Gabriel Fauré (1845-1924):
Messe de Requiem op. 48, 1887/88; Soli (STBar), Chor, Orch, Org; ca.
40 min.

Giacomo Puccini (1858-1924):
Requiem, 1905; 3 St (STB), Org/Harm; ca. 6 min.

Maurice Duruflé (1902-1986):
Requiem op. 9, 1947; 4st Soli, Chor, Org; ca. 40 min.

Benjamin Britten (1913-1976:
War Requiem op. 66, 1961; S, T, Bar, KCh, gemCh, Orch, Kammer-
orch, Org; ca. 85 min.

György Ligeti (*1923):
Requiem, 1963-1965; S, Mezzo-S, 2 Chöre, Orch; ca. 28 min.

Krzysztof Penderecki (*1933):
Polnisches Requiem; ca. 95 min.

MAGNIFICAT

John Dunstable (um 1390-1453):
Magnificat; 3st

Guillaume Dufay (um 1400-1474):
Magnificat tertii toni; 4st
Magnificat quinti toni; 3st
Magnificat octavi toni; 3st

Josquin Desprez (um 1440-1521):
Magnificat tertii toni; 4st
Magnificat quartii toni; 4st

Costanzo Festa (um 1490-1525):
Magnificat in tutti gli otto toni, vor 1539 (1554 Druck); 4st

Cristóbal de Morales (um 1500-1553):
Magnificat Moralis Ispano, 1542 und 1545 (Druck); 4-6st

Thomas Tallis (um 1505-1585):
Magnificat; 4st; Fauxbourdon-Technik
Magnificat and Nunc dimittis; 5st
Magnificat in Dorian service, um 1550; 4st

Giovanni Pierluigi da Palestrina (um 1525-1594):
Magnificat octo tonorum liber primus, 1591 (Druck); 4st (SATB)

228 Werkübersicht

Orlando di Lasso (1532-1594):
  Magnificat octo tonorum, 1567 (Druck); 4-6st
  Liber primus cantiones sacrae Magnificat vocant, 1602 (Druck); 5-6st
  Iubilus beatae virginis, hoc est centum Magnificat, 1619 (Druck); 4-8st
  und 10st

Claudio Monteverdi (1567-1643):
  2 *Magnificat*, in: *Vespro della Beata Vergine composto sopra canti fer-
  mi*, 1610 (Druck); 7st (SSATTBB), 2 V, 3 Corn, Va da gamba, Org
  / 6st (SSATTB), Org; ca. 18 min.
  Magnificat, in: *Selva morale e spirituale*, 1641 (Druck); 8st, 2 V, 4 Va
  oder Pos, Bc
  Magnificat, 1640; SAAB, Bc; ca. 13 min.

Heinrich Schütz (1585-1672):
  Magnificat anima mea SWV 468, vor 1665?; SATB, 2 gemCh (SATB)
  ad lib., 2 V, 3 Pos, Bc; ca. 12 min.

Samuel Scheidt (1597-1654):
  Magnificat, in: *Pars prima concertuum sacrorum*, 1622; 2-5, 8, 12 St, Bc

Francesco Cavalli (1602-1676):
  Magnificat; 8st, 2 V, Vc, andere Instr ad lib.; ca. 20 min.
  3 *Magnificat*, in: *Vesperi a 8 voci*, 1675; 8st (2 Chöre), V, Bc

Dietrich Buxtehude (um 1637-1707)?:
  Magnificat anima mea BuxWV Anh. 1; 5 gemSt (SSATB), Str, Bc; ca.
  11 min.

Marc Antoine Charpentier (um 1645/1650-1704):
  Magnificat H. 73, 1670-1675; Ct, T, Bar (Soli oder Chor), 2 V, Bc; ca.
  18 min.
  Magnificat à 8 voix et 8 instruments H. 74, 1680-1685; 8st, Holzblasinstr, Str, Bc

Tommaso Albinoni (1671-1751)?:
  Magnificat (G-Dur); ca. 12 min.

Antonio Vivaldi (1678-1741):
  Magnificat (g-Moll) RV 610a; 2 Chöre, 2 Ob, Str, Bc; ca. 14 min.

Georg Philipp Telemann (1681-1767):
  Magnificat anima mea (C-Dur) TWV 9:17; gemCh (SATBB), 3 Cl, Pk, 2 V, Va, Vc, Bc; ca. 18 min.

Johann Sebastian Bach (1685-1750):
  Magnificat (Es-Dur) BWV 243a, 1723; SSATB, 5st gemCh, 3 Trp, Pk, 2 Bfl, 2 Ob, Str, Bc; mit weihnachtlichen Einlagen ca. 33 min.
  Magnificat (D-Dur) BWV (Rev.), um 1728-1731; SSATB, 5st gemCh, 3 Trp, Pk, 2 Fl, 2 Ob, 2 Ob d'amore, Str, Bc; ca. 27 min.

Baldassare Galuppi (1706-1785):
  Magnificat (G-Dur), 1778; 4st

Carl Philipp Emanuel Bach (1714-1788):
  Magnificat (D-Dur), 1749; Soli, 4st gemCh, 2 Fl, 2 Ob, 2 Hn, 3 Trp, Pk, Str, Bc; ca. 42 min.

Wolfgang Amadeus Mozart (1756-1791):
  Magnificat (C-Dur), in: *Vesperae de Dominica* KV 321, 1779; Soli (SATB), 4st gemCh, 2 Trp, (3 Pos,) Pk, 2 V, Baß, Org; ca. 6 min.
  Magnificat (C-Dur), in: *Vesperae Solennes de Confessore* KV 339, 1780; Soli (SATB), 4st gemCh, 2 Trp, (3 Pos,) Pk, 2 V, Baß, Org; ca. 5 min.

Franz Schubert (1797-1828):
  Magnificat (C-Dur) D 486, 1815; Soli (SATB), 4st gemCh, Orch (2 Ob, 2 Fag, 2 Trp, Pk, Str), Org; ca. 10 min.

Felix Mendelssohn Bartholdy (1809-1847):
  Magnificat (D-Dur) op. 65, 1822; Chor, Orch; ca. 26 min.
  Magnificat, in: *Three English Church Pieces* op. 69, 1847; Soli, Chor; ca. 9 min.

Charles Gounod (1818-1893):
  Magnificat and Nunc dimittis (D-Dur), in: *An Evening Service*, 1872; Soli (SATB), Org (mit englischem Text)

Anton Bruckner (1824-1896):
  Magnificat (B-Dur), 1852; Soli (SATB), 4st gemCh, Orch (2 Trp, Pk, 2 V, Vc, Cb), Org

Peter I. Tschaikowsky (1840-1893):
Magnificat, in: Vesper op. 52, 1881/82; Chor a cappella

Ralph Vaughan-Williams (1872-1958):
Magnificat and Nunc dimittis, in: *The Village Service*, 1925; Soli (SATB), 4st gemCh, Org; ca. 14 min.

Goffredo Petrassi (*1904):
Magnificat, 1939/40; S, Chor, Orch; ca. 33 min.

Hugo Distler (1908-1942):
Magnificat, in: *Weihnachtsgeschichte* op. 10, 1933; S, 4st gemCh; ca. 2 min.

Krzysztof Penderecki (*1933):
Magnificat, 1974; B, 7 MSt, KCh, Chor, Orch; ca. 45 min.

DIXIT DOMINUS

Giovanni Pierluigi da Palestrina (um 1525-1594):
Dixit Dominus; 4st

Orlando di Lasso (1532-1594):
Dixit Dominus, 1570 (Druck); 8st

Jan Pieterszoon Sweelinck (1562-1621):
Dixit Dominus, in: *Die Psalmen Davids*

Claudio Monteverdi (1567-1643):
Dixit Dominus, in: *Marienvesper*, 1610
Dixit Dominus I und II, in: *Selva morale e spirituale*, 1641 (Druck); SSAATTBB, 2 V, 4 Va/Pos, Bc; ca. 4 und 9 min.
Dixit Dominus I und II, in: *Messa a quattro voci...*, 1650; SATB, SATB, Bc / SATB, ATTB, Bc

Heinrich Schütz (1585-1672):
Der Herr sprach zu meinem Herren SWV 22, in: *Die Psalmen Davids* op. 2, 1619; SATB SATB, gemCh (SSATB), 5 instrSt ad lib., Bc; ca. 3 min.

Francesco Cavalli (1602-1676):
  Dixit Dominus, in: *Musiche sacre...*, 1656 (Druck); 8st, 2 V, Vc, Instr
  ad lib., Bc
  Dixit Dominus, in: *Vesperi*, 1675 (Druck); 8st, Bc

Dietrich Buxtehude (um 1637-1707):
  Dixit Dominus Domine meo BuxWV 17; S/A, 2 V, 2 Va, Bc

Heinrich Ignaz Franz von Biber (1644-1704):
  Dixit Dominus, in: *Vesperae longiores ac breviores*, 1693; 4 Soli, 4st
  gemCh, Str, Bc

Marc Antoine Charpentier (um 1645/1650-1704):
  Dixit Dominus 8 vocibus et totidem instrumentis H. 190, 1683-1685;
  8/8st, Str, Bc
  Dixit Dominus pour le Port Royal H. 226, 1695-1700; 3/2st, Bc

Antonio Vivaldi (1678-1741):
  Dixit Dominus (D-Dur) RV 594; Soli (SSATB), 2 Chöre, 2 Ob, 2 Trp,
  Str, Bc; ca. 27 min.

Jan Dismas Zelenka (1679-1745):
  Dixit Dominus; SATB, 2 Trp, Str, Org; ca. 14 min.

Georg Friedrich Händel (1685-1759):
  Dixit Dominus Domino meo HWV 232, 1707; S, A, Chor (SSATB),
  2 V, 2 Va, Bc; ca. 34 min.

Johann Adolf Hasse (1699-1783):
  Dixit Dominus (C-Dur und G-Dur); Soli (SATB), gemCh, Orch

Giovanni Battista Pergolesi (1710-1736):
  Dixit Dominus (D-Dur), 1732?; S, A, gemCh (SSATB), Orch / S, A,
  2 gemCh (SSATB SSATB), 2 Orch

François-Joseph Gossec (1734-1829):
  Dixit Dominus; gemCh

Luigi Boccherini (1743-1805):
  Dixit Dominus (g-Moll), um 1765; 4st (SATB), 2 Ob, 2 Hn, V solo,
  2 V, Va, Vc, Org

Wolfgang Amadeus Mozart (1756-1791):
  Dixit Dominus, in: *Vesperae de Dominica* (C-Dur) KV 321, 1779; Soli,
  4st gemCh, 2 Trp, (3 Pos,) Pk, 2 V, Baß, Org; ca. 4 min.
  Dixit Dominus, in: *Vesperae Solennes de Confessore* KV 339, 1780;
  Soli, 4st gemCh, 2 Trp, (3 Pos,) Pk, 2 V, Baß, Org; ca. 4 min.

Vincenzo Bellini (1801-1835):
  Dixit Dominus; Soli, 4st gemCh, Orch

TE DEUM

Gilles Binchois (um 1400-1460):
  Te Deum laudamus; (1-6st) 2st und fauxbourdon

Orlando di Lasso (1532-1594):
  Te Deum laudamus, 1568 (Druck); 6st

Jan Pieterszoon Sweelinck (1562-1621):
  Te Deum laudamus, 1619; 5st und Bc

Michael Praetorius (um 1571-1621):
  7 deutsche Te Deum, in: *Musae Sioniae*, 1607-1613

Heinrich Schütz (1585-1672)?:
  Herr Gott, dich loben wir SWV 472; 2 alternierende 4- und 8st Chöre
  (SATB) und Instr, Bc (Org, Vne ad lib.)

Johann Hermann Schein (1586-1630):
  Te deum (*Herr Gott, dich loben alle wir*), in: *Opella Nova*, 1618; 2
  S, Bc

Jean-Baptiste Lully (1632-1687):
  Te Deum, 1677; 2 4- bzw. 5st Chöre, Soli und Orch; ca. 40 min.

Marc Antoine Charpentier (um 1645/1650-1704):
  Te deum H. 148, um 1698; Soli (SSAATTBB), gemCh (SATB), Org;
  ca. 30 min.

Henry Purcell (1659-1695):
  Te Deum and Jubilate (D-Dur), 1694; Soli (SSAATB), 5st gemCh, 2 V,
  Va, 2 Trp; ca. 23 min.

Antonio Caldara (um 1670-1736):
  Te Deum, 1724; Soli (SATB), 2 4st gemCh, Orch, Org; ca. 12 min.

Johann Sebastian Bach (1685-1750):
  Herr Gott, dich loben wir, in: Kantate BWV 190 *Singet dem Herrn
  ein neues Lied*, 1724 (BWV 190a 1730); Soli (ATB), 4st Chor, 3 Trp,
  Pk, 3 Ob, Ob d'amore, Fag, Str, Bc

Georg Friedrich Händel (1685-1759):
  (*Utrechter*) *Te deum* (D-Dur) HWV 278, 1713; Soli (SSAATB), Chor
  (SSAATB), Fl, 2 Ob, Fag, 2 Trp, 3 V, Va, Vc, Org, Bc; ca. 30 min.
  (*Dettinger*) *Te deum* (D-Dur) HWV 283, 1743; Soli (ATB), Chor
  (SSATB), 2 Ob, Fag, 2 Trp, Pk, 3 V, Va, Vc, Cb, Org, Bc; ca. 41 min.

Johann Adolf Hasse (1699-1783):
  Te Deum (D-Dur), 1751; Soli (SATB), gemCh, Orch
  Te Deum (G-Dur); Soli (SATB), gemCh, Orch; ca. 19 min.

Carl Heinrich Graun (um 1703-1759):
  Te Deum, 1757 oder 1762?; ca. 50 min.

Joseph Haydn (1732-1809):
  Te deum (C-Dur) Hob. XXIIIc:2, vor 1800; 4st gemCh, Orch, Org; ca.
  8 min.

François-Joseph Gossec (1734-1829):
  Te Deum, 1790; 3st MCh, Orch; ca. 52 min.

Michael Haydn (1737-1806):
  Te deum, 1760; 4st Chor, Org; ca. 13 min.
  Te Deum (C-Dur), 1770; Soli (SATB), gemCh (SATB), Orch, Org

Wolfgang Amadeus Mozart (1756-1791):
  Te Deum (C-Dur) KV 141, 1769; Soli (SATB), 4 Trp, (Pk,) 2 V, Baß,
  Org; ca. 7 min.

Antonin Reicha (1770-1836):
  Te Deum, 1825; SATB, Org

Hector Berlioz (1803-1869):
  Te Deum op. 22, 1849; T, 2 3st Chöre (STB, S[A]TB), KCh, Orch,
  Org; ca. 22 min.

Felix Mendelssohn Bartholdy (1809-1847):
  Te Deum (D-Dur), 1826; Doppelchor, Bc (Org); ca. 35 min.

Franz Liszt (1811-1886):
  Te Deum, 1859?; gemCh oder MCh, Org, Blechinstr ad lib.

Giuseppe Verdi (1813-1901):
  Te Deum, 1895/96; Doppelchor (SATB), Orch; ca. 15 min.

Anton Bruckner (1824-1896):
  Te Deum (C-Dur), 1881-1884; Soli (SATB), 8st gemCh, Orch (2 Fl, 2
  Ob, 2 Klar, 2 Fag, 4 Hn, 2 Trp, 3 Pos, 3 Pk), Org; ca. 25 min.

Georges Bizet (1838-1875):
  Te Deum, 1858; Soli (ST), 4st gemCh, Orch; ca. 22 min.

Anton Dvořák (1841-1904):
  Te Deum op. 103, 1892; S, B, gemCh, Orch, Org; ca. 19 min.

Zoltán Kodály (1882-1967):
  Budavári Te deum, 1936; Soli (SATB), 4 gemSt, Orch, Org; ca. 26 min.

Ernst Pepping (1901-1981):
  Te deum, 1956; S, Bar, Chor, Orch

Siegfried Reda (1916-1968):
  Te deum laudamus, 1950; 2 4st gemCh, Bläser

Klaus Huber (*1924):
  Das Te Deum laudamus deutsch, 1955/56; Chor a cappella

STABAT MATER

Josquin Desprez (um 1440-1521):
Stabat mater dolorosa, um 1480; 8st

Giovanni Pierluigi da Palestrina (um 1525-1594):
Stabat mater; 8st (SATB SATB)
Stabat mater; 12st (SATB SATB SATB); ca. 10 min.

Orlando di Lasso (1532-1594):
Stabat mater dolorosa, in: *Sacrae Cantiones a 5 voci*, 1582 (Druck); 8st

Marc Antoine Charpentier (um 1645/1650-1704):
Stabat mater pour des religieuses H. 15; 1/1st, Bc
Stabat Mater dolorosa H. 387, in: *Méditation pour le Carême*; Ct, T, B, Bc

Alessandro Scarlatti (1660-1725):
Stabat mater; S, A, 2 V, Bc; ca. 38 min.

Antonio Caldara (um 1670-1736):
Stabat mater (g-Moll); Soli (SATB), gemCh (SATB), 2 Pos, 2 V, Va, Baß, Org; ca. 15 min.

Antonio Vivaldi (1678-1741):
Stabat mater (f-Moll) RV 621; A solo, Str, Bc; ca. 22 min.

Domenico Scarlatti (1685-1757):
Stabat mater (c-Moll); SSATB SSATB, Org Bc; ca. 30 min.

Giuseppe Tartini (1692-1770):
Stabat mater, 1769; 3st

Giovanni Battista Pergolesi (1710-1736):
Stabat mater (f-Moll), 1736; S, A, FrCh, Str, Bc; ca. 37 min.

Joseph Haydn (1732-1806):
Stabat mater dolorosa Hob. XXbis, 1767; Soli (SATB), gemCh (SATB), Orch, Org; ca. 63 min.

Luigi Boccherini (1743-1805):
Stabat mater (f-Moll), 1781 (1. Fassung); S, 2 V, Va, Vc obl, Cb; ca. 44 min.

Gioacchino Rossini (1792-1868):
Stabat mater, 1841 (2. Fassung); Soli (SS/MsTB), Chor (SS/MsTB), Orch; ca. 55 min.

Franz Schubert (1797-1828):
Stabat mater (g-Moll) D 175, 1815; gemCh (SATB), Orch (2 Ob, 2 Klar, 2 Fag, 3 Pos, Str), Org; ca. 7 min.
Stabat mater (f-Moll) D 383; gemCh (SATB), Orch, Org; ca. 44 min.

Giuseppe Verdi (1813-1901):
Stabat mater, in: *Quattro Pezzi sacri*, 1898 (Druck); 4st gemCh, Orch; ca. 12 min.

Charles Gounod (1818-1893):
Stabat mater, 1867; 4st gemCh, Orch

Anton Dvořák (1841-1904):
Stabat mater op. 58, 1877; Soli, gemCh, Orch; ca. 84 min.

Karol Szymanowski (1882-1937):
Stabat mater, 1925/26; Soli (SABar), gemCh (SATB), Orch; ca. 24 min.

Zoltán Kodály (1882-1967):
Stabat mater, 1898; MSt

Francis Poulenc (1899-1963):
Stabat mater, 1950; S, gemCh (SATBarB), Orch; ca. 34 min.

Krzysztof Penderecki (*1933):
Stabat mater, 1962; 3 Chöre a cappella; ca. 9 min.

SACHWORT-ERKLÄRUNGEN

Ablaß: Erlaß von Höllen- bzw. Fegefeuer-Strafen; Ablaßhandel: Verkauf von Ablaß gegen Geld.

Absolution (lat. Lösung): Begriff aus dem katholischen Bußsakrament: Zuspruch der Sündenvergebung.

Agnus Dei (lat. Lamm Gottes): Gesang bei der Austeilung des Abendmahles; Ordinariums-Stück der Messe.

Ambrosianischer Lobgesang: Bezeichnung für das Te Deum, welche die legendäre Abfassung des Te Deum durch Bischof Ambrosius und Kirchenvater Augustinus unterstellt.

Antiphon (griech. Gegen-Ton, antwortender Ton): Refrain, der im liturgischen Gesang vor oder nach dem Psalm, gelegentlich auch zwischen den Versen gesungen wird.

Apokryphen: Religiöse Bücher, die keine Aufnahme in den Kanon des Alten oder Neuen Testamentes gefunden haben.

Apostolische Sukzession: Ununterbrochene Kette bei der Bischofs- bzw. Priesterweihe, durch die nach katholischer Lehre der rechte Glaube der Kirche bewahrt wird.

Aramäisch: Umgangssprache in Israel zur Zeit Jesu; Muttersprache Jesu. Im NT sind mehrere aramäische Zitate aus dem Munde Jesu bzw. aus der Urgemeinde überliefert, so z.B. die Anrede Gottes als »Abba«.

Aussegnung: Kirchliches Totengeleit zum Friedhof.

Befreiungstheologie bzw. Theologie der Befreiung: Eine stark auf politische Veränderung abzielende Interpretation der christlichen Botschaft, die insbesondere in den (katholischen) lateinamerikanischen Ländern entwickelt und gelebt wurde. Vertreter dieser Theologie sind u.a. Leonardo Boff und Johann Baptist Metz.

Benedictus (lat. gesegnet, gepriesen): a) Neutestamentliches Canticum (Lk 1,67-79), auch Lobgesang des Zacharias genannt. b) Ein Stück des Ordinariums der Messe zwischen Sanctus und Agnus Dei.

Brevier: Verkürzte Fassung des offiziellen Gesamtkompendiums der Stundengebete (»Officium Romanum abbreviatum«).

Bundeslade: Das wohl wichtigste Kultgerät der israelitischen Religion. Nach der ältesten Beschreibung ein Kasten mit zwei Tragestangen (5. Mose 10,1.3); als Kasten diente die Lade möglicherweise der Aufbewahrung der Gesetzestafeln. Andere Überlieferungen stellen die Lade als Thron Gottes vor.

Bußsakrament: Eines der sieben offiziellen römisch-katholischen Sakramente. Es dient der Beichte und der Sündenvergebung.

Canon missae (lat. Regel für die Messe): Wesentlicher und festgelegter Teil der Meßliturgie.

Canticum (lat. Lied): Bezeichnung für die 3 neutestamentlichen Psalmen: »Magnificat« (Lk 1,46-55), »Benedictus« (Lk 1,67-79) und »Nunc dimittis« (Lk 2,29-30).

Cantus firmus (lat. feststehender Gesang): Eine Melodie, welche der mehrstimmi-
  gen Komposition vorgegeben ist.
Christologie: Lehre von der Person und dem Werk Christi.
Communio (lat. Gemeinschaft): Teilnahme am Abendmahl.
Compassio (lat. Mitleiden): Bewußtes Mitleiden in innerer Konformität mit den
  Erlösungsabsichten Christi. Compassio wird der »Mater dolorosa«, der
  unter dem Kreuz stehenden Mutter Jesu (Maria) zugesprochen.
Confiteor (lat. Ich bekenne): Teil des Nicaenischen Glaubensbekenntnisses.
Credo (lat. Ich glaube): Anfang der altkirchlichen Glaubensbekenntnisse; Ordina-
  riums-Stück der Messe.
Deutsche Messe: Martin Luthers »Deutsche Messe« von 1526 und in deren Gefolge spätere evangelische Gottesdienst-Ordnungen.
Dies irae (lat. Tag des Zorns): Das Jüngste Gericht am Ende der Zeit; Anfangsworte der Sequenz im Requiem.
Doxologie (von griech. doxa: Ruhm, Ehre, Herrlichkeit, Glanz): Die große Doxologie ist Teil des »Gloria« der Meßliturgie (»Ehre sei Gott in der Höhe
  und Frieden auf Erden ...«); die kleine Doxologie bildet den Abschluß
  von Psalmlesungen bzw. -gesängen (»Ehre sei dem Vater und dem Sohne
  und dem Heiligen Geiste, wie es war im Anfang ...«).
Elevation: Hochheben und Zeigen der Abendmahlselemente (Brot und Kelch).
Epistel: Liturgische Lesung eines Briefabschnittes aus dem NT im Rahmen des
  Gottesdienstes. Allen Sonn- und Feiertagen ist eine bestimmte Epistel zu-
  geordnet.
Eschatologie (von griech. eschaton: das Letzte): Lehre von den »letzten Dingen«,
  d.h. von Tod, Auferstehung, Wiederkunft Jesu, Jüngstem Gericht.
Eucharistie: Abendmahl.
Exegese: Auslegung, Interpretation der Bibel.
Fegefeuer: Bild für den Durchgang und die Läuterung des Menschen nach seinem
  Tode und vor seiner Aufnahme in den Himmel; es spielt auf die reinigen-
  de Kraft des Feuers bei der Läuterung von Gold oder Silber an.
Gloria (lat. Ruhm, Herrlichkeit, Ehre): 2. Teil der Messe.
Gottesknecht-Lieder: Bezeichnung für folgende Texte aus dem Jesaja-Buch: Jes
  42,1-4; 49,1-6; 50,4-9; 52,13 bis 53,12, in denen von einem auserwählten
  »Knecht Gottes« die Rede ist. Die Bezeichnung »Lieder« trifft nur mit
  Einschränkung zu — es handelt sich um durchaus unterschiedliche For-
  men. Wer mit dem »Gottesknecht« gemeint sei, ist in der Exegese umstritten. Die christliche Kirche hat diese Texte auf Jesus Christus bezogen
  und seine Sendung damit gedeutet.
Gotteslob: Katholisches Gesangbuch für Deutschland und Österreich.
Graduale (von lat. gradus: Stufe): Bezieht sich auf die Stufen des Ambo, von denen
  aus der zweite Gesang in der Abfolge des Meßpropriums (ein Psalmgesang)
  erklang. Er folgte ursprünglich der (später ausgefallenen) Prophetenlesung.
Gregorianischer Choral bzw. Gesang: Die nach Papst Gregor I. (um 540-604) be-
  nannte Kunstform des frühen, einstimmigen, rhythmisch freien, unbe-
  gleiteten liturgischen Gesanges der Kirche.

Gregorianum: Wichtiger römischer Sakramentartyp (»Sakramentar« ist eine
    Sammlung von liturgischen Stücken), der der Überlieferung nach auf
    Papst Gregor I. zurückgeht.
Halleluja (hebr. Lobet Gott): Aufforderung zum Lob Gottes in den Psalmen und
    in der gottesdienstlichen Liturgie.
Heiliger Krieg: Begriff aus der Glaubensüberlieferung Israels. Insbesondere die
    Kriege bei der Landnahme Kanaans durch die Israeliten wurden so gedeu-
    tet, daß Gott der eigentliche Kämpfer sei (»Der Herr wird für euch strei-
    ten und ihr werdet stille sein«, 2. Mose 14,14).
Heimsuchung Marias: Ankündigung der Geburt Jesu und seiner Empfängnis.
Hierarchie: »Stände« der himmlischen (unsichtbaren) und der kirchlichen (sicht-
    baren) Welt: Die Cherubim und Seraphim, die »Mächte« des Alls und die
    Engel gehören zur ersteren, die Apostel, die Propheten und Märtyrer
    und die weltweite Kirche zur letzteren.
Himmelschöre: Der Begriff geht von der Vorstellung aus, daß die Engel im Him-
    mel das Lob Gottes singen; er stützt sich auf die Vision in Jes 6, in wel-
    cher der Heilig-Ruf der Seraphim als »Gesang« gedeutet wird.
Hosianna (hebr. Hilf doch!): Im Zusammenhang der Einzugsgeschichte (Mt 21)
    ist der Hilfe-Ruf eher als »Heil«-Ruf zu verstehen.
Hostie: Für das Abendmahl bzw. die Eucharistie geweihtes und zerteiltes Brot.
Hymnus (griech. Preisgesang; Luther übersetzt »Hymnus« mit »Lobgesang«): In
    einem der frühesten Belege für »Kirchenmusik« (Eph 5,19 bzw. Kol 3,16)
    werden drei Formen des urchristlichen Singens genannt: Psalmen, Hym-
    nen und geistliche Lieder. Eine stringente Unterscheidung dieser drei
    Formen ist jedoch bislang nicht gelungen.
Ikone (griech. Bild): Kultisch verehrtes Bild. Ikonen spielen in der Liturgie und
    Frömmigkeit der orthodoxen Kirchen eine überragende Rolle.
Imitation (lat. Nachahmung): a) Theologisch: Nachfolge Christi. b) Musikwissen-
    schaftlich: Technik des mehrstimmigen Satzes, bei der eine charakteristi-
    sche Figur in einer Stimme vorgetragen und von einer oder mehreren an-
    deren Stimmen wiederholt (imitiert) wird.
In Paradisum (lat. In das Paradies): Anfang eines Grabgeleitwortes, das in einigen
    Requiem-Vertonungen aufgenommen wurde.
Introitus (lat. Eingang): Eingangswort bzw. -psalm in der Liturgie.
Jahwe (hebräische Bedeutung ungewiß, vielleicht: »Ich bin, der ich bin« bzw. »der
    ich sein werde«): Name des israelitischen Gottes, der von den Juden je-
    doch nicht ausgesprochen wird. An seiner Stelle lesen Juden das Wort
    »adonai« (hebr. Herr). In der Luther-Bibel wird an diesen Stellen eben-
    falls das Wort »HERR« (in Großbuchstaben) verwendet.
Jubilus (lat. Jubelgesang): Vgl. Hymnus.
Jüngstes Gericht: Letztes, endgültiges Gericht Gottes am Ende aller Zeiten über
    alle Menschen. Das Richteramt ist nach christlicher Vorstellung Christus
    übertragen, der zugleich Inbegriff des gnädigen Gottes ist.
Kanon (griech. Richtschnur, Regel): a) Liturgie: Begriff für eine bestimmte Samm-
    lung und Abfolge von Meßgebeten. b) Musik: Bezeichnung der strengsten

Art der Imitation, bei der zwei oder mehr Stimmen einander in melodischer und rhythmischer Identität folgen.

Kantate (lat. singet): a) Bezeichnung eines Sonntags im Kirchenjahr (5. Sonntag nach dem Osterfest). b) Musikalische Gattung, in der Chor- und Choralsätze, Arien und Rezitative zu einer Großform zusammengestellt werden.

Königspsalm: Psalmen, in denen es (auch) um einen israelitischen König, meistens um dessen Inthronisation, geht: Ps 2; 18; 20; 21; 45; 72; 89; 101; 110; 132.

Kollekte, Kollektengebet (lat. Sammlung): Gebet in der Meßliturgie, das aber nichts mit einer Kollekte im Sinne einer Geldgabe zu tun hat, sondern in dem alle Bitten des »Kyrie« »gesammelt«, d.h. zusammengefaßt werden.

Komplet (lat. Vollendung, Abschluß): Nachtgebet im Rahmen der Stundengebete.

Konsekration (lat. Weihe): Weihe z.B. der Abendmahlselemente (Brot und Wein).

Kultisches Mahl: Mahlzeit, bei der nicht die alltägliche Sättigung, sondern die Vereinigung mit der Gottheit und die der Gläubigen untereinander die entscheidende Rolle spielen. Das Abendmahl ist ein solches kultisches Mahl.

Kyrie (griech. Herr!): Gebetsanruf Gottes bzw. Christi. Der Titel »Kyrie« galt im Imperium Romanum jedoch exklusiv dem römischen Kaiser (der als Gott verehrt wurde).

Laudes (lat. Lobgesänge): Morgengebet im Rahmen der Stundengebete.

Litanei: Refrainartiges Bittgebet.

Liturgie (griech. Dienst): Feststehender Teil des Gottesdienstes.

Luzifer (lat. Lichtbringer): In christlicher Deutung der oberste (Licht-)Engel, der sich von Gott abwandte und nach seinem »Himmelssturz« zum Widersacher Gottes, zum Teufel wurde (Jes 14,12).

Märtyrer (griech. Blutzeuge): Ein wegen seines Glaubens(-zeugnisses) getöteter Christ. Es gab in der Alten Kirche die Vorstellung, daß Märtyrer schon vor dem Weltende in den Himmel aufgenommen würden.

Marienklage: Eine im Mittelalter beliebte Form der teils szenischen, teils musikalischen Darstellung des Passionsgeschehens.

Mariologie: Lehre von der Funktion Marias im christlichen Heilsgeschehen.

Mater dolorosa (lat. Mutter, schmerzensreiche): Titel für die unter dem Kreuz stehende und mit ihrem Sohn in besonderer Weise mitleidende Maria (vgl. compassio); ein Passions-Motiv, das insbesondere im Stabat Mater aufgegriffen wird.

Matutin: Morgenandacht im Rahmen der Stundengebete.

Melchisedek: Gemäß einer vorisraelitischen Jerusalem-Tradition war Melchisedek Stadtkönig des von den Jebusitern bewohnten Jerusalem; er vereinte die beiden Ämter — König und Priester — in seiner Person.

Messe (von lat. missa est: Es ist Entlassung): Eine ursprünglich römische Amtsformel, die nun am Ende der »Messe« steht, wird — in neuer Bedeutung (»Gehet hin in Frieden«) — zur Bezeichnung des Ganzen der »Messe«.

Messe de morts (franz. Messe für die Toten): Bezeichnung für das Requiem.

Messias (hebr. Gesalbter): Bezeichnung für den (von den Juden) erwarteten und (für die Christen) in Jesus erschienenen endzeitlichen König.

Missa brevis (lat. Kurze Messe): a) Kurz- bzw. Teilform der Messe, bestehend aus Kyrie und Gloria. b) Kurze Messe (z.B. bei Haydn und Mozart), in der zwar alle fünf Teile vertont sind, dies jedoch in kürzester Form.

Missa da requiem (ital. Messe gib Ruhe): Italienische Bezeichnung für Requiem.

Missa pro defunctis (lat. Messe für die Verstorbenen): Lateinische Bezeichnung für das Requiem.

Missa sine nomine (lat. Messe ohne Namen): Titel einer Messe, deren cantus firmus der Kopist oder Drucker nicht kannte.

Missale Romanum (lat. Römisches Meßformular): Papst Pius V. setzte der fast 1500jährigen Geschichte des Werdens der Messe (im liturgischen Sinne des Wortes) mit dem Missale Romanum 1570 ein Ende.

Mysterienreligionen: Synkretistische Religionen im Hellenismus, in denen die Einweihung in göttliche Geheimnisse (Mysterien) im Mittelpunkt standen. Man glaubte dadurch ein unmittelbares Verhältnis zur Gottheit gewinnen zu können.

Mystik (von griech. myein: Augen und Lippen schließen): Religiöse Versenkung nach innen und Abkehr vom Außen, durch die man mit der Gottheit eins zu werden anstrebt.

Nachapostolisch: Kirchengeschichtliche Epoche nach dem Tode der Apostel.

Nicaenum (Constantinopolitanum): Das Nicaenische Glaubensbekenntnis müßte eigentlich als das »Symbolum Nicaeno-Constantinopolitanum« bezeichnet werden. Sein Name bezieht sich auf zwei große kirchliche Versammlungen, das ökumenische Konzil zu Nicaea (325) und die Synode von Konstantinopel (381); letztere bestätigte nach langen dogmatischen Kämpfen das »Nicaenum«. Das Konzil zu Nicaea berief Kaiser Konstantin — der das Christentum zur Staatsreligion erhoben hatte — ein, u.a. um heftige Streitigkeiten um die »Rechtgläubigkeit« zu beenden.

Non (lat. Neun): Stundengebet.

Nunc dimittis (lat. Nun entlässest du): Anfangsworte eines neutestamentlichen Canticum, des Liedes des greisen Simeon (Lk 2,29-30).

Offertorium (lat. Darbringung, Opfer): Teil der Messe.

Orakel: Ort, an dem die Gottheit redet; auch: weissagender Ausspruch, Auskunft der Götter.

Ordinarium (lat. das Geordnete, Übliche): Bezeichnung für den immerwiederkehrenden Teil des Gottesdienstes bzw. der Messe.

Orthodoxie (griech. Rechtgläubigkeit): (Selbst-)Bezeichnung für eine der drei großen christlichen Konfessionen, die (östlichen) orthodoxen Kirchen (griechisch-, russisch-orthodox).

Pantokrator (griech. Allherrscher): Titel für den auferstandenen und zur Rechten Gottes thronenden Christus, der in der Orthodoxie eine große Rolle spielt.

242   Sachwort-Erklärungen

Paradies: Volkstümliche Bezeichnung für die uranfängliche Lebenswelt der Menschen, wie sie in 1. Mose 2,5ff. geschildert wird (»Garten Eden«).

Parallelismus membrorum (lat. Entsprechung der Satz-Glieder): Eigenart der hebräischen Dichtung (Psalmen), in der sinnverwandte Aussagen nebeneinander gestellt werden.

Parodie (griech. Nebengesang): a) Komisch-satirische Nachahmung oder Umbildung eines bekannten, meist künstlerischen, oft literarischen Werkes. b) Unterlegung eines neuen Textes unter eine bestehende Komposition.

Passion (lat. Leiden, Leidenschaftlichkeit): a) Leiden und Leidensgeschichte Christi. b) Künstlerische Darstellung der Leidensgeschichte Christi. c) Vertonung der Leidensgeschichte Christi als Chorwerk oder Oratorium.

Passionsspiel: Volkstümliche dramatische Darstellung der Passion Christi.

Polyphonie (griech. polyphonía: Vielstimmigkeit): Kompositionsweise, bei der die Stimmen eines mehrstimmigen Satzes selbständig linear geführt werden und die melodische Eigenständigkeit der Stimmen Vorrang vor der harmonischen Bindung hat.

Prädestination (lat. Vorherbestimmung): Gottes Vorbestimmung der Menschen zu Heil oder Verdammnis.

Praefation (lat. Vorrede): Gebet vor den Einsetzungsworten zum Abendmahl.

Priesterkönig: König, der zugleich priesterliche Funktionen ausübt, beispielsweise der Jerusalemer König Melchisedek, in dessen Tradition sich die israelitischen Könige sahen.

Prim (lat. erste): Gebet zum Beginn des Arbeitstages im Rahmen der Stundengebete.

Primiz (primitiae, lat. Erstlinge): Erste Messe eines neu-geweihten Priesters.

Proprium (lat. das Eigene): Die jeweils einem Sonn- oder Festtag im Kirchenjahr zugeordneten Bibellesungen und Gebete.

Psalm (kirchenlat. psalmus, griech. psalmós, zu: psállein = Zither spielen): Ein im Alten Testament gesammeltes religiöses Lied des jüdischen Volkes.

Psalmodie: Psalmgesang, d.h. rezitativisches Singen, vorwiegend auf einem bestimmten Ton (repercussa) ausgeführter liturgischer Sprechgesang, der sich aus melodischen Formeln zusammensetzt.

Psalmton: Einer der neun Psalmtöne bzw. gregorianischen »Melodien«, auf die ein Psalm gesungen werden kann.

Qumran-Texte: Handschriftenfunde in den Höhlen am Toten Meer, u.a. Abschriften von AT-Büchern als auch Texte über die sogenannte Essener-Sekte.

Reinkarnation (lat. Wiedergeburt): Religiöse Lehre vom Weiterleben nach dem Tod durch den Übergang der Seele eines Menschen in einen neuen Körper und eine neue Existenz.

Requiem (lat. Ruhe): Anfangswort der Totenmesse: »Requiem aeternam dona eis Domine«.

Responsorium (lat. Antwort): Liturgischer Wechselgesang (für Vorsänger und Chor oder Chor und Gemeinde).

Sch'ma Israel (hebr. Höre, Israel): Rezitation von 5. Mose 6,4-9; 11,13-21; 4. Mose 15,37-41, Herzstück des jüdischen Glaubens.

Seconda pratica (ital. Zweite Praxis): Von Claudio Monteverdi so genannte Kompositionsweise, in welcher die affektbetonte, ausdrucksstarke Musik ganz dem Wort dient.

Seelenmesse: Totenmesse, Requiem.

Septem dolorum Beatae Virginis Mariae (lat. Die sieben Schmerzen der seligen Jungfrau Maria): Eines der kirchlichen Marienfeste, dem das »Stabat Mater« als Sequenz zugeordnet wurde.

Septuaginta (LXX; lat. siebzig): Nach der Legende von 72 jüdischen Gelehrten verfaßt: älteste und wichtigste griechische Übersetzung des Alten Testaments.

Sequenz (lat. Abfolge): Fortsetzung bzw. Texturierung des Halleluja-Gesanges, aus der sich jedoch umfangreiche eigene Gesänge entwickelt haben, so auch die Sequenz »Dies irae«.

Seraf/Serafim (hebr. srafîm): Engel der Anbetung mit sechs Flügeln und der Gestalt einer Schlange.

Sext (lat. sechste): Stundengebet.

Sibylla (lat. Sibylla, griech. Síbylla): Name weissagender Frauen, geheimnisvoller Wahrsagerinnen der Antike. Die Erwähnung im Requiem ist ein Hinweis auf die Oracula Sibyllina aus dem 2.-4. Jahrhundert n. Chr., eine apokryphe, jüdisch-christliche Sammlung von Orakelsprüchen, die dem entsprechenden griechisch-römischen Genre nachgeahmt wurden und insbesondere Jenseitsgedanken darlegen.

Sola gratia (lat. allein durch Gnade): Ein Grundgedanke reformatorischer Theologie: Der Mensch wird »allein durch Gnade«, d.h. nicht durch gute Werke, erlöst.

Solus Christus (lat. allein Christus): Ein Grundgedanke reformatorischer Theologie: Der Glaube richtet sich »allein auf Christus« als Erlöser, nicht auf andere Personen (Maria etwa).

Stundengebet: Kirchliches Gebet zu verschiedenen Tageszeiten, historisch anknüpfend an das jüdische Stundengebet, das sich seinerseits auf die Stunden des Opfers im Tempel bezog: Morgen-, Mittags- und Abendgebet. Herzstück dieser »Alltagsgottesdienste« waren das Sch'ma Israel (d.h. die Rezitation von 5. Mose 6,4-9; 11,13-21; 4. Mose 15,37-41), das Psalmgebet und das Achtzehnbittengebet (Sch'mone Esre), das einige Ähnlichkeit mit dem christlichen Vaterunser hat. Darüber hinaus begeht der Fromme bestimmte Tagesstunden mit Psalmgebeten, wie es in Ps 119,164 heißt: »Ich lobe dich des Tages siebenmal, deiner gerechten Gerichte wegen«.

Synagoge (lat. synagoga, griech. synagoge = Versammlung, zu: synágein = zusammenführen): Gebäude, Raum, in dem sich die jüdische Gemeinde zu Gebet und Belehrung versammelt.

Tersanctus (lat. dreimalheilig): Das dreimal ausgerufene »Heilig« der Serafen bei der Vision des Jesaja (Jes. 6).

Terz (lat. dritte): Stundengebet.

Totenmesse: Requiem.

Tractus (lat. gezogen): Zwischenlesungsgesänge der Messe; ursprünglich der Gesang nach der Epistellesung. An seine Stelle konnte auch das »Halleluja« treten.

Tridentinum, Tridentinisches Konzil: Konzil von Trient (1545-1563).

Trinität, trinitarisch (lat. trinitas: Dreizahl): Dreiheit der Personen in Gott (Vater, Sohn und Heiliger Geist); Dreieinigkeit, Dreifaltigkeit.

Tropus (lat. Melodie, Weise): Einschub in einen vorhandenen liturgischen Text, musikalisch oder textlich.

Vesper (vespera, lat. Abend): Abendgebet im Rahmen der Stundengebete.

Vulgata (lat. versio vulgata: allgemein gebräuchliche Fassung): Von Hieronymus im 4. Jahrhundert begonnene, später für authentisch erklärte lateinische Übersetzung der Bibel.

Zebaoth (hebr.): Titel, der Gottes Macht über alle anderen Herrscher und Gewalten zum Ausdruck bringt. Ob das »Zebaoth« als (Gott der) Heere zu übersetzen und dabei an irdische Heerscharen oder an himmlische Heerscharen zu denken ist, darüber gehen die Meinungen der Ausleger auseinander.

Zwischengesang: Gesänge zwischen den Schriftlesungen im Gottesdienst.

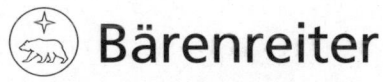

Werkeinführungen
im Taschenbuch

Alfred Dürr
**Die Johannes-Passion
von J. S. Bach**
ISBN 3-7618-4476-X

Christoph Wolff
Mozarts Requiem
2. Auflage
ISBN 3-7618-1242-6

Emil Platen
**J. S. Bach
Die Matthäus-
Passion**
Entstehung -
Werkbeschreibung -
Rezeption
Mit einem neuen
Kapitel über moderne
Formen der Inszenie-
rung. 3., verbesserte
und ergänzte Auflage
ISBN 3-7618-1190-X

Walter Blankenburg
**Einführung in
Bachs
h-moll-Messe**
ISBN 3-7618-1170-5

Hermann Keller
**Das Wohltemperierte
Klavier von J. S. Bach**
ISBN 3-7618-1200-0

Peter Schleuning
J. S. Bachs
»Kunst der Fuge«
ISBN 3-7618-1050-4

Walter Blankenburg
**Das Weihnachts-
Oratorium von
J. S. Bach**
ISBN 3-7618-1171-3

 Bärenreiter

B S M

Bärenreiter
Studienbücher
Musik

Gehörbildung
Satzlehre · Improvisation · Höranalyse
Ein Lehrgang mit historischen Beispielen

Eine Reihe praktischer Arbeitsbücher für Studenten, Dozenten, Schüler, Lehrer und Musiker.

Die Bücher eignen sich für das Selbststudium, als Begleitmaterial für Seminare und Orientierungshilfe und Stoffsammlung für Lehrer und Dozenten.
Sie enthalten Übungsaufgaben zum Mit- und Weiterarbeiten, kommentierte Literaturverzeichnisse, Quellentexte sowie eine Fülle an Musikbeispielen.

Herausgegeben von Silke Leopold und Jutta Schmoll-Barthel.

Band 11
Ulrich Kaiser: **Gehörbildung**. Aufbaukurs mit CD (i.V.)

Band 10
Ulrich Kaiser: **Gehörbildung**. Grundkurs mit CD (i.V.)

Band 9
Clemens Kühn: **Kompositionsgeschichte in Beispielen** (i.V.)

Band 8
Volker Scherliess: **Neoklassizismus: Dialog mit der Geschichte**

Band 7
Walther Dürr: **Sprache und Musik**
Geschichte - Gattungen - Analysemodelle

Band 6
Konrad Küster: **Das Konzert**
Form und Forum der Virtuosität

Band 4
Clemens Kühn: **Analyse lernen**

Band 3
Bernhard Meier: **Alte Tonarten**
dargestellt an der Instrumentalmusik des 16. und 17. Jahrhunderts

Band 2
Silke Leopold (Hg.): **Musikalische Metamorphosen**
Formen und Geschichte der Bearbeitung

Band 1
Nicole Schwindt-Gross:
Musikwissenschaftliches Arbeiten
Hilfsmittel - Techniken - Aufgaben

Die Reihe wird fortgesetzt.

Bärenreiter
Kassel · Basel · London · New York · Prag